EUROPA-FACHBUCHREIHE
für wirtschaftliche Bildung

Lernfeld 5

Beschaffungs- und Lagerhaltungsprozesse digital organisieren

Arbeitsheft mit Lernarrangements für die Kompetenz, Beschaffungsprozesse zu planen, zu steuern und durchzuführen

1. Auflage

Brämer · Aubertin

VERLAG EUROPA-LEHRMITTEL
Nourney, Vollmer GmbH & Co. KG
Düsselberger Straße 23
42781 Haan-Gruiten

Europa-Nr.: 27443

Autoren:
Ulrike Brämer
Barbara Aubertin

1. Auflage 2020

Druck 5 4 3 2 1

Alle Drucke derselben Auflage sind parallel einsetzbar, da bis auf die Behebung von Druckfehlern untereinander unverändert.

ISBN 978-3-8085-2744-3

Layout, Grafik, Satz: Punkt für Punkt GmbH · Mediendesign, 40549 Düsseldorf
Umschlagkonzept: tiff.any GmbH, 10609 Berlin
Umschlagfoto: © peshkova – stock.adobe.com
Druck: Himmer GmbH, 86167 Augsburg

Handhabung des Arbeitsbuches

Lernsituation	Das Arbeitsbuch enthält drei Lernsituationen, in denen Sie Ihre berufliche Handlungskompetenz erwerben. Die berufsorientierten Lernsituationen beinhalten jeweils mehrere **Lernaufgaben** mit den entsprechenden **Fachinhalten**.
Warm-up	Die Lernsituation startet mit einem Warm-up. Dabei werden die in der Lernsituation angestrebten Kompetenzen grafisch dargestellt, sodass Sie einen strukturierten Überblick bekommen, was Sie in den nächsten Unterrichtsstunden erwartet. Sie sollen den Lernstoff im Kontext sehen und neue Informationen in Ihr bestehendes Wissen integrieren. Sie erhalten schnell einen Überblick, welches Vorwissen Sie aktivieren müssen, um den Lernstoff möglichst effizient zu bearbeiten. Sie integrieren somit leichter neue Informationen in bestehendes Wissen.
Lernarrangement	Zu Beginn jeder **Lernaufgabe** steht eine authentische Situation, die Sie zunächst lesen und anschließend mit eigenen Worten konkretisieren.
	Aus der Situation heraus bilden Sie eine **Leitfrage**, an der Sie sich beim Erledigen des Arbeitsauftrages orientieren sollten. Bei der abschließenden Präsentation ist die Leitfrage ausführlich zu beantworten.
	Der **Arbeitsauftrag** ist methodisch nach dem Modell der vollständigen Handlung konzipiert (informieren – planen – entscheiden – ausführen – kontrollieren – auswerten). Sie werden an die systematische Informationsbeschaffung und -verarbeitung herangeführt. Zu allen **hinterlegten Begriffen** informieren Sie sich. In der Regel stehen die Seitenzahlen hinter den Begriffen. Sie suchen über den Index (Schlagwortverzeichnis) nach den **Fachinhalten** in den integrierten Manualen (Theorieteil, Methoden, TV-Funktionen). Nachdem Sie neue Informationen erhalten und sich gedanklich damit auseinandergesetzt haben (Ich-Phase), tauschen Sie sich kooperativ aus, planen verschiedene Umsetzungskonzepte und entscheiden sich für einen Lösungsweg (Du-Phase). In der Regel führen Sie Aktionen alleine aus (Ich-Phase) und kontrollieren mit einem Partner die Umsetzung Ihres Lösungsansatzes (Du-Phase). Im Plenum kontrollieren Sie Ihr **Handlungsprodukt** und werten Ihren Lernprozess aus. Hier soll nun konstruktiv das erarbeitete Produkt oder der Vortrag beurteilt werden (Wir-Phase). Nach der Präsentation eines oder mehrerer Handlungsprodukte sollten Sie dann ggf. Ihr eigenes Handlungsprodukt optimieren bzw. die eigenen Schlüsse daraus ziehen (Ich-Phase).
	In vielen Lernaufgaben werden bzw. können die Handlungsprodukte mit dem PC erstellt werden. Je nach Gegebenheit der Schule ist es durchaus möglich, zunächst in der Schule einen Entwurf zu gestalten und anschließend zu Hause das Ergebnis am PC zu übertragen bzw. fertigzustellen.
Reflexion	In der letzten Lernaufgabe der Lernsituation reflektieren Sie schriftlich Ihre erworbenen Kompetenzfelder und Lernstrategien. Einerseits setzen Sie sich noch einmal intensiv mit fachlichen Inhalten auseinander und andererseits reflektieren Sie Ihren Lernprozess.
Manual	Zur Unterstützung des selbstorganisierten Lernens stehen Ihnen in den Manualen Informationen zur Bewältigung der Arbeitsaufträge zur Verfügung.

Recherchieren

Vorwort

In dem Lernfeld Beschaffungsprozesse und Lagerhaltung digital organisieren werden Sie in der Kompetenz gefördert, Beschaffungs- und Lagerprozesse zu planen, durchzuführen und zu überwachen.

In jeder Lernaufgabe werden Sie zu selbstständigem Planen, Durchführen und Beurteilen von Handlungsprodukten bzw. Büroprodukten befähigt. So beginnt jede Lernaufgabe mit einer Situation, die für die Berufsausübung bedeutsam ist. Sie lernen in vollständigen Handlungen – möglichst selbst ausgeführt oder zumindest gedanklich nachvollzogen.

In den berufsbezogenen Lernsituationen erwerben Sie durch die eigenverantwortliche Bearbeitung der Aufgaben nicht nur Fachkompetenz, sondern wenden mithilfe der erreichten Sozial-, Kommunikations-, Handlungs- oder Selbstkompetenz gezielt Lern- und Arbeitsstrategien an. Lern- und Arbeitsstrategien sind z. B. das Verarbeiten von Informationen, die Motivation und Konzentration über einen längeren Zeitraum, der Umgang mit der Zeit, das Arbeiten und Lernen in Gruppen, das Präsentieren, die Selbstkontrolle/-reflexion.

Sie führen in jeder Lernaufgabe zur Lösung der Lernsituationen eine vollständige Handlung durch und erstellen ein Handlungsprodukt.

Eine vollständige Handlung bedeutet, dass Sie ...

- sich zur Lösung einer beruflichen Situation oder eines Problems fachlich informieren,
- die weitere Vorgehensweise alleine, mit einem Partner (Tandem) oder in der Gruppe planen,
- alleine oder gemeinsam entscheiden, wie Sie die Handlungssituation lösen bzw. wie Ihr Handlungsprodukt/Büroprodukt gestaltet sein soll,
- Ihr Handlungsprodukt erstellen,
- präsentieren und
- Ihr Handlungsprodukt selbst, in der Gruppe oder im Plenum reflektieren.

Sie haben dabei immer einen Handlungsspielraum, den Sie zur Entfaltung Ihrer Kreativität benötigen und um Ihre Persönlichkeit weiterzuentwickeln.

Aufbau der Lernsituationen

Jede Lernsituation ist nach dem gleichen Schema aufgebaut. Zu Beginn finden Sie einen Überblick über die zu erreichenden Kompetenzen, Inhalte, Handlungsprodukte für das Portfolio und einen ungefähren Zeitansatz. Die Lernsituation beginnt mit einem Warm-up. Mithilfe der grafischen Darstellungen, Fachbegriffe usw. wird im Plenumsgespräch bekanntes Fachwissen abgerufen. Die Lernaufgaben beginnen zunächst mit einem berufsorientierten Einstiegsszenario, aus welchem sich eine Leitfrage ergibt. In dem anschließenden Arbeitsauftrag werden kooperativ die Phasen Informieren – Planen – Entscheiden – Durchführen – Präsentieren und Reflektieren durchlaufen.

In der Informationsphase erarbeiten Sie sich mithilfe der entsprechenden Theorie neues Fachwissen, in der Planungs- und Entscheidungsphase überlegen Sie sich Wege, um die Aufgabenstellung zu lösen, in der Durchführungsphase fertigen Sie das Handlungsprodukt. In der Präsentationsphase stellen Sie das Handlungsprodukt mit Ihrem neu erworbenen Fachwissen vor. Ihre Mitschüler werden Ihre Präsentation mithilfe von Bewertungskriterien besprechen und beurteilen. Ihre Lehrkraft lenkt die Besprechung durch anregende Impulse; falls Fehler, Lücken oder Unstimmigkeiten auftreten, steht sie Ihnen hilfreich zur Seite.

Durch die Vielfalt der unterschiedlichen Handlungsprodukte innerhalb Ihrer Klasse erhalten Sie neue Ideen und Anregungen. Dadurch werden Sie inspiriert, Ihre eigenen Ergebnisse zu optimieren. Sammeln Sie Ihre Handlungsprodukte in einer sogenannten Portfolio-Mappe bzw. speichern Sie Ihre Handlungsprodukte systematisch nach Lernfeldern – Lernsituationen – Lernaufgaben in eine Ordnerstruktur ab.

Damit haben Sie die Umsetzung der fachlichen Themen auf eine kaufmännische Handlung festgehalten. Wichtig für den Lernprozess ist es aber auch, über den Lernprozess nachzudenken. Dazu werden Sie im letzten Arbeitsauftrag jeder Lernsituation aufgefordert. Sie reflektieren schriftlich Ihren Lernzuwachs. Hier fassen Sie noch einmal die Weiterentwicklung der Fachkompetenz zusammen und äußern sich umfangreich über den vergangenen Lernprozess, Lernbehinderungen und zukünftige Ziele. Durch diese intensive Auseinandersetzung mit dem Lernstoff erfolgt eine weitere Steigerung bzw. Verinnerlichung des Lernzuwachses.

Mithilfe Ihrer Portfolio-Mappe können Sie sehr gut ein Gespräch mit Ihrer Lehrkraft führen, ob Ihre Selbsteinschätzung mit der Fremdeinschätzung übereinstimmt. Ebenso können Sie bei späteren Vorbereitungen auf Prüfungen oder im Berufsalltag auf Ihre Mappe zurückgreifen.

Wir hoffen, dass Sie mit dem Arbeitsbuch Ihre berufsbezogenen Kompetenzen und Ihr eigenständiges Lernen entwickeln, viel Spaß bei der Arbeit haben und durch die regelmäßigen Partner- und Gruppenarbeiten Ihre Sozialkompetenz gestärkt wird.

Ihr Feedback ist uns wichtig

Wenn Sie mithelfen möchten, dieses Buch für die kommenden Auflagen zu verbessern, schreiben Sie uns unter lektorat@europa-lehrmittel.de. Ihre Hinweise und Verbesserungsvorschläge nehmen wir gerne auf.

Frühjahr 2020 Ulrike Brämer und Barbara Aubertin

Inhaltsverzeichnis

Firmenporträt

Anschrift	**Büromöbel** **Hauser & Schulte GmbH** Hausanschrift Balduinstraße 15 54296 Trier	 Postanschrift Postfach 123 54207 Trier
Kommunikation	Telefon: 0651 487-0 (Zentrale) Freecall: 0800 428737 Telefax: 0651 487-1345 E-Mail: info@hauser-schulte.de Internet: www.hauser-schulte.de	
Gesellschafter	Nadine Hauser Joachim Schulte	
Rechtsform	Gesellschaft mit beschränkter Haftung (GmbH)	
Gründungsjahr	1997	
Handelsregister	Amtsgericht Trier, HR B 40392	
Umsatzsteuer-Identifikationsnummer (gemäß § 27 a Umsatzsteuergesetz):	10/201/0204/5 USt-ID DE 190453342	
Mitarbeiter(innen)	50 Mitarbeiter(innen)	
Jahresumsatz	12 Mio. €	
Bankverbindung	Sparkasse Trier IBAN DE67 2630 0000 0923 5487 00 BIC: RLade21NOH	
Abteilungen	▪ Einkauf/Beschaffung ▪ Produktion ▪ Lager/Versand ▪ Verkauf/Marketing ▪ Verwaltung ▪ Personal	
Büromöbel (Fertigung)	▪ Schreibtische in unterschiedlichen Ausführungen ▪ Konferenztische ▪ Aktenablage ▪ Rollcontainer ▪ Stellwände zur Gestaltung von Bürolandschaften ▪ Besucherstühle ▪ Drehstühle ▪ Konferenzstühle	
Bürobedarf (Handelsware)	▪ Schreibtischlampen ▪ Aktenvernichter ▪ Papierkörbe ▪ FlipChart, FlipChart-Schreiber und FlipChart-Blöcke ▪ Moderationsmaterialien ▪ Schreibtischzubehör ▪ Schreibutensilien ▪ Drucker, Kopierer, Scanner	

Organigramm

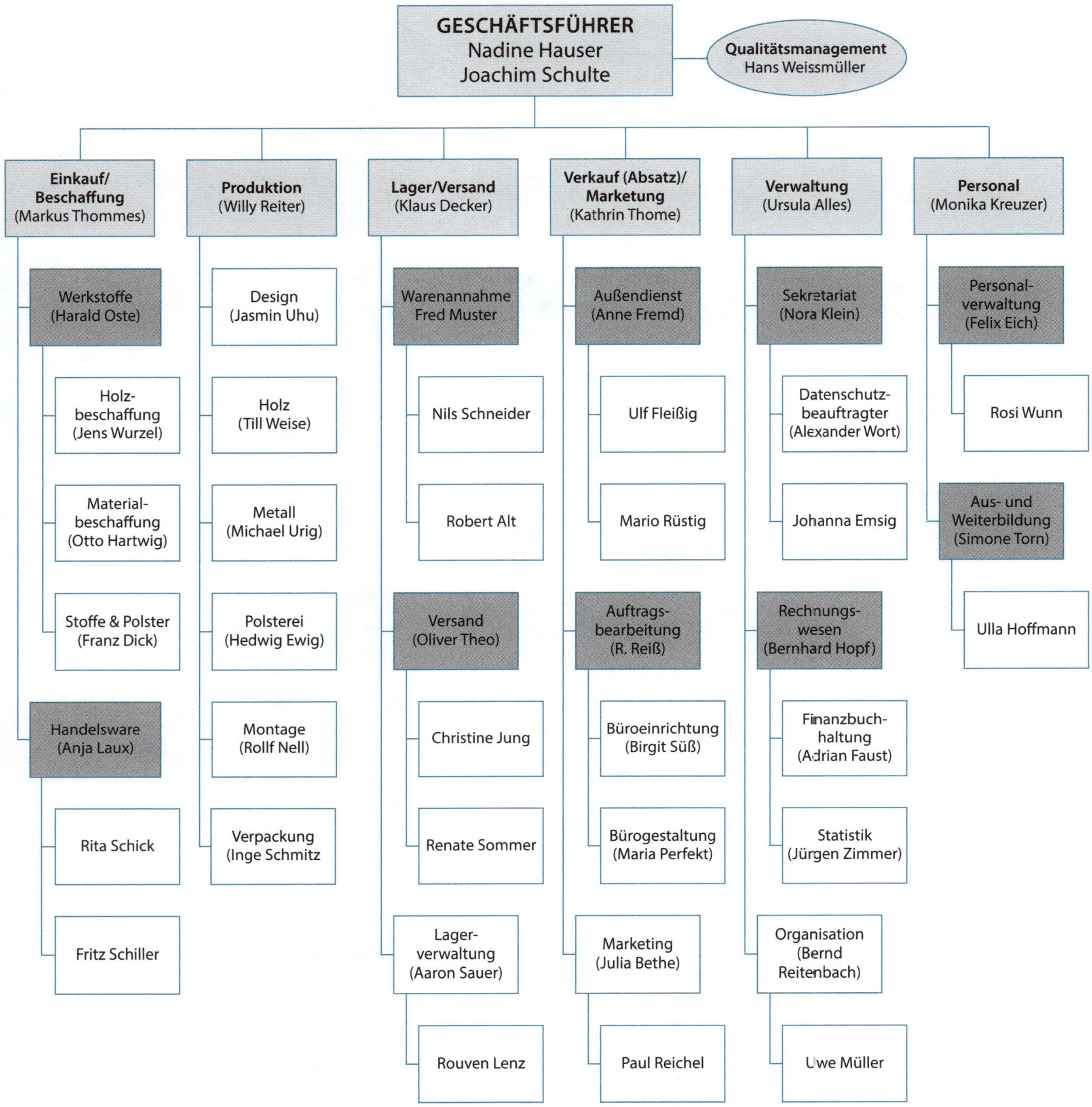

Kundenverzeichnis (Auszug)

Kd.-Nr.	Firma Anschrift	Ansprechpartner	Bankverbindung	Rabatt	Bemerkungen
14130	Rothenberg & Baumann GmbH Im Blegel 28 60328 Frankfurt	Paul Weber Tel. 069 66100-10 Fax 069 66100-99 E-Mail: weber@rothenberg-baumann.de	Commerzbank Frankfurt IBAN DE89 4664 0018 0371 0556 49	25 %	Vorjahresumsatz: ca. 80.000 € Zahlungsmoral: gut
14131	Fortbildungsinstitut Gruber Am Hauptbahnhof 5 54290 Trier	Marianne Mondschein Tel. 0651 25890-12 Fax 0651 25890-20 E-Mail: mondschein@wb-gruber.de	Sparkasse Trier IBAN DE60 5855 0130 0000 4467 88	15 %	Vorjahresumsatz: ca. 40.000 € Zahlungsmoral: gut
14201	Allday office supplies Sinfin Central Business Park Unit 4a Derby UNITED KINGDOM	Victor Brown Tel. +44 9352 90535-90 Fax +44 9352 90535-99 E-Mail: sales@allday.co.uk	Barclays Bank PLC London SWIFT: BARCGB22 Sort Code: 20-57-06 IBAN GB84 BARC 2057 0683 1363 11	10 %	Vorjahresumsatz: ca. 90.000 € Zahlungsmoral: befriedigend
14302	Steuerberatungsbüro Kirsten Kapellenstr. 14 54439 Saarburg	Ute Kirsten Tel. 06581 589323 Fax 06581 589324 E-Mail: ukirsten@t-online.de	Deutsche Bank IBAN DE07 7585 7002 4004 0582 95	10 %	Vorjahresumsatz: ca. 25.000 € Zahlungsmoral: gut
14303	Bellissimo Anne-Frank-Str. 77 82538 Geretsried	Martin Gunnesch Tel. 08171 2353923 Fax 08171 9935352 E-Mail: bellissimo@gmx.eu	HypoVereinsbank Geretsried IBAN DE54 7002 0270 0010 1139 85	20 %	Vorjahresumsatz: ca. 80.000 € Zahlungsmoral: schleppend
14304	DRK-Sozialwerk Bernkastel-Wittlich gGmbH Wittlicher Str. 3 54470 Bernkastel-Kues	Günther Frings Tel. 06531 3535-20 Fax 06531 3535-99 E-Mail: drk@sozialwerk.de	Sparkasse Mittelmosel IBAN DE54 5875 1230 0000 1311 76	10 %	Vorjahresumsatz: ca. 150.000 € Zahlungsmoral: gut
14312	Conipa Bürosysteme GmbH Potsdamer Weg 8–10 // 4. Stock 13127 Berlin	Rüdiger Kubis Tel. 030 486523532 Fax 030 500239523 E-Mail: kontakt@conipa-online.de	Berliner Sparkasse IBAN DE23 1005 0000 1823 5339 43	25 %	Vorjahresumsatz: ca. 35.000 € Zahlungsmoral: gut
14315	Elektrosysteme Schwarz e. K. Rue de Cessange 312 1321 Luxembourg	Daniela Winter Tel. 00352 4291574 Fax 00352 5353532 E-Mail: win@elektroschwarz.lu	Banque et Caisse d'Espargne de l'Etat Luxembourg IBAN LU31 0019 0181 6243 5350 00 SWIFT-BIC BCEELULL	20 %	Vorjahresumsatz: ca. 250.000 € Zahlungsmoral: sehr gut
14322	Kinderarztpraxis Dr. Benjamin Sonne Friedrich-Ebert-Str. 4 76437 Rastatt	Dr. Benjamin Sonne Silke Weiler (Med. Fachang.) Tel. 07222 901088 Fax 07222 901089 E-Mail: sonne@t-online.de	Volksbank Baden-Baden/Rastatt IBAN DE12 6629 0000 3088 2300 44	15 %	Vorjahresumsatz: ca. 130.000 € Zahlungsmoral: gut
14328	Bildungs- und Medienzentrum OHG Am Riff 25 a 04651 Bad Lausick	Anne Liebetrau Tel. 034345 7235-53 Fax 034345 7235-25 E-Mail: a.liebetrau@bmz.de	Sparkasse Muldental IBAN DE43 6464 0964 3940 0034 23	25 %	Vorjahresumsatz: ca. 60.000 € Zahlungsmoral: gut

Lieferantenverzeichnis (Auszug)

Liefe-rer-Nr.	Firma Anschrift	Ansprechpartner	Kd.-Nr.	Bankverbindung
60001	Schreinerei Leo Mock e. K. Am Riff 25 a 51147 Köln	Leo Mock Sabine Weinreich Tel. 02203 955353 Fax 02203 955343 E-Mail: weinreich@web.de	39273/09	Stadtsparkasse Köln IBAN DE45 3704 0198 1103 9923 34
50101	Broy Lichttechnik GmbH Gewerbegebiet Saarufer 54439 Saarburg	Manfred Elsen Tel. 06581 9494-34 Fax 06581 9494-39 E-Mail: manfred.elsen@ broy.de	HS 353	Sparkasse Trier IBAN DE60 2535 0930 3053 5350 39
70102	Bürohandel Crummenauer Am Sägeweg 54338 Schweich	Ina Eckert Tel. 06502 345235 Fax 06502 363953 E-Mail: ieckert@arcor.de	H 903	Volksbank Trier IBAN DE67 2395 3050 3500 0000 33
70103	Bürotechnik Salm GmbH Simeonstraße 2 54290 Trier	Jean-Paul Gemp Tel. 0651 395902 Fax 0651 903532 E-Mail: gemp@salm.de	09325	Commerzbank AG Trier IBAN DE68 5856 5024 7535 2330 00
70201	Saartec Kommunikation e. K. Graf-Siegfried-Str. 3 66343 Saarbrücken	Olaf Brünicke Tel. 0681 999092 Fax 0681 9990233 E-Mail: bruenicke@ yahoo.com	24993	Sparkasse Saarbrücken IBAN DE66 5309 2030 3053 3002 98
70212	Büroshop Schnell und direkt GmbH Birnbaumstraße 23 55252 Mainz	Olaf Brenner Hotline 0800 1118883 Fax 0800 1118889 E-Mail: kundenservice@ bueroshopsud.de	09092	Postbank IBAN DE56 8353 2030 3000 3301 56
80301	Logo-Quick Bert Höll e. K. Postfach 3 59 38104 Braunschweig	Tanja Morscheit Tel. 0531 708-2305 Fax 0531 708-5959 E-Mail: info@logoquick.de	124-7	Deutsche Bank Hannover IBAN DE82 2505 0953 2003 3992 09
80302	Druckhaus Neu GmbH Hochhäuser Str. 3 97941 Tauberbischofsheim	Thomas Schmitt Tel. 09341 38530 Fax 09341 39593 E-Mail: thschmitt72@aol. com	660646	Sparkasse Tauberfranken IBAN DE32 6735 2565 2003 3005 30
50401	Elektro Kugel GmbH Wilhelmsfelder Str. 1 a 16278 Angermünde	Nicola Reyther Tel. 03331 30102535 Fax 03331 905239 E-Mail: info@ elektrokugel.de	46/12	Volksbank Uckermark IBAN DE09 1509 1704 2050 2003 58
60402	Möbeltischlerei UNIKAT e. K. Lindenstr. 30 47012 Duisburg	Kristina Eiden Tel. 0203 347-16 Fax 0203 347-99 E-Mail: k.eiden@unikat.de	636-01	Sparkasse Duisburg IBAN DE78 3002 0900 4064 9000 92

Produktliste (Auszug)

Art.-Nr.	Artikelbezeichnung	Artikelbeschreibung	Verkaufspreis	
54 39822	Schreibtisch Kalova	höhenverstellbar, zweistufig, elektrisch 1200–2000 mm	260,50	
54 28716	Schreibtisch Kalova Basic	Breite 800 mm	160,80	
54 06985	Schreibtisch Kalova Basic	Breite 1000 mm	180,80	
53 98721	Stahlrohr-Tisch	1600 x 800 mm	75,60	
15 44677	Schreibtischlampe Flux	Energiespar-Tischleuchte, blendfreies Licht, Tischklemme bis 60 mm	299,75	
14 13111	Tischleuchte Beugel	Tischleuchte, 1-flg.-LED mit Touchschalter Ausladung: 390 mm 1 LED 3000 K 1 x 280 lm 1 x 3,5 W Maße: B 108 x H 580 x L 165 mm Diese Leuchte enthält eingebaute LED-Lampen.	42,65	
14 85724	Schreibtischzubehör „System"	Schreibtisch-Butler Compakt	6,95	
62 98989	Bürostuhl „Ergo"	Bürostuhl NET MOTION, mit Armlehnen, Synchronmechanik	160,45	
62 41597	Bürostuhl „Ergo speziell"	Bürostuhl ErgoTop, mit Armlehnen, ergonomische Lehne, breite Sitzfläche	240,80	
65894	Bürostuhl „Smart"		248,00	
83 58791	Rollcontainer 5871	Rollcontainer 1233, 4 Schübe, runde Griffe, B 435 x T 765 x H 577 mm	125,50	
83 65237	Rollcontainer 6975	Rollcontainer, 3 Schübe	85,40	
85 65741	Hochcontainer	Der Hochcontainer eignet sich mit 1296 mm Höhe ideal für die elektrisch höhenverstellbaren Schreibtische. Mit 435 mm Breite und 800 mm Tiefe bietet der Hochcontainer viel Stauraum.	480,00	
97 26574	Regal „Zeder WOOD"	6 OH, Höhe inkl. Gleiter, Sockel (optional)	249,00	
97 65716	Regal „Mitzo"	6 Ordnerhöhen, 5 Fachböden, B 800 mm	180,50	
102 89541	Etagenordner	5-Etagen-Ordner-Drehsäule für 40 DIN-A4-Ordner	240,80	
	...			

Allgemeine Geschäftsbedingungen (AGB) „Büromöbel Hauser & Schulte GmbH"

Balduinstraße 15
54296 Trier
Deutschland

Telefon:	0651 487-0 (Zentrale)
Fax:	0651 487-1345
Freecall:	0800 42 87 37
E-Mail:	info@hauser-schulte.de
Internet:	www.hauser-schulte.de
Handelsregister:	Amtsgericht Trier, HR B 40392
Umsatzsteuer-Identifikationsnummer (gemäß § 27 a Umsatzsteuergesetz):	DE 190453342
Vertreten durch die Gesellschafter:	Nadine Hauser und Joachim Schulte

§ 1	**Geltungsbereich**
	Die nachstehenden Allgemeinen Geschäftsbedingungen (AGB) gelten für alle Bestellungen im Online-Shop der Büromöbel Hauser & Schulte GmbH. Zusätzliche Allgemeine Geschäftsbedingungen unserer Kunden erkennen wir nicht an.
§ 2	**Vertragspartner und Vertragsschluss**
	Der im Online-Shop geschlossene Kaufvertrag kommt zustande mit der Büromöbel Hauser & Schulte GmbH. Die für den Kaufvertrag zur Verfügung stehende Sprache ist Deutsch. Der Vertragstext des entstehenden Kaufvertrages wird von der Büromöbel Hauser & Schulte GmbH nicht gespeichert. Die im Online-Shop dargestellten Produkte stellen kein rechtlich bindendes Angebot dar, sondern einen unverbindlichen Online-Katalog. Zunächst haben Sie die Möglichkeit, unsere Ware in den Warenkorb zu legen. Ihre Eingaben können Sie vor Absenden Ihrer verbindlichen Bestellung korrigieren. Hierfür haben Sie im Bestellablauf die Möglichkeit, die Korrekturhilfen, wie „Löschen", zu nutzen. Durch Anklicken des Buttons „Zahlungspflichtig bestellen" geben Sie eine verbindliche Bestellung der zu diesem Zeitpunkt im Warenkorb enthaltenen Waren ab. Der Eingang Ihrer Bestellung erfolgt unmittelbar per E-Mail, nachdem Sie Ihre Bestellung abgesandt haben. Diese E-Mail stellt keine Vertragsannahme dar. Innerhalb von zwei Werktagen können wir Ihnen entweder in einer separaten E-Mail oder durch Auslieferung der Ware das Zustandekommen des Kaufvertrages bestätigen. Ein Kaufvertrag kommt lediglich bei der Zahlungsart „Paypal" zum Zeitpunkt der Bestätigung Ihrer Zahlungsanweisung an Paypal zustande.
§ 3	**Warenverfügbarkeit**
	Ist bestellte Ware zum Zeitpunkt der Bestellung nicht verfügbar, behält sich die Büromöbel Hauser & Schulte GmbH vor, die Bestellung der Ware nicht anzunehmen. Es kommt kein Vertrag zustande. Hierüber werden Sie per E-Mail informiert. Bereits geleistete Zahlungen werden Ihnen unverzüglich rückerstattet
§ 4	**Lieferbedingungen**
	Zu den angegebenen Produktpreisen können Versandkosten anfallen. Die genauen Versandkosten sind dem jeweiligen Angebot (Anpreisung) zu entnehmen. Die Lieferung der Ware erfolgt ausschließlich innerhalb der Bundesrepublik Deutschland mit „DHL". Wir liefern nicht an Packstationen. Eine Selbstabholung der Ware ist ausgeschlossen.
§ 5	**Bezahlungsarten**
	Alle Preise auf www.hauser-schulte.de sind in Euro und verstehen sich einschließlich der jeweils gültigen gesetzlichen Mehrwertsteuer.

§ 5	**Bezahlungsarten**
	Bei Abschluss eines Kaufvertrages im Online-Shop der Büromöbel Hauser & Schulte GmbH stehen Ihnen die nachstehenden Zahlungsalternativen zur Verfügung: **Paypal:** Den anfallenden Rechnungsbetrag zahlen Sie über den Anbieter „Paypal". Dazu müssen Sie bei „Paypal" registriert sein oder sich zunächst registrieren. Detaillierte Hinweise erhalten Sie beim Bestellvorgang. **Sofortüberweisung:** Bei der Bezahlart Sofortüberweisung stellen Sie noch während Ihrer Bestellung bequem eine Überweisung über den jeweiligen Betrag in Ihr Online-Banking-Konto ein. **Kauf auf Rechnung:** Ein Überweisungsträger liegt Ihrer Lieferung bei. Das Zahlungsziel beträgt 14 Tage. Bank: Sparkasse, Trier, IBAN DE67 2630 0000 0923 5487 00, BIC: RLade21NOH. **Vorkasse:** In der Auftragsbestätigung nennen wir Ihnen unsere Bankverbindung und liefern unsere Ware nach Zahlungseingang.
§ 6	**Eigentumsvorbehalt**
	Die an Sie ausgelieferte Ware bleibt bis zur vollständigen Bezahlung unser Eigentum.
§ 7	**Gewerbliche Abnehmer**
	Die im Online-Shop der Büromöbel Hauser & Schulte GmbH angebotene Ware wird lediglich an Verbraucher und Unternehmen als Endverbraucher verkauft. Die gewerbliche Weiterveräußerung von Ware ist nicht gestattet. Bei im Online-Shop abgegebenen Angeboten, die den Anschein erwecken, zum Zwecke des gewerblichen Weiterverkaufs getätigt worden zu sein, behält sich die Büromöbel Hauser & Schulte GmbH vor, das Angebot abzulehnen.
§ 8	**Widerrufsrecht des Verbrauchers**
	Ist der Kunde ein Verbraucher, d. h. eine natürliche Person, die ein Rechtsgeschäft zu einem Zweck abschließt, der überwiegend weder ihrer gewerblichen noch ihrer selbstständigen beruflichen Tätigkeit zugerechnet werden kann, steht dem Kunden ein Widerrufsrecht gemäß § 312g i. V. m. § 355 BGB zu. **Bei Kaufverträgen gilt:** Sie haben das Recht, binnen vierzehn Tagen ohne Angabe von Gründen diesen Vertrag zu widerrufen. Die Widerrufsfrist beträgt bei einem Kaufvertrag vierzehn Tage ab dem Tag, an dem Sie oder ein von Ihnen benannter Dritter, der nicht der Beförderer ist, die Waren in Besitz genommen haben bzw. hat. Im Falle eines Vertrags über mehrere Waren, die Sie im Rahmen einer einheitlichen Bestellung bestellt haben und die getrennt geliefert werden, beträgt die Widerrufsfrist vierzehn Tage ab dem Tag, an dem Sie oder ein von Ihnen benannter Dritter, der nicht der Beförderer ist, die letzte Ware in Besitz genommen haben bzw. hat. Im Falle eines Vertrags über die Lieferung einer Ware in mehreren Teilsendungen oder Stücken beträgt die Widerrufsfrist vierzehn Tage ab dem Tag, an dem Sie oder ein von Ihnen benannter Dritter, der nicht der Beförderer ist, die letzte Teilsendung oder das letzte Stück in Besitz genommen haben bzw. hat. Im Falle eines Vertrags zur regelmäßigen Lieferung von Waren über einen festgelegten Zeitraum hinweg beträgt die Widerrufsfrist vierzehn Tage ab dem Tag, an dem Sie oder ein von Ihnen benannter Dritter, der nicht der Beförderer ist, die erste Ware in Besitz genommen haben bzw. hat. Um Ihr Widerrufsrecht auszuüben, müssen Sie uns – Büromöbel Hauser & Schulte GmbH, Balduinstraße 15, 54296 Trier, Telefon 0651 487-0, Fax 0651 487-1345, E-Mail info@hauser-schulte.de – mittels einer eindeutigen Erklärung (z. B. per Post, Telefax oder E-Mail) über Ihren Entschluss, diesen Vertrag zu widerrufen, informieren. Sie können dafür das beigefügte Muster-Widerrufsformular verwenden, das jedoch nicht vorgeschrieben ist. Zur Wahrung der Widerrufsfrist reicht es aus, dass Sie die Mitteilung über die Ausübung des Widerrufsrechts vor Ablauf der Widerrufsfrist absenden. Widerrufen Sie diesen Vertrag, so haben wir Ihnen alle Zahlungen, die wir von Ihnen erhalten haben, einschließlich der Lieferkosten unverzüglich und spätestens binnen vierzehn Tagen ab dem Tag zurückzuzahlen, an dem die Mitteilung über Ihren Widerruf dieses Vertrags bei uns eingegangen ist. Die Lieferkosten beziehen sich auf die von uns angebotene, günstige Standardlieferung, zusätzliche Kosten, die sich aus der Lieferung ergeben, tragen wir nicht. Für diese Rückzahlung verwenden wir dasselbe Zahlungsmittel, das Sie bei der ursprünglichen Transaktion eingesetzt haben, es sei denn, mit Ihnen wurde ausdrücklich etwas anderes vereinbart. Entgelte werden Ihnen wegen der Rückzahlung keine berechnet. Im Falle eines Widerrufes haben Sie die Waren unverzüglich und in jedem Fall spätestens binnen vierzehn Tagen ab dem Tag, an dem Sie uns über den Widerruf dieses Vertrags unterrichten, an – „Büromöbel Hauser &

§ 8	**Widerrufsrecht des Verbrauchers**

Schulte GmbH, Balduinstraße 15, 54296 Trier" – zurückzusenden. Die Frist ist gewahrt, wenn Sie die Waren vor Ablauf der Frist von vierzehn Tagen absenden.

Für einen eventuellen Wertverlust müssen Sie aufkommen, wenn der Wertverlust auf einen zur Prüfung der Beschaffenheit, Eigenschaften und Funktionsweise der Waren nicht notwendigen Umgang zurückzuführen ist.

Für diese Rückzahlung verwenden wir dasselbe Zahlungsmittel, das Sie bei der ursprünglichen Transaktion eingesetzt haben, es sei denn, mit Ihnen wurde ausdrücklich etwas anderes vereinbart; in keinem Fall werden Ihnen wegen dieser Rückzahlung Entgelte berechnet. Möchten Sie einen Vertrag widerrufen, füllen Sie bitte das nachstehende Musterformular aus und senden Sie es an:

Büromöbel Hauser & Schulte GmbH
Balduinstraße 15
54296 Trier
Fax: 0651 487-1345
E-Mail: info@hauser-schulte.de

Hiermit widerrufe(n) ich/wir (*) den von mir/uns (*) abgeschlossenen Vertrag über den Kauf der folgenden Waren (*)/die Erbringung der folgenden Dienstleistung (*):

____

Bestellt am (*) _____________________ /erhalten am (*) _____________________

Name des/der Verbraucher(s) _____________________

Anschrift des/der Verbraucher(s) _____________________

Unterschrift des/der Verbraucher(s) (nur bei Mitteilung auf Papier) _____________________

Datum _____________________

(*) Unzutreffendes streichen.

§ 9	**Transportschäden**

Bei Lieferung von Waren mit offensichtlichen Transportschäden reklamieren Sie bitte sofort beim Zusteller und kontaktieren uns (Büromöbel Hauser & Schulte GmbH) unverzüglich. Versäumen Sie eine Reklamation oder Kontaktaufnahme, wirkt sich dies nicht negativ auf Ihre gesetzlichen Ansprüche und deren Durchsetzung, insbesondere auf Ihre Gewährleistungsrechte aus. Reagieren Sie unverzüglich und unterstützen Sie uns dabei, unsere Ansprüche gegenüber dem Frachtführer bzw. der Transportversicherung geltend zu machen.

§ 10	**Gewährleistung und Garantien**

Für alle unsere Waren gilt das gesetzliche Mängelhaftungsrecht.
Zusätzliche Garantien und deren genaue Bedingungen finden Sie beim jeweiligen Produkt. Die jeweilige Garantie wird vom Produkthersteller übernommen, nicht von der Büromöbel Hauser & Schulte GmbH.

§ 11	**Gerichtsstand und Erfüllungsort**

Gerichtsstand sowie Erfüllungsort ist Trier.

§ 12	**Beschwerdeverfahren**

Zur Online-Streitbeilegung stellt die Europäische Kommission eine Plattform zur Verfügung. Diese ist abrufbar unter: https://ec.europa.eu/consumers/odr/main/index.cfm?event=main.home2.show&lng=DE.

Zur Teilnahme an einem Streitbeilegungsverfahren vor einer Verbraucherschlichtungsstelle sind wir nicht verpflichtet und grundsätzlich nicht bereit.

§ 13	**Verhaltenskodex**

Die Büromöbel Hauser & Schulte GmbH fühlt sich freiwillig dem Ehrenkodex der PBS (Unternehmen der Papier-, Büro- und Schreibwaren) verpflichtet. Die entsprechenden Verhaltenskodizes sind abrufbar unter: http://www.pbs-ehrenkodex.de/

§ 14	**Schlussbestimmungen**

Diese Allgemeinen Geschäftsbedingungen unterliegen dem Recht der Bundesrepublik Deutschland.
Der Vertragstext wird nach Vertragsschluss vom Händler nicht gespeichert und ist für den Kunden nicht zugänglich. Einzelne Transaktionen findet der Kunde im Bereich „Mein Konto".

Arbeitsplan

Kompetenzen	▪ Beschaffungsprozesse (Prozessvisualisierungen) auf der Grundlage warenwirtschaftlicher Daten (ERP-System) analysieren und sich einen Überblick über die Material-, Informations- und Werteflüsse verschaffen ▪ Zeit- und mengenabhängige Bedarfsplanung nach dem ökonomischen Prinzip durchführen ▪ Aktuelle Entwicklungen auf dem Beschaffungsmarkt berücksichtigen und betrieblichen Beschaffungsbedarf feststellen ▪ Zusammenhang zwischen Bestell- und Lagerhaltungskosten erfassen ▪ Interne und externe Bezugsquellenermittlung durchführen, um den geeigneten Lieferanten auszuwählen ▪ Bestellungen termingerecht planen ▪ Auftragsabwicklung mithilfe von Textverarbeitungs- und Kalkulationsprogrammen bearbeiten
Inhalte	▪ Beschaffungsprozess, -planung und -objekte ▪ Prozessvisualisierung ▪ Ökonomisches und ökologisches Prinzip ▪ Beschaffungsmarkt: make or buy, ABC-Analyse ▪ Bestellrhythmus- und Bestellpunktverfahren ▪ Bestell- und Lagerhaltungskosten ▪ Optimale Bestellmenge ▪ Interne und externe Bezugsquellenermittlung ▪ Nutzwertanalyse ▪ Gültigkeit einer Bestellung
Portfolio	▪ Glossar, Strukturbild „Beschaffungsobjekte" ▪ Grafik „Ökonomie vs. Ökologie" ▪ Grafik „Bestellpunkt- und Bestellrhythmusverfahren" ▪ Zusammenhang zw. Bestell- und Lagerhaltungskosten ▪ Optimale Bestellmengen berechnen – mit Excel ▪ Angebotsvergleich inkl. Nutzwertanalyse ▪ Bestellung
Zeit	ca. 60 Präsenzstunden

Warm-up

Wieso entsteht ein Spannungsverhältnis zwischen Ökonomie und Ökologie?

© Dragance137 – shutterstock.com

© arka38 – shutterstock.com

© Eisenhans – stock.adobe.com

© Digitalpress– stock.adobe.com

1.1 Lernaufgabe

Wie im Rahmen des Praktikums üblich, durchlaufe ich verschiedene Abteilungen. Momentan bin ich in der Abteilung Beschaffung bzw. Einkauf eingesetzt, sodass Herr Thommes mein Hauptabteilungsleiter ist. Frau Laux ist innerhalb der Einkaufsabteilung die zuständige Teamleiterin im Bereich Handelsware und mir gegenüber somit weisungsbefugt. Darüber hinaus ist sie neben den Kollegen Frau Schick und Herrn Schiller meine Ansprechpartnerin.

Die Abteilung Beschaffung kümmert sich nicht nur um die Güter, die zur Weiterverarbeitung benötigt werden, sondern organisiert den gesamten Einkauf der notwendigen Maschinen und des hauseigenen Bedarfs an Büromitteln.

Möbel Hauser & Schulte GmbH arbeitet mit einem ERP-System, um die betrieblichen Geschäftsprozesse digital zu unterstützen. Diese Software sorgt für eine reibungslose Kommunikation des Unternehmens in Bezug auf Mitarbeiter und Kunden.

Frau Laux erläutert mir, dass ich für den Umgang ERP-Software genaue Kenntnisse über die verschiedenen Geschäftsprozesse mit dem entsprechenden Hintergrundwissen haben muss. Ebenso müssten mir die Vernetzung der verschiedenen Prozesse bewusst werden. Wenn ich Ware verkaufe (Verkaufsprozess), müsste ich ja vorher die Ware eingekauft und zwischengelagert haben (Beschaffungs- und Lagerhaltungsprozess).

Zunächst möchte Frau Laux, dass ich mich mit der digitalen Unterstützung von Geschäftsprozessen auseinandersetze und in der nächste Teamsitzung einen Kurzvortrag halte.

Warum bietet die digitale Unterstützung von der Geschäftsprozessorientierung die Möglichkeit, eine höhere Kunden- und Mitarbeiterzufriedenheit zu erreichen?

Arbeitsauftrag

Gruppe (3er-Team)

1. **Erschließen** Sie arbeitsteilig die Informationen zu Digitale Unterstützung von Geschäftsprozessen, Geschäftsprozessorganisation (GPO) (Seite 46) und Kunde eines Geschäftsprozesses (Seite 48).
2. **Suchen** Sie zu Ihrem Thema im Internet nach einer aussagekräftigen Grafik, mit der Sie Ihren Themenbereich erläutern.
3. **Tauschen** Sie sich zu Ihrem Fachgebiet aus und erstellen Sie gemeinsam ein Glossar (zweispaltige Tabelle – links den Fachbegriff und rechts die entsprechende Erläuterung) über die verwendeten Fachbegriffe.
4. **Bereiten** Sie sich mithilfe Ihrer Grafiken auf eine lebendige Präsentation vor.

Plenum

5. **Präsentieren** Sie Ihren Fachvortrag und lassen Sie sich ein Feedback geben.

Gruppe (3er-Team)

6. **Analysieren** Sie den Geschäftsprozess Aufträge bearbeiten, platzieren Sie die Fachbegriffe an den entsprechenden Stellen, indem Sie:
   - die Anforderungen des Kunden an den Betrieb benennen,
   - die Kunden Ihres dargestellten Prozesses beschreiben,
   - festhalten, welche Anforderungen jeder Kunde erfüllen muss,
   - das Ziel des Prozesses bestimmen und
   - den Nutzen eines ERP-Systems beschreiben.
7. **Bereiten** Sie sich auf eine aussagekräftige Präsentation vor, indem Sie zunächst die Geschäftsprozessarten unterscheiden und anschließend mit Ihrer Skizze die Zusammenhänge zwischen Geschäftsprozessorientierung und Kundenzufriedenheit erläutern.

Plenum

8. **Präsentieren** Sie überzeugend.
9. **Reflektieren** Sie sowohl den Inhalt als auch die Aufbereitung der Präsentation.
10. **Schätzen** Sie Ihre Kompetenzen ein.

Kompetenzen	Schnittstellen der Geschäftsprozesse ermitteln	Level
Informieren	*Ich kann die Informationen Digitale Unterstützung von Geschäftsprozessen, Geschäftsprozessorganisation (GPO) und Kunde eines Geschäftsprozesses erschließen.*	○○○○
Planen	*Ich kann aus den Informationen zu Digitale Unterstützung von Geschäftsprozessen, Geschäftsprozessorganisation (GPO) und Kunde eines Geschäftsprozesses ein Glossar erstellen.*	○○○○
Entscheiden	*Ich kann situationsbezogen entscheiden, welcher Geschäftsprozess sich für die Präsentation eignet.*	○○○○
Durchführen	*Ich kann situationsbezogen einen Geschäftsprozess mit den Schnittstellen analysieren.* *Ich kann den Geschäftsprozess fachlich korrekt präsentieren.*	○○○○
Kontrollieren	*Ich kann beurteilen, ob der Geschäftsprozess fachlich korrekt präsentiert wurde.*	○○○○
Bewerten	*Ich kann einschätzen, dass die Schnittstellen eines Geschäftsprozesses besondere Beachtung benötigen.*	○○○○

1.2 Lernaufgabe

Mittlerweile habe ich ein Grundverständnis für Geschäftsprozesse und die Bedeutung der Schnittstellen.

Frau Laux ist zufrieden und erläutert mir, bevor ich in die ERP-Software eingeführt würde, müsste ich den kompletten Beschaffungsprozess mit den entsprechenden Teilprozessen von der Pike auf lernen. Dazu gehört auch, dass ich die Teilprozesse mit den Schnittstellen grafisch darstellen kann bzw. zumindest interpretieren kann.

Sie beauftragt mich, in der nächsten Teamsitzung grafische Darstellungsformen von Geschäftsprozessen vorzustellen, da sie mir in Zukunft als Überblick für die neuen Teilprozesse in der Beschaffung solche Teilprozessdarstellungen zur Verfügung stellt.

Welche Darstellungsform verwende ich jeweils für die verschiedenen Geschäfts- und Arbeitsprozesse?

Arbeitsauftrag

Gruppe (Dreiergruppe)

1. **Informieren** Sie sich über das Thema Geschäftsprozesse darstellen (Seite 49).
2. **Verteilen** Sie innerhalb Ihrer Gruppe die Darstellungsformen (A) Ablaufdiagramm, (B) Flussdiagramm und (C) Ereignisgesteuerte Prozesskette (EPK).
3. **Machen** Sie sich mit Ihrer Darstellungsform (A, B oder C) so vertraut, dass Sie in Ihrer Expertengruppe den Sinn und Zweck der symbolischen Sprache Ihrer Darstellungsform erläutern können.

Expertengruppen

4. **Erklären** Sie sich gegenseitig Ihre Darstellungsform und klären Sie evtl. Fragen.
5. **Skizzieren** Sie einen geeigneten Ablauf- bzw. Teilprozess aus der Auftragsbearbeitung in Ihrer Darstellungsform.
6. **Entwickeln** Sie gemeinsam eine Aufgabenstellung zur Darstellung eines Geschäftsprozesses für Ihre Stammgruppe. Ihre Skizze dient als Lösungshilfe.

Stammgruppe

7. **Erläutern** Sie Ihrer Stammgruppe zunächst Ihre Darstellungsform (A) mithilfe des Arbeitsbuches. Lassen Sie in Einzelarbeit die Aufgabe aus der Expertengruppe lösen und besprechen Sie die Lösungen mithilfe Ihrer Skizze aus der Expertengruppe.
8. **Wiederholen** Sie diesen Schritt zunächst mit der Darstellungsform (B) und anschließend mit (C).
9. **Stellen** Sie den Prozess „Bearbeitung von Eingangsrechnungen" mit den unterschiedlichen Darstellungsformen dar.
10. **Diskutieren** Sie über die Vor- und Nachteile der drei Darstellungsformen.

11. **Bereiten** Sie sich auf die Präsentation vor – erläutern Sie die Vor- und Nachteile der verschiedenen Darstellungsformen. Empfehlen Sie die Darstellungsform, die Sie für den Prozess „Bearbeitung von Eingangsrechnungen" bevorzugen.

Plenum

12. **Präsentieren** Sie Frau Laux die unterschiedlichen Darstellungsformen. Begründen Sie Ihre Empfehlung. Lassen Sie sich ein Feedback geben.

13. **Schätzen** Sie Ihre Kompetenzen ein.

Kompetenzen	Geschäftsprozesse grafisch aussagekräftig darstellen	Level
Informieren	*Ich kann die Informationen zum Thema Geschäftsprozesse darstellen und erläutern.*	▢▢▢▢
Planen	*Ich kann aus den Informationen zu Digitale Unterstützung von Geschäftsprozessen, Geschäftsprozessorganisation (GPO) und Kunde eines Geschäftsprozesses ein Glossar erstellen.*	▢▢▢▢
Entscheiden	*Ich kann situationsbezogen entscheiden, mit welcher Darstellungsform ein bestimmter Geschäftsprozess visualisiert wird.*	▢▢▢▢
Durchführen	*Ich kann situationsbezogen einen Geschäftsprozess mit der passenden Darstellungsform visualisieren.* *Ich kann den Geschäftsprozess fachlich korrekt präsentieren.*	▢▢▢▢
Kontrollieren	*Ich kann beurteilen, ob der Geschäftsprozess in der passenden Darstellungsform erstellt und fachlich korrekt präsentiert wurde.*	▢▢▢▢
Bewerten	*Ich kann einschätzen, dass grafische Darstellungsformen einen Geschäftsprozess sehr transparent machen.*	▢▢▢▢

1.3 Lernaufgabe

Nun bin ich schon einige Tage in der Abteilung Beschaffung. Bisher habe ich einen Einblick über Geschäftsprozesse grafisch darstellen erhalten, um in Zukunft auch die Abläufe in der Beschaffung prozessorientiert zu betrachten.

Die Abteilung Beschaffung kümmert sich nicht nur um die Güter, die zur Weiterverarbeitung benötigt werden, sondern organisiert den gesamten Einkauf des hauseigenen Bedarfs an Büromitteln. Momentan hat Frau Laux die Meldung erhalten, dass der Bestand an hausintern benötigtem Kopierpapier zur Neige geht.

Frau Laux ist es wichtig, dass bei der Büromöbel Hauser & Schulte GmbH sowohl ökonomische als auch ökologische Aspekte beachtet werden. Momentan kann ich mit diesen neuen Begriffen noch nicht viel anfangen, doch ich informiere mich:

Welche Prinzipien berücksichtige ich beim Einkauf der verschiedenen Beschaffungsobjekte?

Arbeitsauftrag

Einzelarbeit

1. **Informieren** Sie sich sowohl über die Beschaffungsobjekte (Seite 57) als auch das ökonomische und ökologische Prinzip (Seite 58).
2. **Erstellen** Sie ein Glossar (zweispaltige Tabelle – links den Fachbegriff und rechts die entsprechende Erläuterung) über die verwendeten Fachbegriffe.

Tandem

3. **Vergleichen** Sie Ihr Glossar und ergänzen Sie gegebenenfalls.
4. **Gehen** Sie im weiteren Verlauf arbeitsteilig vor. Ein Partner erstellt ein Strukturbild über die Beschaffungsobjekte.

   Der andere Partner erarbeitet eine grafische Darstellung, die das ökonomische und ökologische Prinzip erläutert und das entstehende Spannungsverhältnis deutlich macht.
5. **Stellen** Sie sich gegenseitig Ihre Arbeitsergebnisse vor und beantworten Sie offene Fragen Ihres Partners fachlich korrekt.

Zweier-Tandems

6. **Erläutern** Sie sich gegenseitig Ihre grafischen Darstellungen.
7. **Optimieren** Sie Ihre Arbeitsergebnisse, indem Sie sich auf eine fachlich korrekte und aussagekräftige Darstellungsform einigen.
8. **Bereiten** Sie sich auf einen Museumsrundgang vor. Jede Gruppe stellt zwei Teammitglieder ab, die dem Plenum ihre Darstellungen erklären. Die Übrigen informieren sich an den anderen Stationen und wechseln sich nach ihrem eigenen Rundgang mit den anderen ab.

Plenum (Museumsgang)

9. **Erläutern** Sie anhand Ihrer Darstellungen das Hintergrundwissen zu den Beschaffungsobjekten sowie das ökonomische und ökologische Prinzip.
10. **Reflektieren** Sie im Plenum die gesehenen Darstellungsalternativen.
11. **Entscheiden** Sie sich gemeinsam für jeweils eine Form der Darstellung.

Einzelarbeit

12. **Halten** Sie die Plenumsergebnisse in Ihren Unterlagen fest.
13. **Schätzen** Sie Ihre Kompetenzen ein.

Kompetenzen	Ökonomische und ökologische Prinzipien beim Einkauf berücksichtigen	Level
Informieren	*Ich kann die Informationen zu den Beschaffungsobjekten als auch das ökonomische und ökologische Prinzip erschließen.*	▢▢▢▢
Planen	*Ich kann aus den Informationen zu den Beschaffungsobjekten ein Glossar mit den Fachbegriffen erstellen.*	▢▢▢▢
Entscheiden	*Ich kann situationsbezogen entscheiden, in welcher Art und Weise das Strukturbild zu den Beschaffungsobjekten und das Spannungsverhältnis zwischen dem ökonomischen und ökologischen Prinzip deutlich werden.*	▢▢▢▢
Durchführen	*Ich kann die ökonomischen und ökologischen Prinzipien, die beim Einkauf von verschiedenen Beschaffungsobjekten berücksichtigt werden müssen, mithilfe von grafischen Darstellungen überzeugend vorstellen und das damit verbundene Spannungsverhältnis verdeutlichen.*	▢▢▢▢
Kontrollieren	*Ich kann beurteilen, ob die grafischen Darstellungen das Spannungsverhältnis verdeutlichen und dies entsprechend belegen.*	▢▢▢▢
Bewerten	*Ich kann die Qualität meiner Strukturbilder und die Vorteile solcher Darstellungen einschätzen und künftig weitere Verbesserungen vornehmen.*	▢▢▢▢

1.4 Lernaufgabe

Nachdem ich nun weiß, welche Prinzipien grundsätzlich bei der Beschaffung zu beachten sind, bemerke ich, dass ich die Anzahl des zu ordernden Kopierpapiers nicht kenne. Frau Laux ist sich momentan auch unsicher, welche Menge zu beziehen ist. Zurzeit ist in der Einkaufsabteilung so viel zu tun, dass sie mir den Auftrag erteilt, sich genauer mit diesem Thema auseinanderzusetzen, wobei mir die nachstehende Leitfrage hilft:

Wie ermittle ich den Bedarf an betriebsnotwendigen Gütern?

Arbeitsauftrag

Partnerarbeit

1. **Informieren** Sie sich über die Zeitplanung (Seite 60) (Bestellpunkt- und Bestellrhythmusverfahren).
2. **Erklären** Sie sich gegenseitig die neuen Lerninhalte und ergänzen Ihr individuelles Glossar um die neuen Begriffe einschließlich der Erklärungen.
3. **Unterstützen** Sie sich gegenseitig bei eventuellen Schwierigkeiten.
4. **Erarbeiten** Sie miteinander zwei grafische Darstellungen, die einerseits das Bestellpunkt- andererseits das Bestellrhythmusverfahren aussagekräftig darstellen. Ergänzen Sie die Erklärungen, sodass Sie die Grafiken auch noch in einigen Wochen verstehen.
5. **Erschließen** Sie den Text Bestell- und Lagerhaltungskosten (Seite 61).
6. **Ergänzen** Sie jeweils Ihr Glossar um die neuen Begriffe und beantworten Sie sich offene Fragen.
7. **Einigen** Sie sich auf ein Tafelbild, welches den Zusammenhang zwischen Bestell- und Lagerhaltungskosten verdeutlicht. Fertigen Sie dieses an.

Zweier-Tandems

8. **Stellen** Sie Ihrem Partnertandem Ihre bisherigen Arbeitsergebnisse vor. Teilen Sie sich diese Arbeit, indem ein Partner die Arbeitsergebnisse der Zeitplanung, der andere Partner die Darstellung der Bestell- und Lagerhaltungskosten übernimmt.
9. **Wählen** Sie die geeignetsten Darstellungsalternativen aus und bereiten Sie sich auf eine lebendige Präsentation vor. Jeder übernimmt eine Teilaufgabe.

Plenum

10. **Präsentieren** Sie Ihre Arbeitsergebnisse und stehen Sie für Rückfragen zur Verfügung.
11. **Einigen** Sie sich auf jeweils maximal zwei geeignete Darstellungen, die Sie in Ihre Unterlagen übertragen.

Tandem

12. **Informieren** Sie sich über die Mengenplanung (Seite 62) und sichten Sie die angegebene Tabelle zur Berechnung der optimalen Bestellmenge.
13. **Übertragen** Sie die Tabelle nach der dargestellten Vorlage in Ihre Unterlagen. Jeder schreibt mit.
14. **Ergänzen** Sie die Tabelle entsprechend den gemachten Angaben und ermitteln Sie so die optimale Bestellmenge.

    Bei Bedarf frischen Sie Ihre Excelkenntnisse auf: Rechnen, rationelles Arbeiten sowie Funktionen (ab Seite 116).

    Bei der Beschaffung des Kopierpapiers gelten folgende Bedingungen:

    - Jahresbedarf: 2 000 Stück
    - Lagerhaltungskostensatz: 4 %
    - Bestellkosten pro Bestellung: 10,00 €/Bestellung
    - Preis pro Stück: 3,00 €/Stück

Bestellmenge [Stück]	**Bestell-häufigkeit**	**Durchschnittlicher Lagerbestand [Stück]**	**Lagerhaltungs-kosten**	**Bestellkosten [Euro]**	**Gesamtkosten [Euro]**
	$\frac{\text{Jahresbedarf}}{\text{Bestellmenge}}$	$\frac{\text{Bestellmenge}}{2}$	Durchschnittlicher Lagerbestand · Preis pro Stück · Lagerhaltungskostensatz/100	Bestellkosten pro Bestellung · Bestellhäufigkeit	Lagerhaltungskosten + Bestellkosten
2.000					
1.800					
1.600					
1.400					
usw.					

15. **Nennen** Sie die von Ihnen errechnete optimale Bestellmenge und begründen Sie Ihre Entscheidung.
16. **Bereiten** Sie sich auf eine Präsentation vor, indem ein Partner die allgemeine Berechnung erläutert und der andere Partner Ihr Arbeitsergebnis vorstellt und begründet.

Plenum

17. **Präsentieren** Sie Frau Laux bzw. dem Plenum überzeugend die optimale Bestellmenge für Kopierpapier.
18. **Diskutieren** Sie die Entscheidung des Tandems.

Einzelarbeit

19. **Halten** Sie das korrekte Ergebnis in Ihren Unterlagen fest.

20. **Erstellen** Sie die Tabelle zur optimalen Bestellmengenberechnung in Excel mit den vorgegebenen Angaben zu Jahresbedarf, Lagerhaltungskostensatz, den Bestellkosten pro Bestellung und Preis pro Stück.

21. **Errechnen** Sie die fehlenden Daten. Arbeiten Sie an entsprechender Stelle mit absoluten bzw. relativen Zellbezügen (Seite 117).

22. **Erstellen** Sie ein Liniendiagramm, mit dessen Hilfe die optimale Bestellmenge aus den Linien der Lagerhaltungskosten, der Bestell- und der Gesamtkosten ersichtlich wird. Markieren Sie die Diagrammquelldaten, also den Bereich, der im Diagramm dargestellt werden soll.

23. **Beschriften** Sie die Achsen Ihres Diagramms und kommentieren Sie anhand des Diagramms die optimale Bestellmenge.

Plenum

24. **Präsentieren** Sie Ihre Ergebnisse.

Einzelarbeit

25. **Schätzen** Sie Ihre Kompetenzen ein.

Kompetenzen	Optimale Bestellmenge berechnen	Level
Informieren	*Ich kann die Informationen zu der Mengen- und Zeitplanung (Bestellpunkt- und Bestellrhythmusverfahren) und den Bestell- und Lagerkosten erläutern und das Fachvokabular im Glossar festhalten.*	○○○○
Planen	*Ich kann die Informationen zu der Mengen- und Zeitplanung sowie den Bestell- und Lagerkosten in eine grafische Übersicht bringen.*	○○○○
Entscheiden	*Ich kann situationsbezogen entscheiden, welche Daten in die Exceltabelle zur Berechnung der optimalen Bestellmenge eingefügt werden.*	○○○○
Durchführen	*Ich kann situationsbezogen die optimale Bestellmenge mithilfe von Excel errechnen und dabei mit absoluten und relativen Zellbezügen arbeiten.* *Ich kann aus der Berechnung der optimalen Bestellmenge in Excel ein aussagekräftiges Liniendiagramm mit einer Achsenbeschriftung erstellen.*	○○○○
Kontrollieren	*Ich kann beurteilen, ob die optimale Bestellmenge korrekt ermittelt wurde.*	○○○○
Bewerten	*Ich kann begründet darstellen, warum die Berechnung der optimalen Bestellmenge zu den wichtigen Instrumenten des Materialmanagements gehört.*	○○○○

1.5 Lernaufgabe

Herr Thommes, der hauptverantwortliche Abteilungsleiter im Bereich Beschaffung, möchte die Produktpalette im Bereich der Handelswaren erweitern. Er hat von einer neuen Art der Aktenvernichter gehört, die zum einen geräuscharm sind, zum anderen zugleich als Papierkorb genutzt werden können. Selbstverständlich soll das Modell nicht zu auffällig und kostengünstig sein.

Zunächst möchte Herr Thommes 50 Stück anschaffen. Meine Aufgabe ist es, ein geeignetes Modell zu finden und Herrn Thommes mein Ergebnis zu präsentieren. Aus diesem Grund stellt sich die Frage:

Wie finde ich einen geeigneten Lieferanten?

Arbeitsauftrag

Einzelarbeit

1. **Erschließen** Sie sowohl den Text Anfrage (Seite 63) als auch den Text Bezugsquellenermittlung (Seite 64). Erweitern Sie Ihr individuelles Glossar um die neuen Fachbegriffe, indem Sie diese entsprechend ergänzen und erläutern.

Tandem

2. **Vergleichen** Sie Ihr Glossar und korrigieren Sie gegebenenfalls.
3. **Entscheiden** Sie gemeinsam, ob Sie aufgrund Ihres Arbeitsauftrages eine allgemeine oder bestimmte Anfrage formulieren würden. Begründen Sie Ihr Ergebnis schlüssig und halten Sie es schriftlich fest.
4. **Legen** Sie gemeinsam fest, ob Sie auf interne oder externe Bezugsquellen zurückgreifen, um sich entsprechende Informationen zu beschaffen. Begründen Sie erneut nachvollziehbar und notieren Sie sich Ihr Ergebnis.

Plenum (Losverfahren)

5. **Stellen** Sie dem Plenum Ihre Arbeitsergebnisse vor.
6. **Diskutieren** Sie abweichende Antworten bzw. Begründungen. Überdenken Sie eventuell Ihre Arbeitsergebnisse und stehen Sie für ein konstruktives Feedback zur Verfügung.

Einzelarbeit

7. **Formulieren** Sie handschriftlich eine Anfrage über Aktenvernichter mit Papierkorbfunktion an den Lieferanten Nr. 70212 (Lieferantenverzeichnis Seite XIV).

Vierergruppe

8. **Vergleichen** Sie Ihre Anfragen, indem Sie Gemeinsamkeiten und Unterschiede herausarbeiten.

Einzelarbeit

9. **Nutzen** Sie nun Ihre Anfrage für alle Lieferanten und erstellen Sie in Ihrem Textverarbeitungsprogramm einen Seriendruck (Seite 100) mit individueller Anrede.
10. **Greifen** Sie dabei für notwendige Datenquellen auf das Lieferantenverzeichnis zurück. Verwenden Sie für alle Bestandteile (z. B. Adressfeld: Anrede, Vorname, Nachname, Straße, PLZ, Ort) einen eigenen Feldnamen.
11. **Nutzen** Sie für die individuelle Anrede das Seriendruck-Bedingungsfeld.

Partnerarbeit

12. **Prüfen** Sie bei Ihrem Partner die Schreib- und Gestaltungsregeln 5008 und die Funktionstüchtigkeit des Serienbriefes.
13. **Bereiten** Sie sich auf die Präsentation vor – gehen Sie dabei schriftlich auf die Aspekte Bezugsquellenermittlung, Anfrage und Serienbrief ein.

Plenum

14. **Präsentieren** Sie umfangreich die Vorgehensweise, um einen geeigneten Lieferanten zu finden.
15. **Führen** Sie mit dem Plenum ein Gespräch. Gehen Sie dabei auf alle Arbeitsschritte von der Bezugsquellenermittlung bis zum Serienbrief ein. Lassen Sie sich Optimierungsvorschläge geben.

Einzelarbeit

16. **Verbessern** Sie Ihre Aufzeichnungen.
17. **Schätzen** Sie Ihre Kompetenzen zu ein.

Kompetenzen	Angebote rationell einholen	Level
Informieren	*Ich kann die Informationen zu Anfrage und Bezugsquellenermittlung erschließen und das Fachvokabular erläutern.*	▯▯▯▯
Planen	*Ich kann mithilfe der Bezugsquellenermittlung in- und externe Lieferanten für bestimmte Beschaffungsobjekte zusammenstellen.*	▯▯▯▯
Entscheiden	*Ich kann situationsbezogen entscheiden, ob eine allgemeine oder bestimmte Anfrage bzw. interne oder externe Bezugsquellen infrage kommen.*	▯▯▯▯
Durchführen	*Ich kann situationsbezogen eine Anfrage formulieren und rationell an mehrere Lieferanten mit individuellen Inhalten per Seriendruck normgerecht erstellen.* *Ich kann die Auswahl der Bezugsquellen begründet darstellen.*	▯▯▯▯
Kontrollieren	*Ich kann überprüfen, ob die Anfrage normgerecht gestaltet, aussagekräftig formuliert und passende Bezugsquellen genannt wurden.*	▯▯▯▯
Bewerten	*Ich kann die Bedeutung der Bezugsquellenermittlung einschätzen.*	▯▯▯▯

1.6 Lernaufgabe

Mittlerweile liegen mir drei attraktive Angebote unterschiedlicher Lieferanten vor. Gerne würde ich diese Herrn Thommes übergeben, doch Frau Laux informiert mich darüber, dass die Arbeit mit dem Anfordern der Angebote noch lange nicht erledigt ist. Sie weist mich darauf hin, dass ich mich bereits in der Verkaufsabteilung mit Angeboten beschäftigt habe. Ich soll mir diese Unterlagen noch einmal anschauen und mich noch tiefer in das Thema einarbeiten.

Jetzt gilt es, eine konkrete Auswahl zu treffen und sich letztlich zu entscheiden. Meine Entscheidung soll ich Frau Laux bzw. Herrn Thommes am Ende dieses Arbeitsprozesses vorstellen und meine Empfehlung begründen, sodass sich die Frage ergibt:

Bei welchem Lieferanten bestelle ich?

Arbeitsauftrag

Tandem

1. **Informieren** Sie sich über das Angebot und seine Mindestbestandteile (Wiederholung Lernfeld 3) sowie das Angebot und seine Gültigkeit (Bindung – Seite 64), ebenso über das Erlöschen und Widerruf eines Angebotes (Seite 65). Teilen Sie sich diese Texterschließung. Erweitern Sie Ihr Glossar, verwenden Sie zu jedem Fachbegriff ein Beispiel.
2. **Erstellen** Sie ein Strukturbild zum Angebot. Verwenden Sie die Fachbegriffe aus Ihrem Glossar.

Gruppenarbeit (zwei Tandems)

3. **Erläutern** Sie mithilfe Ihres Strukturbildes das Hintergrundwissen vom Angebot und optimieren Sie ggf. Bereiten Sie es für einen Museumsgang vor – jede Gruppe stellt ein Teammitglied ab, das den anderen das Strukturbild erläutert –, die Übrigen informieren sich an den anderen Stationen.

Plenum (Museumsgang)

4. **Lassen** Sie sich von den anderen Gruppen Ihr Strukturbild erklären.
5. **Reflektieren** Sie im Plenum die gesehenen Strukturbilder.

Einzelarbeit

6. **Sichten** Sie die drei Angebote über Aktenvernichter (Seite 66), wählen Sie ein beliebiges davon aus und markieren Sie die Mindestbestandteile für ein Angebot.
7. **Erstellen** Sie eine Tabelle. In die erste Spalte kommen Mindestbestandteile – übernehmen Sie für die zweite bis vierte Spalte die konkreten Angaben der vorliegenden Angebote.

Angebotsvergleich			
Mindestbestandteile	Angebot 1	Angebot 2	Angebot 3

Zunächst möchte Herr Thommes lediglich wissen, welcher Anbieter der günstigste ist und innerhalb einer Woche liefern kann. Zudem möchte er nicht mehr als 30.000 EUR investieren (Einfaktorenvergleich). Aus der Tabelle soll automatisiert abgelesen werden können, ob die Bedingungen erfüllt werden oder nicht. Dazu fordert er mich auf, den Angebotsvergleich in Excel zu übertragen.

8. **Legen** Sie sich das Schema des Angebotsvergleichs in Excel an.

Angebotsvergleich			
Mindestbestandteile	Angebot 1	Angebot 2	Angebot 3

9. **Übertragen** Sie mithilfe Ihres handschriftlichen Vergleichs die bekannten Daten.
10. **Berechnen** Sie die Daten – arbeiten Sie rationell mit relativer bzw. absoluter Adressierung (Seite 117).
11. **Nutzen** Sie die WENN-DANN-Funktion (Seite 121) zur Einbindung der geforderten Wünsche von Herrn Thommes. Ob das Angebot die Anforderungen erfüllt, soll in der Ergebniszeile als Text erscheinen.

Tandem

12. **Entscheiden** Sie sich für eines der Angebote, begründen Sie Ihre Entscheidung.
13. **Bereiten** Sie sich auf die Präsentation vor, indem einer die Mindestbestandteile erläutert und der andere Ihre Entscheidung schlüssig begründet.

Plenum

14. **Präsentieren** Sie Herrn Thommes überzeugend Ihren Angebotsvergleich und Ihre Entscheidung.

    Herr Thommes weist mich darauf hin, dass weitere Kriterien bei einem Angebotsvergleich, die sogenannten qualitativen Faktoren, zu beachten sind (Mehrfaktorenvergleich). Diese soll ich inklusive der quantitativen Daten mithilfe einer Nutzwertanalyse in Excel vergleichen.

    Herr Thommes gibt mir von den Lieferanten noch die entsprechenden Kriterien mit der Gewichtung, da schon mehrfach bei diesen Lieferanten bestellt wurde.

	Bewertung			
	Kriterien	Lief. 1 Omega	Lief. 2 Büroshop	Lief. 3 Bürostube
1.	Anzahl der Lieferungen	75	120	250
2.	Verspätete Lieferungen	2		
3.	Lieferzeit in Tagen	3		
4.	Mängelrüge	3		
5.	Serviceleistung Kundendienst in Noten	2		

Gewichtung						
Kriterien	Gewichtung					
Qualitätszuverlässigkeit	30					
Bezugspreis	25					
Terminzuverlässigkeit	15					
Lieferbereitschaft	10					
Serviceleistungen/ Kundendienst	10					
	Noten					
Rang	1	2	3	4	5	6
Punkte	15	12	9	6	3	1

Tandem

15. Erstellen Sie eine Tabelle zur Nutzwertanalyse. Halten Sie sich an die beschriebene Vorgehensweise bzw. nutzen Sie die vorliegenden Daten.

- **Beschriften** Sie drei Tabellenblätter mit den Namen: „Informationen", „Bezugspreise" und „Bewertung".
- **Erfassen** Sie in der Tabelle „Informationen" die Daten „Gewichtung". Geben Sie den Matrizen Bereichsnamen (Seite 120).
- **Erfassen** Sie in der Tabelle „Bezugspreise" die quantitativen Daten – Einfaktorenvergleich.
- **Erfassen** Sie in der Tabelle „Bewertung" die qualitativen Daten – Mehrfaktorenvergleich.
- **Werten** Sie die Angebote mithilfe des SVerweises bzw. WVerweises (Seite 124) aus. Ermitteln Sie die Rangpunktzahl (Seite 123). Entscheiden Sie sich für ein Angebot.

Plenum

16. **Begründen** Sie Herrn Thommes die von Ihnen gewählte Gewichtung und Ihre daraus resultierende Entscheidung. Weicht sie von dem handschriftlich erstellten Angebotsvergleich ab?

17. **Schätzen** Sie Ihre Kompetenzen ein.

Kompetenzen	Angebote vergleichen und auswerten	Level
Informieren	*Ich kann die Informationen rund um das Angebot einschließlich Gültigkeit und Erlöschen und Widerruf erläutern.*	▢▢▢▢
Planen	*Ich kann die entscheidenden Kriterien in den Angeboten markieren.*	▢▢▢▢
Entscheiden	*Ich kann situationsbezogen entscheiden, welche Daten und Funktionen in Excel ich für den Angebotsvergleich benötige.*	▢▢▢▢
Durchführen	*Ich kann situationsbezogen den Angebotsvergleich in Excel mithilfe der absoluten und relativen Adressierung und Wenn-Dann-Funktion durchführen und überzeugend präsentieren.* *Ich kann mithilfe des SVerweis und WVerweis eine Nutzwertanalyse durchführen und die Entscheidung begründet darstellen.*	▢▢▢▢
Kontrollieren	*Ich kann beurteilen, ob der Angebotsvergleich korrekt durchgeführt ist und die Begründungen nachvollziehbar sind.*	▢▢▢▢
Bewerten	*Ich kann die Qualität meines Angebotsvergleiches einschätzen und künftig ggf. verbessern.*	▢▢▢▢

Omega-Bürobedarf GmbH & Co. KG
Alles für Ihr Büro

Ω

Omega-Bürobedarf GmbH & Co. KG - Chiemseestraße 148 – 150 - 54290 Trier

¶
¶
¶
Büromöbel
Hauser & Schulte GmbH
Herrn Thommes
Balduinstraße 15
54290 Trier

Ihr Zeichen:
Ihre Nachricht vom: 3. Oktober 20..
Unser Zeichen: hm
Unsere Nachricht vom:

Name: Susanne Rosen
Telefon: +49(0)651 480 050–0
Telefax: +49(0)651 480 050–50
E-Mail: büro@omega-bedarf.de

Datum: 04.10.20..

Angebot über Aktenvernichter „Criss Cross"

Sehr geehrter Herr Thommes,

wir bedanken uns für das angenehme Telefonat und Ihr Interesse an unserem Artikel. Wie vereinbart unterbreiten wir Ihnen gerne folgendes Angebot ohne jegliche Gewähr:

- 50 Aktenvernichter "Criss Cross"; Modellnummer: CC 1000
- Abschaltautomatik bei Papierstau, ebenso bei vollem Auffangbehälter
- Großer Auffangbehälter (ca. 160 l) mit Extra-Fach für nicht geschredderten Abfall
- Benutzerfreundliche Bedienerführung mit Leuchtsymbolen
- Verwendbares Schnittgut:
  40 Blatt Papier, CDs, Büroklammern, Kreditkarten
- Stückpreis: 675,00 EUR
- Mengenrabatt: 10 % (bei einer Mindestmenge von 50 Stück)
- Verpackungskosten: 14,95 EUR
- Versand: 0,00 EUR (ab einem Bestellwert von 99,00 EUR)
- Lieferzeitpunkt: 14 Tage nach Bestellungseingang
- Zahlungsbedingung: sofort nach Erhalt der Ware per Überweisung
- Erfüllungsort: Trier
- Gerichtsstand: Trier

Die Ware bleibt bis zur vollständigen Zahlung unser Eigentum. Lassen Sie sich von unserer Leistung überzeugen und erteilen uns Ihren Auftrag.

Mit freundlichen Grüßen

Omega-Bürobedarf GmbH & Co. KG
– Alles für Ihr Büro -

i. A. Susanne Rosen

Susanne Rosen

Omega-Bürobedarf GmbH & Co. KG
Alles für Ihr Büro
Chiemseestraße 148 – 150

Telefon:+49(0)651 480 050 – 0
Telefax: +49(0)651 480 050 – 50

IBAN: DE83 5008 0000 0097 6271 00
BIC: COBADEFFXXX

Handelsregister: Amtsgericht Wittlich, HRA 4845
USt-IDNr: DE 813765114
Steuer-Nr.: 24/102/0528/5

Steuer-Nr. DE158713682587
USt-IDNr. 15/5874/3654

Büroshop – schnell und direkt GmbH

Büroshop - schnell und direkt GmbH - Birnbaumstraße 23 - 55252 Mainz

Büromöbel
Hauser & Schulte GmbH
Balduinstraße 15
54290 Trier

Ihr Zeichen: mt-(Initiale vom Schüler)
Ihre Nachricht vom: 3. Oktober 20..
Unser Zeichen: ob
Unsere Nachricht vom:

Name: Olaf Brenner
Hotline: 0800 111 888 3 (Mo. - Fr. 09:00–18:00 Uhr)
Telefax: 0800 111 888 9
E-Mail: kundenservice@bueroshopsud.de

Datum: 03.10.20..

Angebot: Aktenvernichter SCHREDDERCAT

Sehr geehrte Damen und Herren,

bezugnehmend auf Ihre Anfrage informieren wir Sie heute freibleibend über unser exklusives Angebot:

- Artikel: SCHREDDERCAT – SC 911
- Anzahl: 50 Stück
- Stückpreis: 525,00 EUR
- Rabatt: keinen
- Beschaffungskosten: 0,00 EUR
- Lieferzeit: 2 Tage
- Lieferbedingungen: frei ab Werk
- Zahlungsbedingungen: innerhalb von 14 Tagen 3 % Skonto oder 30 Tagen per Überweisung

Zusätzliche Produktinformationen
- Papierstapel mit bis zu 150 Blatt Papier (DIN A4, 80 g/qm)
- Separates CD/DVD-Schneidwerk
- Übersichtliches Bedienfeld
- Füllstandsanzeige
- Integrierter Papierkorbbehälter, getrennte Leerung möglich
- Leiser Motor mit Energiesparmodus und Abschaltautomatik

Bei Rückfragen stehe ich Ihnen gerne zur Verfügung. Ihren Auftrag werden wir sorgfältig ausführen und verbleiben bis dahin

mit freundlichen Grüßen

Büroshop - schnell und direkt GmbH

Olaf Brenner

Olaf Brenner

Büroshop – schnell und direkt GmbH
Birnbaumstraße 23
55252 Mainz
Gerichtsstand, Erfüllungsort und
Handelsregisterort: Wiesbaden HRB: 27663

Hotline: 0800 1118883
(Mo. - Fr. 09:00–18:00 Uhr)
Fax: 0800 1118889
E-Mail: kundenservice@bueroshopsud.de

IBAN: DE89 8674 0020 0097 6871 68
BIC: GRBAZJFF8456
Ust-ID: DE 589806418

Bürostube AG

Bürostube AG - Hamburger Straße 50 - 53 - 07747 Jena

Ihr Zeichen: mt-(Initiale vom Schüler)
Ihre Nachricht vom: 03.10 20..
Unser Zeichen: mr
Unsere Nachricht vom:

Büromöbel
Hauser & Schulte GmbH
Herrn Thommes
Balduinstraße 15
54290 Trier

Name: Margret Rosenbaum
Telefon: 01805 333667
(20 Cent pro Anruf aus dem deutschen Festnetz, max. 60 Cent pro Anruf aus dem deutschen Mobilfunknetz)
Telefax: 01805 333 555
E-Mail: service@bürostube-ag.de

Datum: 05.10.20..

Angebot Nr. 27/20 über Aktenvernichter „Auto Hexel 5100"

Sehr geehrter Herr Thommes,

vielen Dank für Ihre Anfrage. Wir freuen uns, Ihnen unverbindlich nachstehendes Angebot zu unterbreiten:

- 50 Aktenvernichter „Auto Hexel 5100", Artikelnummer AH 5100
- Stückpreis: 748,99 Euro

Zu unserem Produkt

- Auffangvolumen: 80 Liter
- Automatische Papierzuführung
- Gesonderte Papierkorbfunktion
- LED-Füllstandsanzeige
- Für Dauerbetrieb geeignet, da Überhitzungsschutz
- PIN-Funktion für Auffangbehälter zum Schutz vor nicht berechtigtem Zugriff
- Lieferzeit: ca. 2 Wochen

Alle weiteren Angaben entnehmen Sie bitte unseren beigefügten Allgemeinen Geschäftsbedingungen (AGB).

Gerne bearbeiten wir Ihre Bestellung und verbleiben bis dahin
mit freundlichen Grüßen aus Jena

Bürostube AG

i. A. M. Rosenbaum

Margret Rosenbaum

Bürostube AG
Hamburger Straße 50–53
07747 Jena

Rufnummer: 01805 333667
(20 Cent pro Anruf aus dem deutschen Festnetz, max. 60 Cent pro Anruf aus dem deutschen Mobilfunknetz)
Faxnummer: 01805 333 555
E-Mail: service@bürostube-ag.de

IBAN: DE42 7474 9620 5947 6871 08
BIC: GRBAZJFF8456
Amtsgericht Jena, HRB 128254
Ust-Ident-Nummer: DE 884363912
Steuernummer: 30 200 261 621

*** Allgemeine Geschäftsbedingungen (AGB) ***
Die Bürostube AG

1. Geltungsbereich

Alle Lieferungen und Leistungen der Bürostube AG erfolgen ausschließlich auf Grundlage der nachfolgenden Allgemeinen Geschäftsbedingungen (AGB). Abweichende oder zusätzliche Allgemeine Geschäftsbedingungen unserer Kunden erkennen wir nicht an. Wir liefern zu diesen AGB ausschließlich innerhalb Deutschlands.

2. Angebot und Vertragsabschluss

Alle unsere Angebote sind freibleibend und unverbindlich. Es steht uns zu, die Abgabe unserer Artikel auf eine handelsübliche Menge zu beschränken. Die Angebote gelten solange der Vorrat reicht. Nachdem uns Ihre Bestellung erreicht hat, erhalten Sie per E-Mail eine automatisch erstellte Eingangsbestätigung. Diese stellt keine verbindliche Annahme Ihrer Bestellung dar. Wir können Ihre Bestellung durch Versand einer separaten Auftragsbestätigung oder durch Auslieferung der Ware innerhalb von zwei Tagen (Montag–Freitag) annehmen.

3. Lieferung und Lieferzeit

Sobald Ihre Ware unser Logistikzentrum verlassen hat, erhalten Sie per E-Mail eine Versandbenachrichtigung mit Angabe der Sendungsreferenznummer. Die Lieferzeit beträgt ca. 1–2 Tage und es wird „frei Bordsteinkante" geliefert. Eine Auslieferung an Samstagen erfolgt nicht. Bei Bestellungen von Montag–Freitag bis 17:00 Uhr geht Ihre Bestellung noch am selben Tag zum Versand, soweit die Artikel vorrätig sind (Lagerware). Die genauen Lieferzeitangaben finden Sie hierzu auf den jeweiligen Produktseiten bzw. in Ihrem Angebot.

4. Versandkosten

Die Lieferung erfolgt grundsätzlich „frei Haus". Wir berechnen eine Verpackungspauschale in Höhe von 2,99 Euro pro Stück sowie einen Mindermengenzuschlag bei einem Bestellwert unter 30,00 Euro von 4,00 Euro.

5. Zahlungsmöglichkeiten und Fälligkeit

Für all unsere Kunden bieten wir folgende Zahlungsmöglichkeiten an: Überweisung, Lastschrift, Vorkasse, Nachnahme, Kreditkarte. Alle Rechnungen sind innerhalb von 14 Tagen nach Rechnungsdatum ohne jeden Abzug fällig. Die Rechnung wird erstellt, wenn die komplette Ware unser Haus verlässt. Der Einzug der Lastschrift erfolgt innerhalb von 7 Tagen nach Rechnungsdatum. Der Käufer sichert zu, für die Deckung des Kontos zu sorgen. Er haftet für alle Kosten, die aufgrund von Nichteinlösung oder Rückbuchung der Lastschrift entstehen. Die Belastung des Kreditkartenkontos erfolgt mit Abschluss der Bestellung. Wir behalten uns vor, in Einzelfällen nur gegen Vorkasse oder per Nachnahme zu liefern. Hierüber werden wir Sie rechtzeitig informieren.

6. Eigentumsvorbehalt

Grundsätzlich bleibt die Ware bis zur vollständigen Zahlung unser Eigentum. Bei Verträgen mit Unternehmern behalten wir uns das Eigentum an der Kaufsache bis zum Eingang aller Zahlungen aus der Geschäftsverbindung mit dem Kunden vor. Der Unternehmer ist berechtigt, die Kaufsache im ordentlichen Geschäftsgang weiterzuverkaufen, er tritt uns aber bereits jetzt alle Forderungen einschl. Umsatzsteuer sowie eventuelle Verzugszinsen unserer Forderung ab, die ihm aus der Weiterveräußerung entstehen.

7. Rückgaberecht

Wir gewähren Ihnen ein 14-tägiges, kostenloses Rückgaberecht. Fehlmengen und Beschädigungen müssen innerhalb von 3 Werktagen (Mo–Fr) angezeigt werden. Sollten Sie von Ihrem Rückgaberecht Gebrauch machen, melden Sie die Rückgabe bitte telefonisch, per E-Mail oder per Fax bei uns an. Sie erhalten dann von uns einen Rücklieferschein per E-Mail zugesandt. Bitte halten Sie die Ware verpackt bereit. Wir holen die Ware innerhalb von 3 Werktagen (Mo–Fr) kostenlos bei Ihnen ab. Die Artikel müssen unbenutzt, original und bruchsicher verpackt sein und dürfen ein Gesamtgewicht von 32 kg pro Paket nicht überschreiten. Vom Rückgaberecht ausgeschlossen sind: geöffnete Software, Sonderbestellartikel, installierte Bürotechnik sowie Artikel mit individuellem Werbeeindruck.

8. Gerichtsstand und Erfüllungsort

Gerichtsstand für alle Streitigkeiten ist Jena. Erfüllungsort für alle Leistungen ist Jena.

1.7 Lernaufgabe

Herr Thommes hat Ihren Angebotsvergleich und Ihre Argumentation mit Interesse aufgenommen und stimmt Ihrem Vorschlag zu. Nun gilt es, die weiteren Arbeitsschritte einzuleiten. Zunächst ist der Anbieter darüber zu informieren, dass Sie die fünfzig Aktenvernichter gerne von ihm beziehen möchten.

Mit dem Versand der Bestellung ist der Teilprozess Bestellung abgeschlossen. Herr Thommes möchte, dass ich ihm die fertig formulierte Bestellung vorlege und mithilfe des EPK den Teilprozess Ware bestellen (Seite 56) mit allen notwendigen Informationsobjekten erläutere.

Welche Arbeitsschritte sind notwendig, um eine rechtsgültig formulierte Bestellung zu versenden?

Arbeitsauftrag

Einzelarbeit

1. **Informieren** Sie sich über Inhalt und Aufbau einer Bestellung (Seite 67) und erweitern Sie Ihr Glossar entsprechend.
2. **Erstellen** Sie über die Bestellung mindestens drei „Lernkarten", z. B. kleine A8-Kärtchen. Notieren Sie dazu auf der Vorderseite themenbezogene Fragen und die korrekte Antwort auf der Rückseite.

Tandem

3. **Testen** Sie Ihren Partner, indem Sie ihm Ihre Fragen stellen und er fachlich korrekt antwortet.
4. **Helfen** Sie sich gegenseitig bei Unklarheiten und korrigieren Sie gegebenenfalls.
5. **Entwickeln** Sie ein kleines szenisches Spiel darüber, wie mithilfe einer Bestellung ein rechtsgültiger Vertrag zustande kommen kann. Verwenden Sie dabei möglichst viele themenbezogene Fachbegriffe. Halten Sie den Ablauf Ihres Spiels mit den entsprechenden Fachbegriffen auf einem Handzettel fest.
6. **Üben** Sie das szenische Spiel.

Plenum

7. **Stellen** Sie Ihr szenisches Spiel vor.
8. **Lassen** Sie sich ein konstruktives Feedback aus dem Plenum geben und stehen Sie für Rückfragen zur Verfügung.
9. **Achten** Sie eigenständig darauf, dass sich die szenischen Spiele nicht wiederholen.

Einzelarbeit

10. **Halten** Sie evtl. Korrekturen aus dem Plenumsgespräch in Ihren Ablaufkarten fest.

Hausaufgabe oder Partnerarbeit

11. **Verfassen** Sie eine konkrete Bestellung auf das Ihnen übermittelte Angebot.

12. **Bereiten** Sie sich darauf vor, Ihre Bestellung im Plenum vorzustellen und mithilfe des EPK (Seite 53) den Prozess zu erläutern.

Plenum

13. **Besprechen** Sie den Weg (Teilprozess) zu Ihrer Bestellung.

Einzelarbeit

14. **Schätzen** Sie Ihre Kompetenzen ein.

Kompetenzen	Bestellung formulieren	Level
Informieren	*Ich kann die Informationen über Inhalt und Aufbau einer Bestellung erläutern.* *Ich kann themenbezogene Fragen mit Antworten formulieren.*	▢▢▢▢
Planen	*Ich kann ein szenisches Spiel planen, inwieweit mit einer Bestellung ein rechtsgültiger Vertrag zustande kommt.*	▢▢▢▢
Entscheiden	*Ich kann situationsbezogen entscheiden, welche Daten in die Bestellung kommen.*	▢▢▢▢
Durchführen	*Ich kann ein szenisches Spiel zeigen, in dem die Bedeutung einer Bestellung bezüglich Rechtsgültigkeit veranschaulicht wird.* *Ich kann situationsbezogen eine Bestellung erstellen.* *Ich kann das EPK des Teilprozesses Ware bestellen mithilfe der Informationsobjekte erläutern.*	▢▢▢▢
Kontrollieren	*Ich kann beurteilen, ob die Bestellung und die Erläuterung des EPK korrekt ist.*	▢▢▢▢
Bewerten	*Ich kann einschätzen, welche schwerwiegenden Folgen falsche Angaben in einer Bestellung haben.*	▢▢▢▢

1.8 Lernaufgabe – Reflexion des Lernzuwachses

Eine weitere Handlungssituation aus dem Büroalltag ist abgeschlossen und Sie durchlaufen den Prozess noch einmal mit all seinen Facetten:

- Geschäftsprozesse grafisch abbilden und erläutern
- Beschaffungsprozess nach dem ökologischen und ökonomischen Prinzip planen
- Optimale Bestellmenge berechnen
- Angebotsvergleiche durchführen
- Bestellung rechtskonform formulieren

Wie finde ich nach quantitativen und qualitativen Aspekten den geeignetsten Lieferanten?

Arbeitsauftrag

Einzelarbeit

1. **Äußern** Sie sich aus den in der vergangenen Lernsituation gemachten Erfahrungen.
2. **Nehmen** Sie Ihre erstellten Handlungsprodukte und die Kompetenzraster der einzelnen Lernaufgabe zu Hilfe.
3. **Geben** Sie in der Einleitung wieder, womit Sie sich in dieser Lernsituation beschäftigt haben. Stellen Sie im Hauptteil Ihre Lernerfolge, -wege und -probleme dar – orientieren Sie sich ggf. an den unten aufgeführten Inhaltskategorien. Ziehen Sie am Schluss ein Fazit und stecken Sie sich neue Ziele.
4. **Gestalten** Sie Ihre Reflexion leserfreundlich. Heften Sie Ihre Handlungsprodukte passend zu Ihrer Reflexion in Ihrer Portfolio-Mappe ab.

Inhaltskategorien für Ihre Reflexion

Ihre fachliche Weiterentwicklung:
Ich habe einen Überblick über den Beschaffungsprozess erhalten, ...

Ihre persönlichen Erfahrungen, Erlebnisse und Einsichten:
Ich habe erkannt, dass eine ...

Ihre (Lern-)Aktivitäten bzw. Lernstrategien/Arbeitsmethoden:
Mein Lernverhalten entwickelt sich immer mehr zur Selbstständigkeit ...

Empfundene Behinderung des Lernens:
Wenn mich private Dinge ...

Wertungen, emotionale Äußerungen:
Ich freue mich ...

Schildern Sie innere Zustände wie Irritationen, Erleichterung, Spannungserleben etc.:
Ich bekomme ...

Resultierende Hoffnungen, Erwartungen, Wünsche, Vorhaben:
Ich erwarte von meiner beruflichen Zukunft, dass ....

(vgl. Winter, 2012

Arbeitsplan

Kompetenzen	■ Ursachen für die Anfechtbarkeit und Nichtigkeit von Verträgen identifizieren ■ Bei Schlechtleistungen und Nicht-Rechtzeitig-Lieferungen des Verkäufers die eigenen Rechte durch angemessene und rechtlich richtige Reaktionen wahrnehmen
Inhalte	■ Anfechtbarkeit und Nichtigkeit ■ Schlechtleistung ■ Nicht-Rechtzeitig-Lieferung (Lieferungsverzug)
Portfolio	■ Erweiterung des Glossars ■ Szenisches Spiel zur „Anfechtbarkeit und Nichtigkeit" ■ Mängelrüge ■ Organigramm zur Schlechtleistung ■ Strukturbild zur Nicht-Rechtzeitig-Lieferung
Zeit	ca. 25 Präsenzstunden

Warm-up

Welche Vertragsstörungen können bei Warenlieferungen auftreten?

falsche Farbe

überhaupt nicht

zu spät

gültig

Anleitung fehlerhaft

zu früh

zu viel

ungültig

defekt

zu wenig

2.1 Lernaufgabe

Die Kaufabwicklung der benötigten Aktenvernichter ist vollkommen meine Aufgabe, sodass ich die Bestellbestätigung des Lieferanten auf meinem Schreibtisch finde, um alle darin enthaltenen Angaben zu prüfen und dann bis zur endgültigen Erledigung in meiner Mappe aufbewahre.

Als ich die Angaben kontrolliere, stelle ich fest, dass in der Bestellbestätigung meines Lieferanten ein Fehler aufgetreten ist. Nach seinen Angaben bestätigt er einen zu hohen Preis. Nachdem ich inzwischen weiß, dass spätestens durch die Bestellbestätigung ein Kaufvertrag zustande gekommen ist, frage ich mich, wie dieser nun ungültig werden kann.

Wie erkenne ich, ob ein Vertrag nichtig oder anfechtbar ist?

Arbeitsauftrag

Tandem

1. **Erschließen** Sie die Texte Anfechtbarkeit und Nichtigkeit (Seite 70). Gehen Sie dabei arbeitsteilig vor.

Einzelarbeit

2. **Fertigen** Sie zu Ihrem Textabschnitt entweder ein Strukturbild oder eine MindMap an. Achten Sie auf Übersichtlichkeit und Vollständigkeit.

Tandem

3. **Stellen** Sie sich gegenseitig mithilfe Ihrer MindMap bzw. Ihres Strukturbildes Ihre Lerninhalte vor.
4. **Beantworten** Sie sich gegenseitig offene Fragen.
5. **Ergänzen** Sie die Informationen Ihres Partners in Ihren eigenen Unterlagen.
6. **Finden** Sie gemeinsam zu den einzelnen Gründen der Anfechtbarkeit und Nichtigkeit Beispiele.
7. **Entwickeln** Sie für jeweils ein Beispiel der Anfechtbarkeit und Nichtigkeit ein aussagekräftiges szenisches Spiel. Notieren Sie Ihre Ideen und den Ablauf auf Rollenkarten.
8. **Üben** Sie Ihre szenische Darstellung.

Plenum

9. **Stellen** Sie Ihr szenisches Spiel vor.
10. **Lassen** Sie vom Plenum bestimmen, ob es sich um ein anfechtbares oder nichtiges Rechtsgeschäft handelt. Achten Sie darauf, dass die Antwort mit dem korrekten Argument begründet wird.

11. **Lassen** Sie sich ein Feedback geben, ob Ihr Beispiel geeignet war, und achten Sie darauf, dass das nächste Tandem einen anderen Grund für Ihr szenisches Spiel ausgewählt hat.

Einzelarbeit

12. **Schätzen** Sie Ihre Kompetenzen ein.

Kompetenzen	Kaufverträge auf Rechtsgültigkeit kontrollieren	Level
Informieren	*Ich kann die Informationen zur Anfechtbarkeit und Nichtigkeit eines Kaufvertrages erläutern.*	▢▢▢▢
Planen	*Ich kann das Thema zur Anfechtbarkeit und Nichtigkeit von Kaufverträgen strukturiert darstellen.* *Ich kann verschiedene Beispiele für ein szenisches Spiel planen.*	▢▢▢▢
Entscheiden	*Ich kann entscheiden, welches Beispiel zur Anfechtbarkeit bzw. Nichtigkeit eines Vertrages am geeignetsten ist.*	▢▢▢▢
Durchführen	*Ich kann ein szenisches Spiel zur Anfechtbarkeit bzw. Nichtigkeit eines Vertrages planen, durchführen und erläutern.*	▢▢▢▢
Kontrollieren	*Ich kann beurteilen, ob das szenische Spiel zur Anfechtbarkeit bzw. Nichtigkeit eines Vertrages den Zusammenhang verdeutlicht, und ggf. Verbesserungsvorschläge machen.*	▢▢▢▢
Bewerten	*Ich kann einschätzen, welche schwerwiegenden Folgen fehlerhafte Kaufverträge mit sich bringen.*	▢▢▢▢

2.2 Lernaufgabe

Die Ware ist heute Morgen in der Büromöbel Hauser & Schulte GmbH eingetroffen. Ich freue mich – mein erster eigenständig abgewickelter Auftrag in der Abteilung Beschaffung! Frau Laux informiert mich darüber, dass es zu meinen Pflichten gehört, die Ware unmittelbar zu prüfen, d. h. Menge, Qualität, eventuelle Schäden (Mängel) usw.

Bei der Warenprüfung bemerke ich tatsächlich, dass die Aufhängung für den Auffangbehälter bei allen Aktenvernichtern abgebrochen ist. So kann ich die Ware nicht nutzen. Frau Laux wird nicht begeistert sein, und ich bin für eine zeitnahe Abwicklung verantwortlich.

Wie reagiere ich auf eine mangelhafte Lieferung?

Arbeitsauftrag

Einzelarbeit

1. **Erschließen** Sie den Text Die Schlechtleistung als Kaufvertragsstörung (Seite 74).
2. **Erweitern** Sie Ihr Glossar um die neuen Fachbegriffe, indem Sie diese mit eigenen Worten erklären.
3. **Erstellen** Sie ein Organigramm zu den Reaktionsmöglichkeiten auf die Schlechtleistung.

Tandem

4. **Vergleichen** Sie Ihre Organigramme, klären Sie Gemeinsamkeiten bzw. Unterschiede.
5. **Entscheiden** Sie gemeinsam, welche Forderung Frau Laux an Ihren Lieferanten stellen kann. Nehmen Sie eventuell Ihr Organigramm über die Schlechtleistungen zu Hilfe.
6. **Verfassen** Sie gemeinsam eine schriftliche Mängelrüge, die Sie Frau Laux übergeben, falls die telefonische Mitteilung über die fehlerhaften Aktenvernichter nicht ausreicht. Achten Sie sowohl auf Ausdruck als auch auf Rechtschreibung und Zeichensetzung.
7. **Bereiten** Sie sich auf Ihre Präsentation im Plenum vor. Ein Partner stellt Ihr Anschreiben vor, der andere Partner begründet nachvollziehbar, welche Forderung Frau Laux an den Lieferanten stellen kann.

Plenum

8. **Stellen** Sie Ihre Arbeitsergebnisse vor. Stehen Sie für Rückfragen zur Verfügung.
9. **Geben** Sie dem Tandem ein konstruktives Feedback.
10. **Einigen** Sie sich bei abweichenden Vorschlägen.

Einzelarbeit

11. **Halten** Sie das Plenumsergebnis in Ihren Unterlagen schriftlich fest.

Hausaufgabe

12. **Überarbeiten** Sie ggf. Ihre normgerechte Mängelrüge für Ihre Geschäftsvorlage und stellen Sie den Teilprozess Lieferung – Schlechtleistung für Ware fehlerhaft als EPK dar.

Einzelarbeit

13. **Halten** Sie das Plenumsergebnis in Ihren Unterlagen schriftlich fest.

14. **Schätzen** Sie Ihre Kompetenzen ein.

Kompetenzen	Auf Schlechtleistung angemessen reagieren	Level
Informieren	*Ich kann die Informationen zur Schlechtleistung als Kaufvertrags-störung erschließen und das Fachvokabular erläutern.*	▢▢▢▢
Planen	*Ich kann die Thematik Schlechtleistung als Kaufvertragsstörung strukturiert darstellen.*	▢▢▢▢
Entscheiden	*Ich kann situationsbezogen entscheiden, welche Reaktionen auf die Schlechtleistung der Lieferung infrage kommt.*	▢▢▢▢
Durchführen	*Ich kann situationsbezogen meine Forderungen bezüglich der Schlechtleistung an den Lieferanten rechtskonform feststellen.* *Ich kann eine Mängelrüge mit den Forderungen bezüglich der Schlechtleistung erstellen.* *Ich kann den Teilprozess: Lieferung – Schlechtleistung für fehler-hafte Ware als EPK darstellen.*	▢▢▢▢
Kontrollieren	*Ich kann beurteilen, ob die empfohlene Reaktion auf die Schlecht-leistung der gegebenen Situation entspricht, und ggf. konstruktive Kritik üben.*	▢▢▢▢
Bewerten	*Ich kann einschätzen, welche schwerwiegenden Folgen eine falsche Reaktion auf die Schlechtleistung hat.*	▢▢▢▢

2.3 Lernaufgabe

Gestern sollten weitere 50 Aktenvernichter bei Büromöbel Hauser & Schulte GmbH eintreffen. Es liegt für heute ein terminierter Auftrag über 25 Aktenvernichter von unserem Kunden Conipa Bürosystem GmbH vor, den Büromöbel Hauser & Schulte GmbH nun nicht ausführen kann.

Frau Laux möchte, dass ich mich mit dieser Vertragsstörung auseinandersetze.

Wie reagiere ich auf nicht eintreffende Warenlieferungen?

Arbeitsauftrag

Einzelarbeit

1. **Erschließen** Sie den Text Die Nicht-Rechtzeitig-Lieferung als Kaufvertragsstörung (Seite 77). Erstellen Sie ein Organigramm.
2. **Erweitern** Sie Ihr Glossar um die neuen Fachbegriffe, indem Sie diese mit eigenen Worten erklären.

Tandem

3. **Vergleichen** Sie Ihr Glossar und korrigieren Sie ggf.
4. **Stellen** Sie sich gegenseitig Ihre Arbeitsergebnisse vor. Beantworten Sie offene Fragen Ihres Partners fachlich korrekt.
5. **Entscheiden** Sie gemeinsam, welche Forderung Frau Laux an den Lieferanten stellen könnte.
6. **Verfassen** Sie gemeinsam eine schriftliche Mängelrüge, die Sie Frau Laux übergeben, falls die telefonische Mitteilung über die fehlerhaften Aktenvernichter nicht ausreicht. Achten Sie sowohl auf Ausdruck als auch auf Rechtschreibung und Zeichensetzung.
7. **Bereiten** Sie sich auf Ihre Präsentation im Plenum vor. Ein Partner stellt Ihr Anschreiben vor, der andere Partner begründet nachvollziehbar, welche Forderung Frau Laux an den Lieferanten stellen kann.

Einzelarbeit

8. **Schätzen** Sie Ihre Kompetenzen zu Auf Nicht-Rechtzeitige-Lieferungen angemessen reagieren ein.

Kompetenzen	Auf Nicht-Rechtzeitige-Lieferungen angemessen reagieren	Level
Informieren	*Ich kann die Informationen zu einer Nicht-Rechtzeitig-Lieferung als Kaufvertragsstörung erschließen und das Fachvokabular erläutern.*	
Planen	*Ich kann die Thematik Nicht-Rechtzeitig-Lieferung als Kaufvertragsstörung strukturiert darstellen.*	
Entscheiden	*Ich kann situationsbezogen entscheiden, welche Reaktionen auf die Nicht-Rechtzeitig-Lieferung der Lieferung infrage kommt.*	
Durchführen	*Ich kann situationsbezogen meine Forderungen bezüglich der Nicht-Rechtzeitig-Lieferung an den Lieferanten rechtskonform feststellen.* *Ich kann eine Mängelrüge mit den Forderungen bezüglich der Nicht-Rechtzeitig-Lieferung erstellen.*	
Kontrollieren	*Ich kann beurteilen, ob die empfohlene Reaktion auf die Nicht-Rechtzeitig-Lieferung der gegebenen Situation entspricht und ggf. konstruktive Kritik üben.*	
Bewerten	*Ich kann einschätzen, welche schwerwiegenden Folgen eine falsche Reaktion auf die Nicht-Rechtzeitig-Lieferung hat.*	

2.4 Lernaufgabe – Reflexion des Lernzuwachses

Eine weitere Handlungssituation aus dem Büroalltag ist abgeschlossen und Sie durchlaufen den Prozess noch einmal mit all seinen Facetten:

- Anfechtbarkeit und Nichtigkeit prüfen
- Rechtsgültige Kaufverträge abschließen
- Schlechtleistungen reklamieren
- Nicht-Rechtzeitig-Lieferung beanstanden

Wie verhalte ich mich bei identifizierten Vertragsstörungen?

Arbeitsauftrag

Einzelarbeit

1. **Äußern** Sie sich aus den in der vergangenen Lernsituation gemachten Erfahrungen.
2. **Nehmen** Sie Ihre erstellten Handlungsprodukte und die Kompetenzraster der einzelnen Lernaufgabe zu Hilfe.
3. **Geben** Sie in der Einleitung wieder, womit Sie sich in dieser Lernsituation beschäftigt haben. Stellen Sie im Hauptteil Ihre Lernerfolge, -wege und -probleme dar – orientieren Sie sich ggf. an den unten aufgeführten Inhaltskategorien. Ziehen Sie am Schluss ein Fazit und stecken Sie sich neue Ziele.
4. **Gestalten** Sie Ihre Reflexion leserfreundlich. Heften Sie Ihre Handlungsprodukte passend zu Ihrer Reflexion in Ihrer Portfolio-Mappe ab.

Inhaltskategorien für Ihre Reflexion

Ihre fachliche Weiterentwicklung:
Ich habe einen Überblick über Vertragsstörungen mit Lieferanten erhalten, ...

Ihre persönlichen Erfahrungen, Erlebnisse und Einsichten:
Ich habe erkannt, dass eine ...

Ihre (Lern-)Aktivitäten bzw. Lernstrategien/Arbeitsmethoden:
Mein Lernverhalten entwickelt sich immer mehr zur Selbstständigkeit ...

Empfundene Behinderung des Lernens:
Wenn mich private Dinge ...

Wertungen, emotionale Äußerungen:
Ich freue mich ....

Schildern Sie innere Zustände wie Irritationen, Erleichterung, Spannungserleben etc.:
Ich bekomme ...

Resultierende Hoffnungen, Erwartungen, Wünsche, Vorhaben:
Ich erwarte von meiner beruflichen Zukunft, dass ...

(vgl. Winter, 2012)

Arbeitsplan

Kompetenzen	▪ Güterspezifische Anforderungen an Lagerstandorte und Lagertechnik unter Berücksichtigung der Zeit und Kostenersparnis beurteilen ▪ Einlagerungsvorgänge, Bestandsveränderungen und Auslagerungsvorgänge planen, steuern und kontrollieren ▪ Tätigkeiten der Warenannahme bei mangelfreier und mangelhafter Lieferung korrekt durchführen ▪ Zusammenhänge der Wirtschaftlichkeit der Lagerhaltung erläutern ▪ Ökologische Mitverantwortung im Unternehmen exemplarisch am Umgang mit Verpackungen umsetzen
Inhalte	▪ Lagerfunktionen, -arten, -kosten ▪ Automatisierung ▪ cross-docking-center ▪ Warenannahme, Frachtpapiere ▪ Artgerechte Warenlagerung ▪ Lagerzonen ▪ Aufgaben und Grundsätze der Lagerhaltung ▪ Lagerkennziffern ▪ Lagerbestände ▪ Kommissionierung ▪ Verbrauchsfolge
Portfolio	▪ Erweiterung des Glossars ▪ Checkliste Warenannahme ▪ Anleitung zur korrekten Warenaufbewahrung ▪ Ablaufplan zur Auslagerungsvorgängen ▪ Präsentation zu Wirtschaftlichkeit der Lagerhaltung ▪ Referat zur ökologischen Mitverantwortung zur Entsorgung von Verpackungsmaterial (Eigen- und Fremdbewertung)
Zeit	ca. 40 Präsenzstunden

Warm-up

Welche Aufgaben erledigen Sie im Lager?

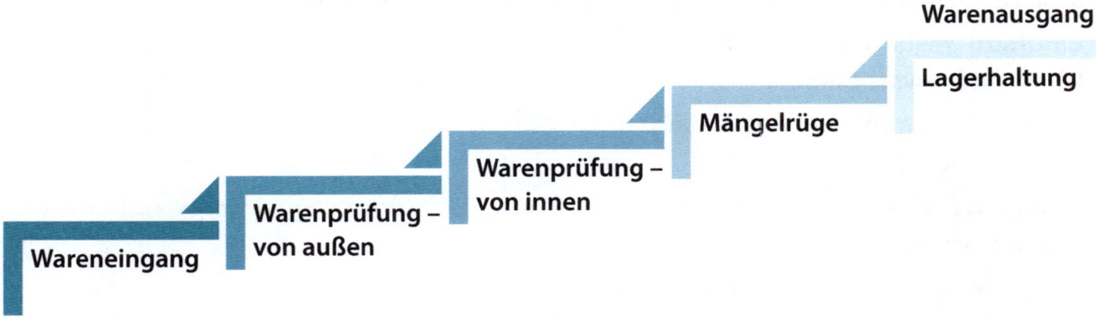

3.1 Lernaufgabe

Der Lieferant hat auf meine Mängelrüge sofort reagiert und liefert übermorgen die neue Ware. Dieses Mal werde ich perfekt vorbereitet sein, denn bereits im Voraus beschäftige ich mich mit der Frage:

Welche Tätigkeiten habe ich bei der Warenannahme zu erledigen?

Arbeitsauftrag

Einzelarbeit

1. **Informieren** Sie sich über die Tätigkeiten bei der Warenannahme (Seite 79).
2. **Ergänzen** Sie Ihr Glossar um die Fachbegriffe und entsprechenden Erklärungen aus dem Informationstext und erstellen Sie eine EPK.

Tandem

3. **Erstellen** Sie aufgrund der neuen Lerninhalte eine „Checkliste zur Warenannahme", die alle Ihnen bekannten Informationen über die Warenannahme zusammenfasst. Ergänzen Sie die Checkliste durch eventuelle Visualisierungen.

Zweier-Tandems

4. **Stellen** Sie sich gegenseitig Ihre Checklisten vor, klären Sie Unklarheiten und korrigieren Sie gegebenenfalls.
5. **Erstellen** Sie kooperativ eine verständliche und optisch ansprechende Checkliste.
6. **Bereiten** Sie sich auf eine lebendige Präsentation im Plenum vor – nutzen Sie neben der Checkliste auch Ihre erstellte EPK. Jeder präsentiert.

Plenum (Losverfahren)

7. **Präsentieren** Sie Ihr Ergebnis. Begründen Sie dabei die von Ihnen berücksichtigten Aspekte der Warenannahme.
8. **Nehmen** Sie konstruktives Feedback entgegen und stehen Sie für Rückfragen zur Verfügung.

Einzelarbeit (Hausaufgabe – falls im Praktikumsunternehmen realisierbar)

9. **Halten** Sie die „Endversion" der Checkliste in Ihren Unterlagen fest.
10. **Testen** Sie Ihre Checkliste in der Realität. Halten Sie dazu mit dem geeigneten Ansprechpartner in Ihrem Praktikumsbetrieb Rücksprache, ob Sie einmal bei der Warenannahme dabei sein dürfen. Wenden Sie Ihre Checkliste, falls möglich, in der Realität an.

11. **Vergleichen** Sie Ihre eigene Checkliste mit eventuell in Ihrem Praktikumsbetrieb bereits vorhandenen Listen zur Warenannahme. Bringen Sie, falls erlaubt, eine solche mit in den Unterricht.
12. **Stellen** Sie Ihr Ergebnis in der nächsten Unterrichtsstunde vor. Seien Sie auf eine fachlich richtige und überzeugende Präsentation vorbereitet.
13. **Diskutieren** Sie Ihre Erlebnisse und reflektieren Sie Ihre Checkliste.
14. **Bringen** Sie Ihre Checkliste abschließend in eine optisch ansprechende Form.

Einzelarbeit

15. **Schätzen** Sie Ihre Kompetenzen zu Wareneingang auf Schäden und Vollständigkeit kontrollieren ein.

Kompetenzen	Wareneingang auf Schäden und Vollständigkeit kontrollieren	Level
Informieren	*Ich kann die Informationen zu den Tätigkeiten bei der Warenannahme erschließen und das Fachvokabular erläutern.*	☐☐☐☐
Planen	*Ich kann die Tätigkeiten bei der Warenannahme strukturiert darstellen.*	☐☐☐☐
Entscheiden	*Ich kann entscheiden, welche Kriterien in der Checkliste zur Warenannahme aufgenommen werden.*	☐☐☐☐
Durchführen	*Ich kann eine Checkliste zur Warenannahme erstellen.*	☐☐☐☐
Kontrollieren	*Ich kann kontrollieren, ob die Checkliste alle rechtsgültigen Aspekte enthält, und ggf. konstruktive Kritik geben.*	☐☐☐☐
Bewerten	*Ich kann einschätzen, welchen Nutzen eine rechtsgültige Checkliste für die Tätigkeiten in der Warenannahme hat.*	☐☐☐☐

3.2 Lernaufgabe

Nachdem ich alle Arbeitsschritte der Warenprüfung sorgfältig durchgeführt habe und keinerlei Mängel feststellen konnte, ist die Ware artgerecht aufzubewahren.

Bei der korrekten Warenaufbewahrung habe ich einige Aspekte zu beachten. Die nachstehende Leitfrage hilft mir bei der Umsetzung:

Wo und wie wird Ware artgerecht gelagert?

Arbeitsauftrag

Einzelarbeit/Tandem

1. **Erschließen** Sie arbeitsteilig den Text Lagerhaltung (Seite 81). Einer übernimmt sowohl die Aufgaben der Lagerhaltung (Seite 81) als auch die Lagerplatzzuordnung (Seite 82). Der andere die Grundsätze der Lagerhaltung (Seite 82).
2. **Erstellen** Sie zur Strukturierung der Informationen jeweils eine MindMap.

Tandem

3. **Informieren** Sie sich gegenseitig mithilfe Ihrer MindMaps über die gewonnenen Informationen zum Thema Lager. Beantworten Sie Ihrem Partner offene Fragen.
4. **Erstellen** Sie mithilfe Ihrer Einzel-MindMaps eine Anleitung zur korrekten Warenaufbewahrung, die alle Ihnen bekannten Informationen über die Lagerhaltung zusammenfasst. Ergänzen Sie Ihre Anleitung durch geeignete Beispiele, die Sie ggf. visualisieren.

Zweier-Tandems

5. **Stellen** Sie sich gegenseitig die Anleitungen vor, klären Sie Unklarheiten und korrigieren Sie ggf.
6. **Wählen** Sie die verständlichste Anleitung aus und bereiten Sie sich auf eine lebendige Präsentation vor.

Plenum (Losverfahren)

7. **Präsentieren** Sie Ihr Ergebnis.
8. **Nehmen** Sie konstruktives Feedback aus dem Plenum entgegen und stehen Sie für Rückfragen zur Verfügung.
9. **Stellen** Sie Ihr Ergebnis in der nächsten Unterrichtsstunde vor.

Einzelarbeit

10. **Schätzen** Sie Ihre Kompetenzen zu Ware artgerecht lagern ein.

Kompetenzen	Ware artgerecht lagern	Level
Informieren	*Ich kann die Informationen zur Lagerhaltung und das Fachvokabular erläutern.*	▢▢▢▢
Planen	*Ich kann die Informationen zur Lagerhaltung in einer MindMap strukturiert darstellen.*	▢▢▢▢
Entscheiden	*Ich kann situationsbezogen entscheiden, welche Kriterien eine Anleitung zur Warenaufbewahrung enthalten muss.*	▢▢▢▢
Durchführen	*Ich kann situationsbezogen eine Anleitung zur Warenaufbewahrung formulieren, gestalten und diese begründet vorstellen.*	▢▢▢▢
Kontrollieren	*Ich kann beurteilen, ob die Anleitung zur Warenaufbewahrung den Anforderungen entspricht und ggf. konstruktive Kritik üben.*	▢▢▢▢
Bewerten	*Ich kann einschätzen, welchen Nutzen das Instrument einer Anleitung zur Warenaufbewahrung hat.*	▢▢▢▢

3.3 Lernaufgabe

Herr Sauer, Leiter der Lagerverwaltung, möchte, dass ich mich in den nächsten Tagen mit den Auslagerungsvorgängen auseinandersetze. Übernächste Woche haben sich neue Praktikanten angekündigt. Herr Sauer erwartet von mir, dass ich ihnen die Tätigkeiten des Warenausgangs vorstelle.

Welche Tätigkeiten fallen beim Warenausgang an?

Arbeitsauftrag

Einzelarbeit

1. **Erschließen** Sie das Thema Auslagerungsvorgänge (Seite 83) und recherchieren Sie ggf. im Internet nach weiteren Informationen.

Tandem

2. **Tauschen** Sie sich über die Auslagerungsvorgänge aus.
3. **Diskutieren** Sie über die Vor- und Nachteile der verschiedenen Kommissionierungssysteme und entscheiden Sie, welches für Büromöbel Hauser & Schulte GmbH infrage kommt.
4. **Erstellen** Sie eine anschauliche Präsentation. Wählen Sie dazu geeignete Medien aus (z. B. Bilder, Video, PowerPoint, Dokumentenkamera ...)
5. **Bereiten** Sie sich auf die Präsentation vor, indem einer auf den Ablaufplan der Auslagerungsvorgänge eingeht und der andere auf die möglichen Kommissionierungsmöglichkeiten.

Plenum

6. **Präsentieren** Sie Ihre Ergebnisse und lassen Sie sich ein Feedback geben.

7. **Schätzen** Sie Ihre Kompetenzen zu Ablauf des Warenausgangs grafisch darstellen ein.

Kompetenzen	Ablauf des Warenausgangs grafisch darstellen	Level
Informieren	*Ich kann die Informationen zu den Auslagerungsvorgängen und das Fachvokabular erläutern.*	
Planen	*Ich kann die Informationen zu den Auslagerungsvorgängen grafisch darstellen.*	
Entscheiden	*Ich kann entscheiden, welche Kriterien in der Präsentation über die Auslagerungsvorgänge enthalten sein müssen.*	
Durchführen	*Ich kann eine anschauliche Präsentation zu den Auslagerungsvorgängen erstellen und diese begründet vorstellen.*	
Kontrollieren	*Ich kann beurteilen, ob der Ablaufplan den Anforderungen des Unternehmens entspricht, und ggf. konstruktive Kritik üben.*	
Bewerten	*Ich kann einschätzen, in welcher Hinsicht der Ablaufplan mir die Vorstellung zum Prozessablauf erleichtert.*	

3.4 Lernaufgabe

Herr Sauer ist mit der Präsentation für die Praktikanten zufrieden. Nun möchte er, dass ich die Wirtschaftlichkeit eines Lagers unter die Lupe nehme, damit ich kritischer die verschiedenen Lagerprozesse beurteilen kann. Neben den Abläufen der Warenannahme, -pflege und -ausgabe spielen Lagerfunktionen und -arten sowie die Kosten der Lagerhaltung eine wichtige Rolle, um die Wirtschaftlichkeit eines Lagers (Zeit- und Kostenersparnis) stetig zu optimieren. Die Lagerkennziffern (Seite 86) helfen bei der Berechnung.

Herr Sauer beauftragt mich, in der nächsten Teamsitzung eine Präsentation über die Wirtschaftlichkeit der Lagerhaltung zu halten. Gerne kann ich auch wieder moderne Medien (Video, Simple Show oder PowerPoint) nutzen, um die Thematik anschaulich zu erläutern.

Wie wird die Lagerhaltung optimiert und dauerhaft richtig kontrolliert sowie die Kosten gesenkt?

Arbeitsauftrag

Einzelarbeit

1. **Erschließen** Sie die Informationen zu Lagerfunktionen, -arten und -kosten (Seite 84) sowie die Lagerkennziffern (Seite 86).

Tandem

2. **Tauschen** Sie sich aus und ergänzen Sie weitere geeignete Aspekte aus den vergangenen Lernaufgaben für Ihre Präsentation – recherchieren Sie ggf. zusätzlich im Internet. Beachten Sie, dass jeder drei verschiedene Lagerkennziffern erläutert und Wirtschaftlichkeitsberechnungen mit einbindet.
3. **Erstellen** Sie zunächst ein(e) Drehbuch/Gliederung und entscheiden Sie sich für ein geeignetes Medium. Beachten Sie das Bewertungsraster.
4. **Erstellen** Sie arbeitsteilig Ihre Präsentation.
5. **Fügen** Sie die Präsentation zu einer zusammen und entwickeln Sie eine gemeinsame Einleitung sowie einen Schluss.
6. **Erstellen** Sie für Ihre Mitschüler ein aussagekräftiges Handout.
7. **Bereiten** Sie sich auf die Präsentation vor. Jeder übernimmt einen Teil.

Plenum

8. **Präsentieren** Sie lebendig und lassen Sie sich ein Feedback geben.
9. **Diskutieren** Sie über weitere Möglichkeiten zur Zeit- und Kostenersparnis in der Lagerhaltung.

Einzelarbeit

10. **Schätzen** Sie Ihre Kompetenzen zu Wirtschaftlichkeit der Lagerhaltung optimieren und kontrollieren (Seite 83) ein.

Wirtschaftlichkeit der Lagerhaltung

	(Leistung je Schwerpunkt individuell gewichten)	Punkte gesamt
Präsentation	Das Publikum fühlte sich angesprochen – Zielgruppenanalyse umgesetzt	25/
	Der Auftritt wirkte überzeugend – z. B. aufrechte Körperhaltung	
	Der Vortrag wurde verständlich dargeboten	
	Referat wurde nicht wörtlich wiedergegeben, sondern es wurden Stichworte benutzt	
	Die zusätzlich genutzten Medien wurden harmonisch eingebunden	
Inhalt	Die Inhalte wurden präzise und einprägsam vorgestellt	25/
	Der Vortrag wurde in Einleitung, Hauptteil, Schluss gegliedert	
	Es wurde ein verständlicher Ausdruck gebraucht	
	Fachbegriffe wurden verwendet und erläutert	
	Das Handout machte den Vortrag transparent	
	Das Handout erhöhte die Erinnerungsfähigkeit der Zuhörer	
Gestaltung	Die Präsentation wurde durch anschauliche Medien unterstützt	25/
	Programmablauf wurde übersichtlich dargestellt	
	Publikum wurde aktiviert – z. B. Murmelpause	
	Handout wurde übersichtlich formatiert	
Das gemeinsame Referat	Die Einleitung führte zum Thema hin	25/
	Die Einzelteile der Präsentation fügten sich harmonisch zusammen	
	Der Präsentationsabschluss wies eine sinnvolle Zusammenfassung auf	
	Gesamt	100/

Kompetenzen	Wirtschaftlichkeit der Lagerhaltung optimieren und kontrollieren	Level
Informieren	*Ich kann die Informationen zu den Lagerfunktionen, -arten und -kosten sowie die Lagerkennziffern und das Fachvokabular erläutern.*	▢▢▢▢
Planen	*Ich kann die Informationen zu den Lagerfunktionen, -arten und -kosten sowie die Lagerkennziffern grafisch darstellen.*	▢▢▢▢
Entscheiden	*Ich kann situationsbezogen entscheiden, welche Aspekte zur Wirtschaftlichkeit des Lagers relevant sind.*	▢▢▢▢
Durchführen	*Ich kann situationsbezogen eine Präsentation zur Wirtschaftlichkeit des Lagers erstellen und diese begründet vorstellen.*	▢▢▢▢
Kontrollieren	*Ich kann beurteilen, ob die Präsentation zur Wirtschaftlichkeit des Lagers den Anforderungen entspricht und ggf. konstruktive Kritik üben.*	▢▢▢▢
Bewerten	*Ich kann einschätzen, welche Bedeutung die ständige Kontrolle in Bezug auf die Wirtschaftlichkeit des Lagers einnimmt.*	▢▢▢▢

3.5 Lernaufgabe

Bei der Warenprüfung habe ich bemerkt, dass jeder Aktenvernichter einzeln in einem Pappkarton mit Styropor verpackt ist. Zum zusätzlichen Schutz ist jedes einzelne Gerät in einen Plastiksack eingeschweißt.

Auf meine Rückfrage bei Herrn Sauer, dem Abteilungsleiter der Lagerverwaltung, erfahre ich, dass der Lieferant entweder alle Bestandteile der Umverpackung, wie beispielsweise den Pappkarton, zurücknimmt oder die Büromöbel Hauser & Schulte GmbH für die Entsorgung verantwortlich ist.

Ich wusste bislang nicht, dass solche Mengen an Abfall entstehen, und frage mich:

Was macht ein Unternehmen mit den vielen Verpackungen?

Arbeitsauftrag

Gruppenarbeit	Allgemeines
Teilen Sie sich in der Gruppe die Themen auf: 1. Verpackungsarten 2. Entsorgung/ Recycling 3. Rücktransport	**Zeit** Fünf Minuten Vortrag mit ca. fünf Minuten Besprechungsphase je Referent(in). **Absprache** Spätestens zwei Wochen vor dem Termin die gemeinsame Gliederung der Lehrkraft kurz vorstellen. **Vortrag** Bitte das Referat nicht vollständig ablesen; das Vorlesen von Zitaten ist natürlich erlaubt. **Besprechungsphase** Bereiten Sie für Ihre Mitschüler(innen) ein Aufgabenblatt zu Ihrem Thema vor, um Ihren Vortrag zu reflektieren. **Bewertung** Grundlage sind Bewertungskriterien der nachfolgenden Seite.

Einzelarbeit

1. **Informieren** Sie sich zum Thema Referat halten (Lernfeld 1 Seite 81 ff. oder im Internet).
2. **Besorgen** Sie sich zusätzliches Informationsmaterial zu Ihrem Thema (Fachbuch, Internet).
3. **Erstellen** Sie ein Referat über Ihr ausgesuchtes Thema. Arbeiten Sie mit Formatvorlagen.
4. **Zitieren** Sie Ihre Quellen im Text (Denken Sie auch an das Literaturverzeichnis) – veranschaulichen Sie Ihre Ausführungen durch Medien.

Gruppenarbeit

5. **Stellen** Sie die Referate zu einem gemeinsamen Dokument zusammen.
6. **Finden** Sie eine gemeinsame Einleitung und ein zusammenfassendes Schlusswort.
7. **Erstellen** Sie zur Unterstützung Ihres Vortrags einen Programmablauf (Pinnwand/Flipchart/Plakat).
8. **Bereiten** Sie sich auf die Präsentation vor. Wählen Sie Sprecher für die Einleitung und das Schlusswort – ansonsten stellt jeder seine eigene Ausarbeitung vor.

Plenum

9. **Präsentieren** Sie Ihr gemeinsames Referat „Entsorgung von Verpackungsabfällen".
10. **Reflektieren** Sie den Vortrag mithilfe des Bewertungsrasters.
11. **Korrigieren** Sie ggf. Ihr Referat.

Bewertungsraster zur Präsentation des Referates

Wohin mit der Verpackung?

	(Leistung je Schwerpunkt individuell gewichten)	Punkte gesamt
Präsentation	Das Publikum fühlte sich angesprochen – Zielgruppenanalyse umgesetzt	25/
	Der Auftritt wirkte überzeugend – z. B. aufrechte Körperhaltung	
	Der Vortrag wurde verständlich dargeboten	
	Referat wurde nicht wörtlich wiedergegeben, sondern es wurden Stichworte benutzt	
	Die zusätzlich genutzten Medien wurden harmonisch eingebunden	
	...	
Inhalt	Die Inhalte wurden präzise und einprägsam vorgestellt	25/
	Der Referatsabschnitt wurde in Einleitung, Hauptteil, Schluss gegliedert	
	Es wurde ein verständlicher Ausdruck gebraucht	
	Fachbegriffe wurden verwendet und erläutert	
	Das Aufgabenblatt machte den Vortrag transparent	
	Das Aufgabenblatt erhöhte die Erinnerungsfähigkeit der Zuhörer	
	...	
Gestaltung	Referat wurde durch anschauliche Medien unterstützt	25/
	Programmablauf wurde übersichtlich dargestellt	
	Publikum wurde aktiviert – z. B. Murmelpause	
	Aufgabenblatt wurde übersichtlich formatiert	
	...	
Das gemeinsame Referat	Die Einleitung führte zum Thema hin	25/
	Die Einzelteile des Referates fügten sich harmonisch zusammen	
	Der Referatsabschluss wies eine sinnvolle Zusammenfassung auf	Gesamt: 100/
	...	

Einzelarbeit

12. **Schätzen** Sie Ihre Kompetenzen zu Ökologischer Umgang mit Verpackungen im Lager umsetzen ein.

Kompetenzen	Ökologischer Umgang mit Verpackungen im Lager umsetzen	Level
Informieren	*Ich kann die Informationen zu den Verpackungsarten, Entsorgung/ Recycling und Rücktransport erläutern.*	▢▢▢▢
Planen	*Ich kann die Informationen zu den Verpackungsarten, Entsorgung/ Recycling und Rücktransport strukturiert darstellen.*	▢▢▢▢
Entscheiden	*Ich kann situationsbezogen entscheiden, welche Informationen zum ökologischen Umgang mit Verpackungen im Lager für ein aussagekräftiges Referat infrage kommen.*	▢▢▢▢
Durchführen	*Ich kann situationsbezogen ein Referat zum ökologischen Umgang mit Verpackungen im Lager schreiben und dieses begründet präsentieren.*	▢▢▢▢
Kontrollieren	*Ich kann beurteilen, ob das Referat zum ökologischen Umgang mit Verpackungen im Lager die vorgegebenen relevanten Kriterien enthält, und ggf. konstruktive Kritik üben.*	▢▢▢▢
Bewerten	*Ich kann beurteilen, dass für den Umweltschutz ein ökologischer Umgang mit Verpackungen im Lager von großer Bedeutung ist.*	▢▢▢▢

3.6 Lernaufgabe – Reflexion des Lernzuwachses

Eine weitere Handlungssituation aus dem Büroalltag ist abgeschlossen und Sie durchlaufen den Prozess noch einmal mit all seinen Facetten:

- Einlagerungsvorgänge systematisch planen
- Ware artgerecht lagern
- Auslagerungsvorgänge systematisch planen
- Wirtschaftlichkeit des Lagers beurteilen

Wie verhalten Sie sich bei Lagerprozessen angemessen und realisieren zudem Verbesserungsmöglichkeiten?

Arbeitsauftrag

Einzelarbeit

1. **Äußern** Sie sich aus den in der vergangenen Lernsituation gemachten Erfahrungen.
2. **Nehmen** Sie Ihre erstellten Handlungsprodukte und die Kompetenzraster der einzelnen Lernaufgaben zu Hilfe.
3. **Geben** Sie in der Einleitung wieder, womit Sie sich in dieser Lernsituation beschäftigt haben. Stellen Sie im Hauptteil Ihre Lernerfolge, -wege und -probleme dar – orientieren Sie sich ggf. an den unten aufgeführten Inhaltskategorien. Ziehen Sie am Schluss ein Fazit und stecken Sie sich neue Ziele.
4. **Gestalten** Sie Ihre Reflexion leserfreundlich. Heften Sie Ihre Handlungsprodukte passend zu Ihrer Reflexion in Ihrer Portfolio-Mappe ab.

Inhaltskategorien für Ihre Reflexion

Ihre fachliche Weiterentwicklung:
Ich habe einen Überblick über die Lagerhaltung mit Lieferanten erhalten, ...

Ihre persönlichen Erfahrungen, Erlebnisse und Einsichten:
Ich habe erkannt, dass eine ...

Ihre (Lern-)Aktivitäten bzw. Lernstrategien/Arbeitsmethoden:
Mein Lernverhalten entwickelt sich immer mehr zur Selbstständigkeit ...

Empfundene Behinderung des Lernens:
Wenn mich private Dinge ...

Wertungen, emotionale Äußerungen:
Ich freue mich ...

Schildern Sie innere Zustände wie Irritationen, Erleichterung, Spannungserleben etc.:
Ich bekomme ...

Resultierende Hoffnungen, Erwartungen, Wünsche, Vorhaben:
Ich erwarte von meiner beruflichen Zukunft, dass ...

(vgl. Winter, 2012)

Digitale Unterstützung der Geschäftsprozesse (LA 1.1)

Betriebliche Geschäftsprozesse wie Beschaffung, Lager, Produktion, Verkauf usw. werden heute in der Regel mit ERP-Systemen (Enterprise Resource Planning = Geschäftsressourcenplanung), einer integrierten Unternehmenssoftware, unterstützt. Diese komplexe Anwendungssoftware erfasst, speichert, verwaltet, steuert und interpretiert alle Ressourcen.

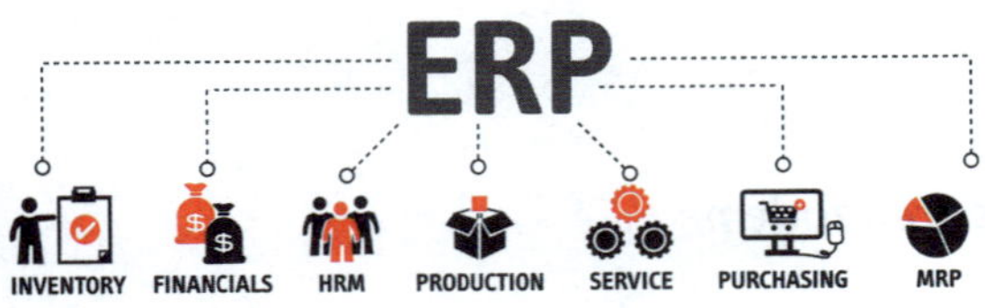

© Trueffelpix – stock.adobe.com

Untereinander sind die Module/Funktionsbereiche (Warenwirtschaft, Anlagenwirtschaft, Personalwirtschaft bzw. das Finanz- und Rechnungswesen) datentechnisch verbunden und verknüpft. Es wird auf eine gemeinsame Datenbank zugegriffen. Dadurch lassen sich die Unternehmensprozesse optimieren, die Effizienz im Unternehmen steigern und die Betriebskosten senken. Durch die enge Verknüpfung wird im besonderen Maße die interne und externe Kommunikation gefördert. Alle diese Vorteile führen im Endresultat zu einem besseren Geschäftsergebnis. Zudem können Lieferanten und Kunden in den Produktionsprozess mit einbezogen werden. Die Kunden geben direkt im System Bestellungen auf und die Lieferanten terminieren online das Eintreffen der Ware.

ERP-Systeme werden auch als einzelne Module oder als Paket angeboten, die Hardware und die technische Wartung werden in diesem Fall von Anbietern verwaltet. Diese Skalierbarkeit bzw. die Möglichkeit, nur einzelne Module zu nutzen, ist vor allem für kleinere Betriebe von Vorteil, da die Funktionen der ERP-Lösungen auf einige Funktionen, wie z. B. Warenwirtschaft (Beschaffung, Lager, Produktion und Verkauf), zu beschränken sind.

Geschäftsprozesse
Der Unterschied zwischen einem Geschäftsprozess und einem Projekt liegt darin, dass Projekte einmalig sind, während Prozesse immer wieder ablaufen.

Die Vorteile von ERP-Systemen liegen auf der Hand. Sie ermöglichen den Unternehmen eine effizientere Koordination und Steuerung von betrieblichen Geschäftsprozessen. Alle Mitarbeiter arbeiten mit einer zentralen Datenbank, die stets mit aktualisierten Daten arbeitet. Die mengenmäßige und zeitliche Disposition des Materialbedarfs kann sofort zusammengestellt werden. Auf Problemsituationen kann schnell reagiert werden, da die Fehler frühzeitig erkannt werden. Durch die Automatisierung und das Datenmanagement erhält das Unternehmen genauere Informationen und kann dadurch bessere Entscheidungen treffen.

Der Einsatz von ERP-Systemen eignet sich im Wesentlichen nur dann, wenn betriebliche Abläufe prozessorientiert organisiert sind, wie das heute bei modern geführten Unternehmen der Fall ist.

Geschäftsprozessorganisation (GPO)

Betriebliche Abläufe werden als Geschäftsprozesse bezeichnet. Sie sind eine Folge von Teilaufgaben/Aktivitäten eines Unternehmens, die in einem logischen Zusammenhang stehen, inhaltlich abgeschlossen sind und unter Zuhilfenahme von Ressourcen und eingehenden Informationen durch Menschen und/oder Maschinen auf ein Unternehmensziel hinausgeführt werden.

Geschäftsprozesse können abteilungs-, bereichs- oder gar betriebsübergreifend sein. Das Ziel eines Geschäftsprozesses ist klar definiert, er hat einen klaren Beginn und ein klar festgelegtes Ende. Alle Beteiligten verfolgen dabei das Ziel der Kundenzufriedenheit.

Beispiele für Geschäftsprozesse:

- Fertigung eines Bürostuhls – von der Skizze bis zum fertigen Stuhl
- Beschaffung von Rohstoffen, Büromaterial usw.
- Prozedere bei der Einstellung eines Mitarbeiters – von der Stellenausschreibung bis zum ersten Arbeitstag
- Bearbeitung der Löhne und Gehälter eines Unternehmens – von der Feststellung der geleisteten Arbeitszeit bis zur Auszahlung des Geldes

© anyaberkut – stock.adobe.com

Arten von Geschäftsprozessen (GP)

Geschäftsprozesse werden üblicherweise nach Kernprozessen, unterstützenden Prozessen und Managementprozessen unterschieden.

Kernprozesse	Der Kernprozess umfasst alle Tätigkeiten, die der direkten Wertschöpfung des Unternehmens dienen. Er leitet sich aus der Kernkompetenz des Unternehmens ab (Hauser & Schulte GmbH = Büromöbel anfertigen), mit der die Hauptleistung erbracht wird. Es erscheint sinnvoll, zwischen wertschöpfungsintensiven und kundennahen Kernprozessen zu unterscheiden (Steinbuch, 1998, S. 33). Bei den wertschöpfungsintensiven Kernprozessen handelt es sich um die Prozesse, mit denen der eigentliche Wertzuwachs erzielt wird (Produktentwicklung, Materialbeschaffung, Fertigung). Dem gegenüber stehen die kundennahen Kernprozesse, die in direktem Kontakt zum Kunden stehen. Dies können leistungs- bzw. absatzorientierte Prozesse sein (Kundenbetreuung, Auftragsbearbeitung, Marketing, Reklamationsbearbeitung).
Unterstützende Prozesse	Die unterstützenden Prozesse dienen nicht der direkten Wertschöpfung, sind aber notwendig, um die Kernprozesse ausführen zu können (z. B. „Personal beschaffen", „Controlling" und „Facilitymanagement").
Management- bzw. Steuerungsprozesse	Die operative Führung des Unternehmens, das Risikomanagement, Geschäftsfeldplanung und das Qualitätsmanagement zählen zu den Management- bzw. Steuerungsprozessen.

Wertschöpfung
Unter Wertschöpfung versteht man die Gesamtleistung eines Unternehmens minus der erbrachten Vorleistungen. Wertschöpfung ist der Indikator für die wirtschaftliche Leistungsfähigkeit eines Unternehmens.

Kunden eines Prozesses

Bei der Analyse eines Prozesses drängt sich die Frage nach dem Kunden in den Vordergrund, denn dieser ist der Nutznießer eines Ablaufs der Tätigkeit/Teilaufgabe. Deshalb richtet sich das Augenmerk bei der Analyse von Geschäftsprozessen zunächst auf den Kunden. Da der Austausch von Informationen oder Materialien sowohl innerhalb als auch außerhalb des Betriebes stattfindet, gibt es interne und externe Kundengruppen.

Der externe Kunde ist leicht zu identifizieren. Dies ist der offensichtliche Kunde, der Abnehmer des Produktes bzw. der Dienstleistung des Kernprozesses.

© luckyusiness – stock.adobe.com

Einerseits gibt es Einkäufer, Zwischenhändler, die z. B. die Bürodrehstühle im Auftrag für andere Kunden kaufen. Sie benötigen fundierte Informationen, um eine optimale Beratung zu gewährleisten und die Kaufentscheidung entsprechend zu beeinflussen. Dies können z. B. sein:

- Wie schnell kann geliefert werden?
- Welche Ausstattung kann angeboten werden?
- Wie viel Lagerhaltung ist erforderlich?
- Wie muss die Verkaufspräsentation aufgebaut sein?

Andererseits gibt es Kunden, z. B. Unternehmen, die die Bürodrehstühle als Eigenbedarf kaufen. Sie erwarten ein gutes, nützliches Produkt. Sie sind in erster Linie daran interessiert, dass die Bürostühle zu ihrer Einrichtung passen und den Anforderungen der Mitarbeiter genügen.

Ein Geschäftsprozess hat also in der Regel mehrere externe Kundeninteressen zu berücksichtigen, die im Einzelfall auch miteinander kollidieren können.

Darüber hinaus sind interne Kunden zu beleuchten. Diese sind im Rahmen von Teilprozessen direkt an den Unterstützungsprozessen beteiligt. Sie sind einerseits Kunden des vorherigen und andererseits Lieferant des folgenden Teilprozesses. Insofern haben sie starkes Interesse daran, dass eine fehlerfreie Vorarbeit geleistet wird, um selbst optimale Arbeit leisten zu können.

Die Auftragsabteilung nimmt eine Bestellung von 50 Bürodrehstühlen zum Ende des Monats entgegen, da sie aufgrund der Bestandsdaten davon ausgeht, dass eine pünktliche Fertigung möglich ist. Aufgrund mangelnder Bestandsdatenpflege fehlen aber entscheidende Materialien, was den Fertigungszeitpunkt der Bürostühle verzögert.

© New Africa – stock.adobe.com

Oft fällt der Blick nur auf die externen Kunden, da das Bewusstsein für die interne Kunden-Lieferanten-Beziehung nicht vorhanden ist. Es fehlt das Verständnis dafür, dass Mitarbeiter/Kollegen untereinander selbst Kunden bzw. Lieferant eines Prozesses sind.

In- und Output eines Prozesses

Ein Prozess benötigt zunächst einen Input. Lapidar formuliert handelt es sich beim Input um die Informationen, Materialien und Leistungen, die in einen Prozess hineingegeben bzw. investiert werden, um zu einem optimalen Ergebnis (= Output) zu kommen. Dabei handelt es sich um klar messbare Ergebnisse, sowohl was die Eingaben in den Prozess (Input) als auch was das Produkt des Prozesses (Output) betrifft.

Betrachten Sie nun genauer einen **Teilprozess**, so können ihm die drei Rollen „Kunde – Verarbeiter – Lieferant" zugeordnet werden. Zunächst erhält der Teilprozess in der Rolle als Kunde Informationen bzw. Materialien, also messbare Eingaben. Dieser Input wird vom Teilprozess verarbeitet und damit eine Wertschöpfung erzielt (Verarbeiter). Der Output ist also das Ergebnis des Teilprozesses und sollte für den nachfolgenden Lieferanten optimal aufbereitet sein.

Betrachten Sie beispielsweise einen **Beschaffungsprozess**. Nachdem der Bedarf z. B. für Büromöbel gemeldet wurde (Eingabe = Stückzahl und Anforderungen für den Bürodrehstuhl), werden im Teilprozess „Angebote einholen" die Anfragen versendet und auf die Rückläufe der Angebote gewartet. Die eingegangenen Angebote werden dann als Ergebnis/Output an den Teilprozess „Angebote auswerten" weitergeleitet.

Zusammenfassend bedeutet dies, dass jeder Teilprozess mindestens einen Lieferanten und einen Kunden hat sowie einen messbaren Input und Output.

Schnittstellen zwischen den Prozessen (LA 1.2)

Ist ein Prozess abgeschlossen, so löst von diesem Prozess das Endereignis den Start eines anderen Prozesses aus. Eine Schnittstelle verbindet zwei Prozesse miteinander (nicht wie oft gedacht zwei Abteilungen). Diese Prozesse können innerhalb einer Abteilung bearbeitet werden sowie auch abteilungsübergreifend. Es gibt zwischen den Prozessen auch Überschneidungen in der Art, dass das Endereignis eines Prozesses die Abläufe des anderen Prozesses beeinflusst.

Wenn Sie sich noch einmal die Bestellung von den 50 Bürodrehstühlen anschauen, so besteht eine wichtige Schnittstelle zwischen Lager und Beschaffung. Das Lager meldet bei nicht ausreichender Stückzahl den Bedarf der Bürodrehstühle an den Einkauf, worauf dieser Angebote einholt. Wenn die Bedarfsmeldung nicht rechtzeitig und in angemessener Stückzahl erfolgt, agiert der Einkauf auf Basis falscher bzw. fehlender Informationen. Diese fehlenden Informationsweitergaben führen zu fehlerhafter Auftragsausführung (Lieferverzögerung, falsche Bestellmenge, Stornierung usw.).

Darstellung von Geschäftsprozessen (LA 1.2)

Betriebliche Geschäfts- und Arbeitsprozesse können unterschiedlich dargestellt werden. Bewährt hat sich eine einheitliche symbolische Sprache z. B. in der Form als Ablaufdiagramm, Flussdiagramm oder ereignisgesteuerte Prozesskette (EPK).

Arbeitsablaufdiagramm

Bei dieser Darstellungsform stehen die Tätigkeiten im Vordergrund. Es werden lineare Arbeitsabläufe in chronologischer Reihenfolge dargestellt. Neben der Auflistung der Tätigkeiten werden die benötigte Zeit und ggf. Erläuterungen dokumentiert. Es ist nicht möglich, zusätzlich parallel ablaufende Tätigkeiten darzustellen. Das Ablaufdiagramm ist beliebig erweiterbar und wird entsprechend modifiziert.

Büromöbel Hauser & Schulte GmbH erhält eine schriftliche Anfrage per E-Mail zu einem Büroschrank, der eine spezielle Ausstattung erhalten soll.

Ablaufdiagramm „Anfrage Büroschrank – Sonderanfertigung"

Arbeitsschritte	Zentrale	Fertigung	Verkauf	Zeit in Minuten	Erläuterungen
Anfrage Büroschrank – Sonderanfertigung				10	Anfrageformular für Fertigung ausfüllen
Anfrage an Fertigung				1	Anfrageformular an Fertigung mailen
Fertigung prüft Anfrage				2	Daten kontrollieren
Fertigung ergänzt Arbeitszeiten				10	Materialangaben und Arbeitszeiten festlegen
Anfrageformular an Verkauf				2	Anfrageformular an Verkauf mailen
Angebot erstellen				10	Angebot mit Textbausteinen schreiben
Angebot versenden				2	Angebot an Kunden mailen

Flussdiagramm

Das Flussdiagramm gibt einen detaillierten Überblick über den Ablauf eines Prozesses und ist auch ohne Vorkenntnisse zu verstehen. Die einzelnen Schritte werden bildhaft in Form von Symbolen (DIN 66001) dargestellt. Es wird ersichtlich, in welcher Beziehung die unterschiedlichen Schritte zueinander stehen. Das Flussdiagramm gibt Aufschluss über den Verlauf und die Beteiligten des Prozesses. Somit können Schwachstellen aufgedeckt und Verbesserungsmöglichkeiten aufgezeigt werden. Durch einfaches Umgestalten des Flussdiagrammes kann die Optimierung des Prozesses schnell und effektiv dokumentiert werden.

Die Herausforderung in der Darstellung mittels Flussdiagramm besteht darin, den Prozess weder zu detailliert noch zu grob darzustellen. Eine zu detaillierte Darstellung führt zu Unübersichtlichkeit, während eine zu grobe Darstellung Möglichkeiten zur Interpretation zulässt. Entscheidend für eine aussagekräftige Darstellung ist es, das gesunde Mittelmaß zu finden.

Auszug grafische Symbole des Flussdiagramms nach DIN 66001

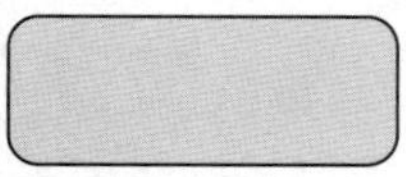	Start oder Ende des Prozesses	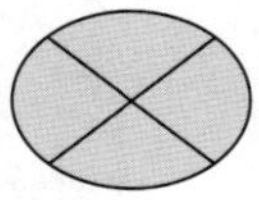	Zusammenführung von Daten und Dokumenten
	Prozessschritt innerhalb des Prozesses	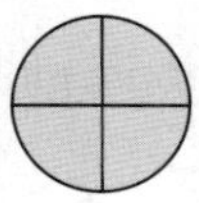	... Oder-Verzweigung
	Vordefinierter Prozessschritt: Das ist eine Zusammenfassung einiger Prozessschritte	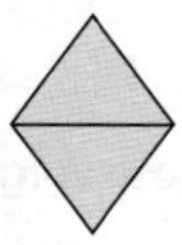	Sortieren von Daten oder Dokumenten
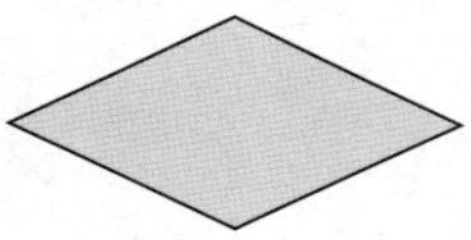	Abfragen innerhalb des Prozesses	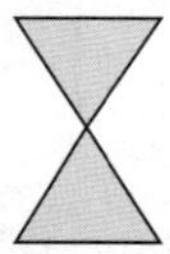	Zusammenstellen von Daten oder Dokumenten
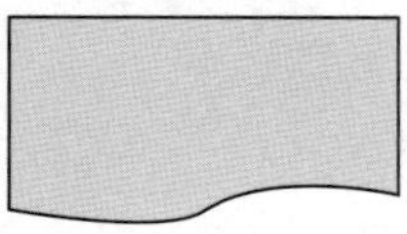	Dokumente beliebiger Art	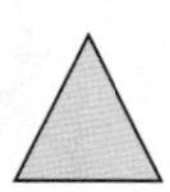	Auszug von Daten oder Dokumenten
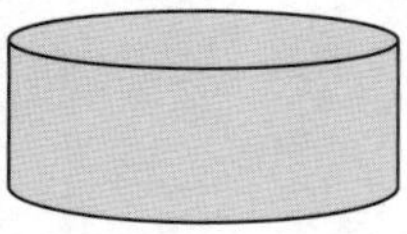	Datenbank, Nutzung im Prozess	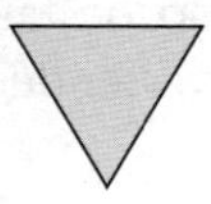	Verschmelzen von Daten oder Dokumenten
	Nutzung einer Cloud	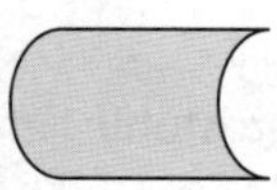	Gespeicherte Daten
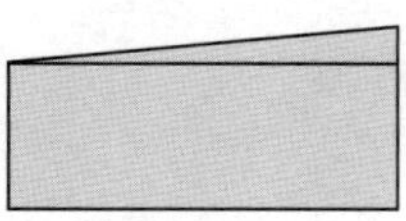	Manuelle Eingabe im Prozess, z. B. Tastatur, Touchscreen, Maus	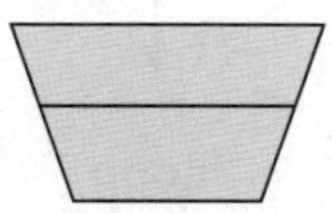	Manuelle Eingabe von einer Person

Bei Büromöbel Hauser & Schulte GmbH bestellt ein Kunde 50 Bürodrehstühle. Damit leitet der Kunde den ersten Schritt in einen Geschäftsprozess ein. Vonseiten der Büromöbel Hauser & Schulte GmbH wird erwartet, dass eine Auftragsbestätigung versandt wird. Dem Kunden wird damit die ordnungsgemäße Ausführung zugesichert. Allerdings muss die Absatzabteilung zunächst feststellen, ob die Bürodrehstühle lieferbar sind. Ansonsten müssen sie nachbestellt werden, und der Liefertermin verschiebt sich entsprechend. Die einzelnen Schritte lassen sich übersichtlich in einem Flussdiagramm darstellen.

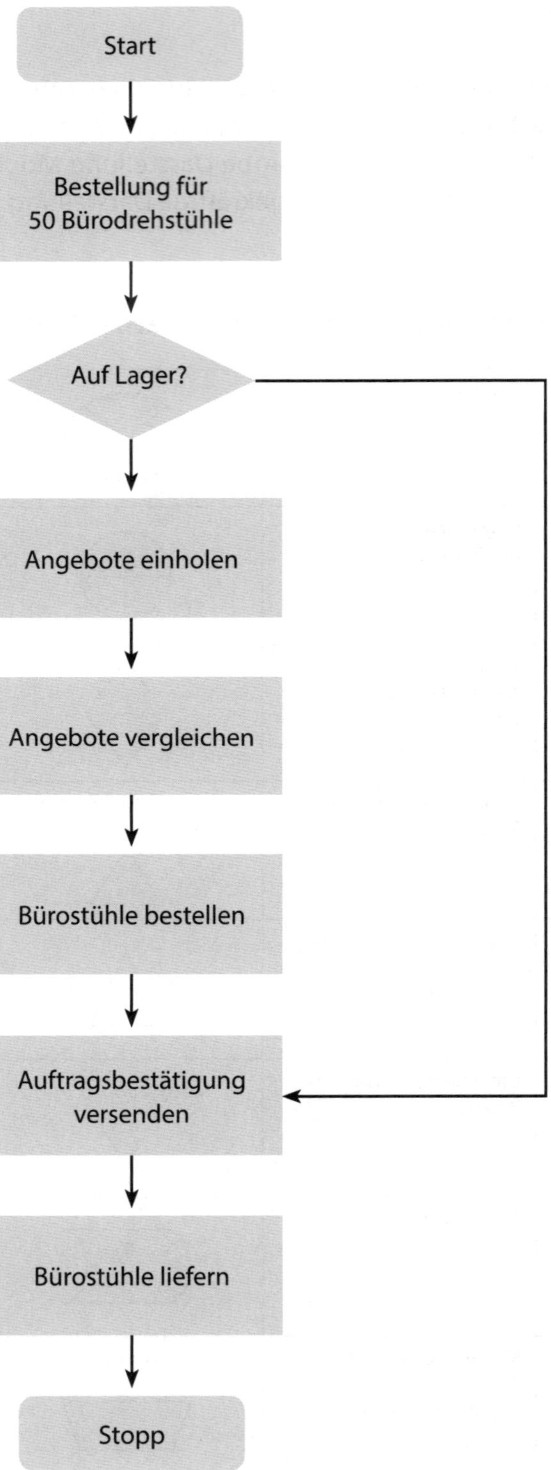

Ereignisgesteuerte Prozesskette (EPK)

Für die grafische Darstellung der Abläufe von Geschäftsprozessen eignet sich im besonderen Maße die ereignisgesteuerte Prozesskette (EPK). Sie wurde 1992 im Rahmen des ARIS-Konzeptes (Architektur integrierter Informationssysteme) von Prof. Dr. August-Wilhelm Scheer gemeinsam von der Universität Saarbrücken und der SAP AG zur Dokumentation von Geschäftsprozessen entwickelt. EPK beschreibt einen Geschäftsprozess als zeitlich-logische Abfolge betrieblicher Aufgaben mit dem Ziel einer Leistungserstellung (vgl. Nüttgens, 2002, S. 64 ff.).

Die Methode der EPK ist eine semiformale Beschreibungssprache für die Modellierung von Geschäftsprozessen. Das bedeutet, dass es eine eindeutige Syntax mit präzisen Regeln für das Verwenden der grafischen Notationselemente gibt.

EPK besteht aus folgenden Notationselementen, um Vorgänge zu beschreiben:

Notationselemente		Beschriftung	Beschreibung
Ereignis	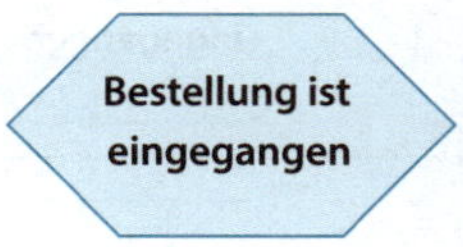 Bestellung ist eingegangen	Zum Beschriften von Ereignissen sollen Partizipialkonstruktionen gewählt werden (Rechnung **ist geschrieben**).	Ein Ereignis ist ein Auslöser/Input für eine bestimmte Funktion und löst eine Funktion aus, also was passiert im Unternehmen.
Funktion	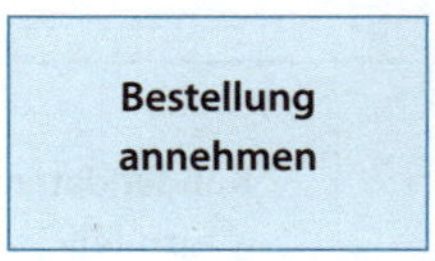 Bestellung annehmen	Zum Beschriften von Funktionen soll das Verb immer im **Präsens** stehen – (aktive Komponenten) verbunden mit Zeit- und Ressourcenverbrauch.	Eine Funktion beschreibt also, was nach einem auslösenden Ereignis im Unternehmen gemacht werden soll.
Organisationseinheit	 Absatz	Die Organisationseinheit gibt an, welche Stellung oder Abteilung die bestimmte Funktion ausführt.	Die Organisationseinheit kann nur mit Funktionen verbunden werden, daher sind beide Elemente auf gleicher Ebene zu zeichnen. Dadurch wird leicht ersichtlich, was wo ausgeführt wird.
Informationsobjekt	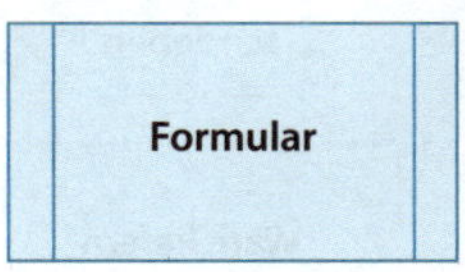 Formular	Mit dem Informationsobjekt werden die benötigten Informationen (Formular, Tabellen, Dateien) bezeichnet.	Das Informationsobjekt kann nur mit Funktionen verbunden werden, also welche **Daten** werden benötigt.
Prozesswegweiser	 Bestellung annehmen	Der Prozesswegweiser steht für einen Teilprozess, der an dieser Stelle nicht weiter definiert wird.	Der Prozesswegweiser verbindet einzelne Geschäftsprozesse miteinander, also welcher Prozess ist miteinander verknüpft (**Schnittstelle**).
Operatoren/ Konnektoren	 V ∧ XOR	Die Operatoren ermöglichen eine Verzweigung zwischen Ereignissen und Funktionen.	∧ = UND V = ODER XOR = exklusives Oder

Kontroll-fluss		Der Kontrollfluss gibt alle möglichen Durchgänge durch eine EPK wieder.	Die Elemente sollten so angeordnet werden, dass der Kontrollfluss von oben nach unten geht.
Informa-tionsfluss		Der Informationsfluss zeigt den Datenfluss zwischen Informationsobjekt und Funktion auf.	Die Pfeilrichtung zeigt die Tätigkeit an: lesen schreiben lesen und schreiben 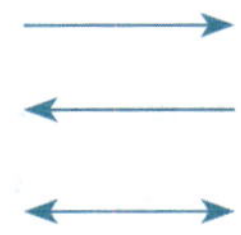

Notationsregeln

1. Regel	Ein EPK-Modell **beginnt** mit einem Startereignis.	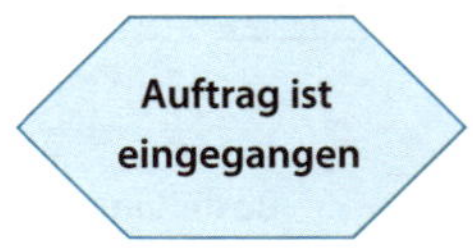
2. Regel	EPK-Modell **endet** mit einem oder mehreren Ereignissen.	
3. Regel	**Funktionen** und **Ereignisse** werden abwechselnd vorkommen, d. h., auf eine Funktion muss ein Ereignis folgen.	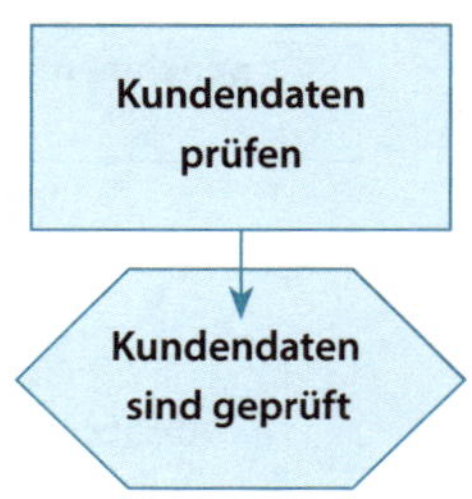
4. Regel	Sofern eine EPK nur einen Teilprozess beschreibt, wird über einen **Prozesswegweiser** die Verbindung zu vor- bzw. nachgelagerten Prozessen hergestellt.	
5. Regel	Ereignis und Funktionen dürfen nicht mehr als einen Input- und einen Output-Konnektor haben. (Beispiel = Ereignisverknüpfung) 	

6. Regel	Ein Ereignis ist immer passiv, es hat keine Entscheidungsgewalt. Somit darf einem Ereignis **kein ODER** oder **XOR** folgen, außer beim Zusammenführen vorher geteilter Wege (siehe Beispiel Regel 5). (Wie soll versandt werden? Kann nicht klar beantwortet werden.)	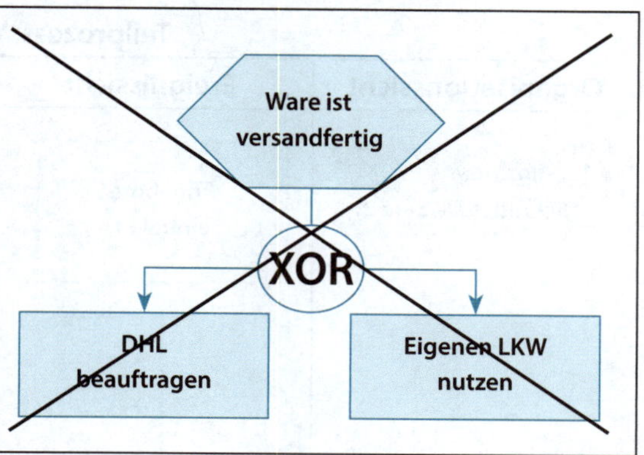
	Mindestens eine Funktion muss ausgeführt werden, um das neue Ergebnis zu erreichen.	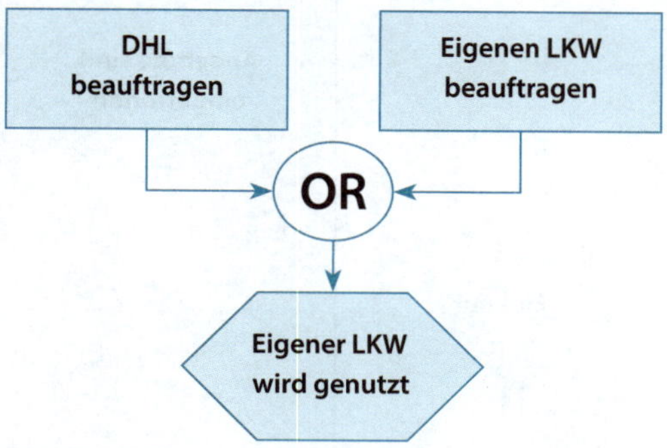

Sie könnten die Teilprozesse von der Beschaffung von Handelsware folgendermaßen einteilen:

1. Vom Bedarf zur Anfrage (Teilprozess: Angebote einholen)
2. Angebote vergleichen und bestellen (Teilprozess: Ware bestellen)
3. Ware annehmen und prüfen (Teilprozess: Ware annehmen)
4. Rechnung prüfen und bezahlen (Teilprozess: Rechnung bezahlen)

EKP-Dokumentationen werden übersichtlich, wenn die Notationselemente in den Spalten der entsprechenden Sichtweisen zugeordnet werden.

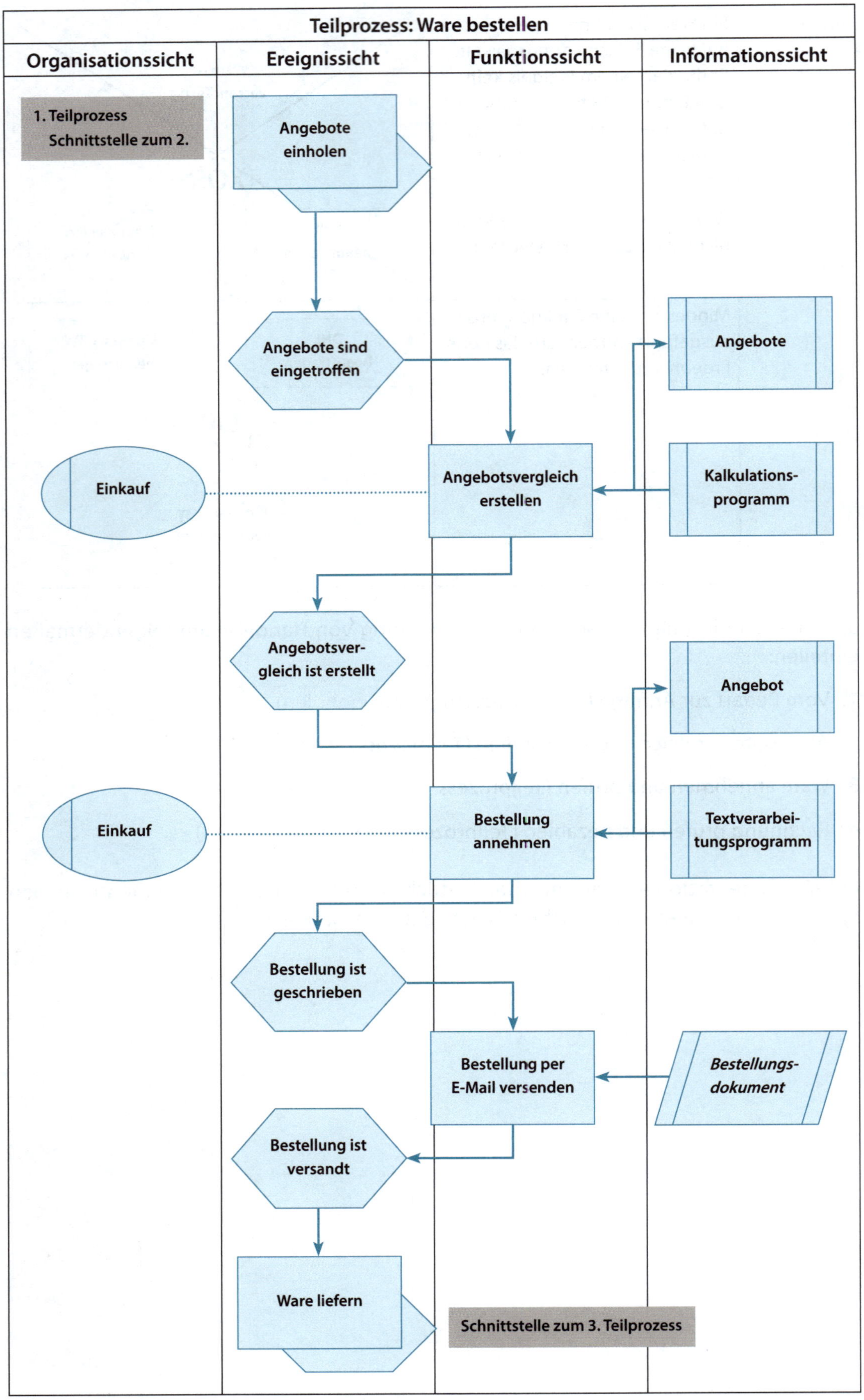
Teilprozess: Ware bestellen
Organisationssicht
Ereignissicht
Funktionssicht
Informationssicht
1. Teilprozess
Schnittstelle zum 2.
Angebote einholen
Angebote sind eingetroffen
Angebote
Einkauf
Angebotsvergleich erstellen
Kalkulations-programm
Angebotsver-gleich ist erstellt
Angebot
Einkauf
Bestellung annehmen
Textverarbei-tungsprogramm
Bestellung ist geschrieben
Bestellung per E-Mail versenden
Bestellungs-dokument
Bestellung ist versandt
Ware liefern
Schnittstelle zum 3. Teilprozess

Beschaffungsplanung

Beschaffungsobjekte (LA 1.3)

Die Aufgabe der Beschaffungsplanung ist es, ein Unternehmen langfristig mit den benötigten Beschaffungsobjekten zu versorgen. Die Beschaffungsobjekte, die ein Unternehmen benötigt, um Güter herzustellen, gliedern sich einerseits in die betriebswirtschaftlichen Produktionsfaktoren, andererseits in weitere Beschaffungsobjekte.

Die betriebswirtschaftlichen Produktionsfaktoren sind alle Güter und Dienstleistungen, die zur Leistungserstellung notwendig sind und somit eingesetzt werden müssen. Sie setzen sich zusammen aus:

Arbeit, d. h. alle von Menschen in einem Unternehmen erbrachte Arbeit. Ebenso aus den Betriebsmitteln und somit aus Gütern, die zur Leistungserstellung genutzt werden, jedoch nicht in das produzierte Gut eingehen. Sie schaffen die technischen Voraussetzungen, sodass eine Leistungserstellung möglich ist. Beispiele hierfür sind Grundstücke, Gebäude, Maschinen, Betriebs- und Geschäftsausstattung und der Fuhrpark.

© gstockstudio – stock.adobe.com

Letztlich werden Werkstoffe benötigt, um Güter zu fertigen. Werkstoffe sind alle Roh-, Hilfs-, Betriebsstoffe, Fertig- und Halbfertigerzeugnisse, die entweder in die produzierten Güter eingehen oder die zur Nutzung der Betriebsmittel eingesetzt werden müssen (vgl. Schierenbeck & Wöhle, 2008, S. 191). Zu den weiteren Beschaffungsobjekten gehören Handelswaren, Dienstleistungen, die das Unternehmen zur Leistungserstellung in Anspruch nimmt, Finanzmittel und Informationen.

Die in einem Unternehmen eingesetzte Arbeitskraft bzw. der Produktionsfaktor Arbeit unterteilt sich in die Bereiche exekutive, d. h. ausführende Arbeit, und dispositive, d. h. leitende Arbeit. Während die ausführende Arbeit unmittelbar an der Gütererstellung beteiligt ist, wird sie durch die leitende Arbeit ergänzt. Die leitende Arbeit übernimmt beispielsweise die Unternehmens-, Geschäftsleitung, aber auch die Abteilungsleitung. Sie beschäftigt sich damit, die betriebswirtschaftlichen Produktionsfaktoren zu kombinieren, sodass eine Leistungserstellung möglich ist. Dabei enthält jede Arbeit sowohl körperliche als auch geistige Anteile, wenngleich in unterschiedlicher Gewichtung (vgl. Müller, 2009, S. 15).

Rohstoffe gehen als Hauptprodukt in das zu fertigende Gut ein, z. B. Holz bei der Möbelproduktion, Mehl bei der Teigherstellung durch den Bäcker usw. Hilfsstoffe gehen als Nebenbestandteil in das Produkt ein, d. h., das zu fertigende Gut kann ohne Hilfsstoffe nicht hergestellt werden, wie beispielsweise Leim oder Schrauben bei der Möbelfertigung, aber auch Eier und Wasser bzw. Milch bei der Teigherstellung.

© EKH-Pictures – stock.adobe.com

Betriebsstoffe gehen nicht in das fertige Gut ein, sind aber während des Herstellungsprozesses unbedingt notwendig, wie Öl, Strom usw. Fertig- und Halbfertigerzeugnisse gehen unverändert in das Produkt ein, wie Scharniere oder Griffe an einem Möbelstück oder die Zuckerperlen, Marzipanrosen usw. auf einem Kuchen.

© Nomad_Soul – stock.adobe.com

Handelsware sind bereits fertige Güter, die ein Unternehmen unverändert in sein Sortiment aufnimmt und weiterveräußert, z. B. Papierkörbe, Schreibtischleuchten, Aktenvernichter usw. Jedes Unternehmen benötigt die Dienstleistungen anderer Unternehmen, beispielsweise eine Spedition, die gekaufte Rohstoffe liefert und die gefertigten Güter zum Käufer transportiert, die Dienstleistungen einer Werbeagentur bei der Bekanntmachung eines neuen Produktes, die Beratung einer Bank bei Kreditaufnahme oder Geldanlage usw. Finanzmittel dienen insbesondere der Beschaffung von Betriebsmitteln sowie Werkstoffen und müssen gegebenenfalls auf dem Kapitalmarkt beschafft werden.

Informationen stellen für ein Unternehmen einen Wettbewerbsfaktor dar, insbesondere bei Informationen, die nicht bereits durch interne Informationsquellen, wie Liefererdateien usw. vorliegen.

Beispielsweise können kurzfristige Preisänderungen oder Lieferschwierigkeiten von benötigten Rohstoffen wesentliche Änderungen auf die betriebliche Produktivität bewirken. Liegt für eines der obigen Beschaffungsobjekte eine Bedarfsmeldung vor, entscheidet der verantwortliche Mitarbeiter des Einkaufs, in der Fachsprache Disponent genannt, über Bestell- und Lieferzeitpunkt, Bestellmenge und den beauftragten Lieferanten.

Ökonomisches und ökologisches Prinzip (LA 1.3)

Alle von einem Unternehmen eingesetzten Beschaffungsobjekte müssen zu einem bestimmten Preis eingekauft und gegebenenfalls gelagert werden, bevor sie im Betriebsprozess genutzt werden können. Zu jedem Zeitpunkt verursacht dieses Gut Kosten, die das Unternehmen versucht durch den Verkauf von Gütern und Dienstleistungen zu erwirtschaften und, wenn möglich, darüber hinaus Gewinn zu erzielen.

© Thomas Reimer – stock.adobe.com

Private Haushalte haben unbegrenzte Bedürfnisse, d. h., sobald ein Wunsch (Bedürfnis) gestillt ist, entsteht ein nächster. Zudem sind die meisten Güter nicht unbegrenzt auf unserer Erde vorhanden, sondern knapp. Für alle Menschen und Unternehmen ergibt sich daraus die Notwendigkeit, sparsam mit diesen Gütern umzugehen, d. h. zu wirtschaften.

Ökonomisches Prinzip

Wirtschaften ist im Wesentlichen ein zielgerichtetes Handeln, welches sich in einer Unternehmung auf die real ablaufenden Prozesse in der Leistungserstellung und der Leistungsverwertung, d. h. Beschaffung (Einkauf), Produktion (Fertigung) und Absatz (Verkauf) beziehen (vgl. Schierenbeck & Wöhle, 2008, S. 56).

In der Wirtschaftswissenschaft wird dieses planvolle Handeln als ökonomisches Prinzip bezeichnet und kommt in zwei Formen vor: das Maximal- und das Minimalprinzip.

Maximalprinzip

Beim Maximalprinzip ist ein genau bestimmter Mitteleinsatz, z. B. Geld, vorgegeben. Mit diesen bekannten Mitteln soll ein größtmögliches (maximales) Ergebnis erzielt werden.

Beispielsweise hat ein privater Haushalt 100,00 Euro für einen Einkauf zur Verfügung. Mit den gegebenen 100,00 Euro versucht die Familie möglichst viele Lebensmittel einzukaufen. Genauso verhält sich eine Unternehmung. Diese hat z. B. 150.000,00 Euro Gewinn erwirtschaftet. Für insgesamt 50.000,00 Euro möchte sie nun eine Werbekampagne starten, um ihren Marktanteil zu vergrößern. Sie versucht also möglichst viel (maximale) Werbung zu machen, indem sie Flyer druckt, einen Radiospot schaltet, Anzeigen in der Zeitung schaltet usw.

Minimalprinzip

Die Vorgehensweise des Minimalprinzips ist umgekehrt. Hier ist das Ziel genau vorgegeben und soll mit möglichst wenig (minimalen) Mitteln erreicht werden.

Der Haushalt hat beispielsweise einen Einkaufszettel geschrieben. Die darauf stehenden Lebensmittel möchte er möglichst preisgünstig einkaufen. Das Unternehmen hat sich vorgenommen, Flyer zu drucken und in jeder Wochenendausgabe der Zeitung eine Anzeige zu schalten.

Dieses Ziel möchte das Unternehmen mit einem minimalen Mitteleinsatz, d. h. möglichst preisgünstig realisieren.

Sowohl private Haushalte als auch Unternehmen sind daran interessiert, die für sie entstehenden Kosten möglichst gering zu halten. Haushalte haben so die Möglichkeit, z. B. auf einen Urlaub oder neue Möbel zu sparen; Unternehmen erzielen so einen höheren Gewinn. Diese Sichtweise ist recht kurzfristig und stellt lediglich die ökonomischen Interessen in den Vordergrund.

Ökologisches Prinzip

Die Wirtschaftsteilnehmer sind jedoch auch für ihre Beziehung zur Umwelt, d. h. der Ökologie verantwortlich. Konkret bedeutet dies, dass sie schonend mit der Natur und den von ihr zur Verfügung gestellten Gütern umgehen sollen.

Beispielsweise stehen reine Luft oder klares Wasser nicht in unendlichem Maße zur Verfügung, sodass es sich dabei um schützenswerte Güter handelt.

Diesen Schutz versucht das ökologische Prinzip zu achten, indem es fordert, dass bei allen wirtschaftlich orientierten Handlungen die Umweltbelastung minimiert wird. Oftmals ist dies mit höheren Kosten für die Beteiligten verbunden, sodass von einem Konflikt zwischen ökonomischen und ökologischen Zielen gesprochen wird. Zur Beachtung ökologischer Grundsätze greift der Staat mittlerweile regulierend ein und achtet einerseits auf die Einhaltung bestimmter Umweltstandards, andererseits kontrolliert er die tatsächliche Realisierung.

© j-mel – stock.adobe.com

Es gibt viele Alternativen, um nach dem ökologischen Prinzip zu handeln, sowohl für private Haushalte als auch für Unternehmen. Alle können mit den Rohstoffen dieser Erde wie Wasser, Energie usw. sparsamer umgehen und aufbereitetes, d. h. recyceltes Material verwenden sowie schadstoffarme Materialien wie Lacke, Farben usw. verwenden u. v. m.

Zeitplanung – Bestellpunkt- und Bestellrhythmusverfahren (LA 1.4)

Damit die Fertigung zu keinem Zeitpunkt ins Stocken gerät, muss die Bedarfsmeldung zeitnah erfolgen. Wann die Bestellung tatsächlich erfolgt, hängt davon ab, wann das Beschaffungsobjekt benötigt wird. Ist dieser Zeitpunkt bekannt, ist rückwärts zu rechnen, da für einige Arbeitsschritte mehrere Tage Zeit zu berücksichtigen sind. Zudem besteht eine zeitliche Abhängigkeit vom Lieferanten.

© littlewolf1989 – stock.adobe.com

Bestellzeit

Die Bestellzeit innerhalb des Hauses, d. h. die Zeit, die die Bedarfsmeldung vom Lager oder der Fertigung bis zur Beschaffungsabteilung, inklusive der Zeit für die Einholung von Angeboten, deren Auswertung bis zur Bestellung benötigt. Als Bearbeitungszeit beim Lieferer gilt die Zeitspanne, die diese vom Eingang der Bestellung bis zum Versand benötigt. Die benötigte Lieferzeit der Spedition bzw. des Versanddienstes ist zu beachten.

Auch die Warenannahme und Warenprüfung beim Empfänger muss eingerechnet werden, da die Güter sich zu dieser Zeit im Haus befinden, aber noch nicht in der Fertigung zur Verfügung stehen. Aus diesem Grund ist auch die Zeit für den Transport innerhalb des Unternehmens einzurechnen. Grundsätzlich ist bei einer Güterbestellung darauf zu achten, dass bei Eintreffen der Ware genügend Lagerkapazität zur Verfügung steht und die Ware lagerfähig ist.

© Marco2811 – stock.adobe.com

Just-in-Time-Lieferung

Der Idealfall der Lieferung, bei reibungslosem Ablauf, ist die Just-in-Time-Lieferung. Hierbei werden die bestellten Beschaffungsobjekte „gerade zur rechten Zeit" immer dann geliefert, wenn sie in der Unternehmung benötigt werden. So können jegliche zusätzliche Kosten, wie z. B. Lagerhaltungskosten, vermieden werden. Im Lager werden lediglich kleine Sicherheitspuffer aufbewahrt. Ist keine Just-in-Time-Lieferung möglich, sind zwei Bestellverfahren zu unterscheiden. Einerseits das Bestellpunkt-, andererseits das Bestellrhythmusverfahren.

Just-in-Sequence-Verfahren

Seit einiger Zeit gibt es auch das Just-in-Sequence-Verfahren (engl.: sequence). Bei dieser Beschaffungsart muss der Zulieferer neben der rechtzeitigen Lieferung der notwendigen Menge beim Verpacken auf die korrekte Reihenfolge achten, in der die Ware schließlich vom Abnehmer entgegengenommen wird. Um eine reibungslose Beschaffung gemäß just-in-sequence zu realisieren, ist ein elektronischer Datenaustausch zwischen Abnehmer und Zulieferer unabdingbar. Typisches Einsatzgebiet ist die Automobilindustrie.

Bestellpunktverfahren (LA 1.4)

Beim Bestellpunktverfahren erfolgt die Bestellung immer dann, wenn im Lager ein bestimmter Bestand eines Beschaffungsobjektes erreicht wird. Wie hoch dieser Bestand ist, wird durch die Unternehmung festgelegt. Wird dieser Bestand erreicht, erfolgt eine Meldung vom Lager an die Abteilung Beschaffung, sodass dieser noch vorhandene Bestand als Meldebestand bezeichnet wird.

Die Abteilung Beschaffung kümmert sich daraufhin um den Einkauf dieses Beschaffungsobjektes. Die Höhe des Meldebestandes wird so festgelegt, dass darin zunächst ein bestimmter Mindestbestand (eiserner Bestand) enthalten ist. Zudem werden der Materialbedarf der Produktion, aber auch Sicherheitsreserven bei einem höheren Materialbedarf oder Lieferengpässen berücksichtigt (Wöhe & Döring, 2010, S. 421).

© industrieblick – stock.adobe.com

Zu welchem Zeitpunkt die Bestellung erfolgt, ist immer vom Erreichen des Meldebestandes abhängig und kann somit in unregelmäßigen Zeitabständen erfolgen.

Eine Unternehmung kann sich dafür entscheiden, nicht immer abhängig vom Meldebestand zu bestellen, sondern sich auch an Faktoren wie vorliegenden Angeboten, der Preisentwicklung des Beschaffungsobjektes oder seiner Lagerfähigkeit zu orientieren. Das Nutzen vorliegender Angebote bietet sich bei Saisonartikeln ebenso an wie bei Rabattaktionen des Lieferanten.

Die Beschaffung zu niedrigen Preisen bietet, bei Lagerfähigkeit der Ware, ein Einsparpotenzial für die Unternehmung.

Bestellrhythmusverfahren (LA 1.4)

Das Bestellrhythmusverfahren wird umgekehrt zum Bestellpunktverfahren angewendet, denn hierbei werden die Bestellzeitpunkte festgelegt. Durch diese Vorgehensweise entwickelt sich ein bestimmter Rhythmus, z. B. wöchentlich, monatlich, vierteljährlich, zu dem jeweils eine Bestellung erfolgt. Die Zeitabstände der Bestellungen sind dadurch regelmäßig.

In Abhängigkeit zum Materialbedarf werden jeweils unterschiedliche Mengen an Beschaffungsobjekten eingekauft. Wie hoch die Bestellmenge ist, hängt sowohl vom vorhandenen Lagerbestand als auch der üblichen Lieferfrist ab. Das Lager wird bei jeder Bestellung bis an seine Kapazitätsgrenze aufgefüllt.

Bestell- und Lagerhaltungskosten (LA 1.4)

Bei jeder Bestellung, die ein Unternehmen tätigt, fallen Bestellkosten an. Bestellkosten sind die Kosten, die zur Materialbeschaffung ausgegeben werden müssen. Je mehr Bestellungen ein Unternehmen pro Jahr tätigt, desto höher ist die Summe der anfallenden Bestellkosten, die zusätzlich zu den Einkaufspreisen zu zahlen sind.

Kauft Büromöbel Hauser & Schulte GmbH nur wenige Male im Jahr und dafür größere Mengen, bietet dies den Vorteil, dass insgesamt geringe Bestellkosten anfallen. Bei wenigen oder gar nur einer Bestellung pro Jahr muss eine entsprechend große Menge eingekauft werden.

Bei hohen Bestellmengen gewähren die Lieferanten in der Regel gute Konditionen, wie beispielsweise Mengenrabatt. Zudem wird bei einer großen Menge das Risiko von Fehlmengen und daraus resultierenden Fehlmengenkosten, z. B. durch Produktionsstillstand, minimiert. Zu beachten ist jedoch, dass die eintreffende und entsprechend große Warenlieferung angenommen, geprüft und letztlich gelagert werden muss.

Abgesehen vom benötigten Lagerraum trägt der Käufer ein hohes Lagerrisiko, z. B. bei Verderb oder Verlust der Ware. Besonders ungünstig ist es für ein Unternehmen, wenn es Güter einkauft, lagert und dann nicht mehr verwenden kann, z. B. weil das Material verrostet ist. Dies bedeutet, dass bereits bezahlte Ware entsorgt und neue beschafft werden muss, womit zu den Lagerhaltungskosten doppelte Bestell- und Einkaufskosten anfallen.

Häufigere Bestellungen mit geringen Bestellmengen haben dagegen den Vorteil, dass geringe Lagerhaltungskosten anfallen und das Risiko einer Qualitätsverschlechterung oder eines Verlustes geringer ist. Die Bestellkosten und die Lagerhaltungskosten weisen somit aufgrund der Bestellhäufigkeit gegenläufige Tendenzen auf (Wöhe & Döring, 2010, S. 419). Aufgrund der gegensätzlichen Entwicklung wird auch von einem vorliegenden Zielkonflikt für den Unternehmer gesprochen, denn er muss sich entscheiden:

Bestellt Büromöbel Hauser & Schulte GmbH häufig im Jahr, da sie ihre Lagerkosten und ihr Lagerrisiko möglichst gering halten möchte, bezahlt sie aufgrund der häufigen Bestellungen insgesamt hohe Bestellkosten.

Tätigt die GmbH dagegen nur wenige Bestellungen im Jahr, mit einer entsprechend großen Bestellmenge, entstehen geringe Bestell- und Fehlmengenkosten. Dafür zahlt sie jedoch entsprechend hohe Lagerhaltungskosten und trägt ein hohes Lagerrisiko. Doch für Büromöbel Hauser & Schulte gibt es eine Berechnung, die bei der Lösung dieses Konfliktes hilft.

Mengenplanung – die optimale Bestellmenge (LA 1.4)

Vereinfacht ausgedrückt streben die meisten Unternehmen danach, möglichst viel Gewinn zu erzielen. Häufiges Mittel dazu ist die Minimierung der Kosten innerhalb einer Unternehmung. Aufgrund des bestehenden Zielkonfliktes zwischen Bestell- und möglichen Fehlmengen- sowie Lagerhaltungskosten stellt sich die Frage, ob es einen Zeitpunkt oder eine Menge gibt, an der es für den Unternehmer ideal wäre, seine Bestellung in Auftrag zu geben.

Diese Menge, die sogenannte optimale Bestellmenge, gibt es und kann mittels Berechnung festgestellt werden. Bei der optimalen Bestellmenge, aus der sich die Anzahl der Bestellungen pro Jahr ableiten lässt, ist die Summe aus Bestell- und Lagerhaltungskosten am geringsten (vgl. Müller, Jürgen, 2009, S. 51). Die nachstehende Tabelle zeigt die allgemeine Vorgehensweise zur Ermittlung der optimalen Bestellmenge:

Bestellmenge [Stück]	Bestellhäufigkeit	Durchschnittlicher Lagerbestand [Stück]	Lagerhaltungskosten	Bestellkosten [Euro]	Gesamtkosten [Euro]
	$\frac{\text{Jahresbedarf}}{\text{Bestellmenge}}$	$\frac{\text{Bestellmenge}}{2}$	Durchschnittlicher Lagerbestand · Preis pro Stück · Lagerhaltungskostensatz/100	Bestellkosten pro Bestellung · Bestellhäufigkeit	Lagerhaltungskosten + Bestellkosten

Anfrage (LA 1.5)

Im Wirtschaftsleben stimmt die Vorgehensweise mit dem Handeln im privaten Bereich überein. Benötigen Sie bestimmte Informationen wie Preis, Qualität, Lieferzeit usw. über ein Produkt, erkundigen Sie sich bei einem Händler. Dieses Einholen von Informationen wird als Anfrage bezeichnet und kann sowohl schriftlich, beispielsweise per E-Mail, oder mündlich, z. B. per Telefon, erfolgen. Mithilfe einer Anfrage möchten Sie zunächst für Sie wesentliche Informationen über das Produkt und die gemachten Konditionen (Bedingungen) des Verkäufers sammeln.

Im Idealfall richten Sie mehrere Anfragen an unterschiedliche Händler und werten die gemachten Angaben aus, um sich anhand des Vergleichs für einen Anbieter zu entscheiden. Mit dem Stellen einer Anfrage erkundigen Sie sich zunächst, sodass eine Anfrage rechtlich unverbindlich ist, d. h., weder für Sie noch für den Antwortenden entstehen Pflichten bzw. rechtliche Folgen.

© Robert Kneschke – stock.adobe.com

Bitten Sie in einer Anfrage um allgemeine Informationen des Lieferprogramms, wie die Zusendung eines aktuellen Katalogs, der gültigen Preisliste, eines Prospekts, der Allgemeinen Geschäftsbedingungen usw., handelt es sich um eine allgemeine Anfrage. Dagegen liegt eine bestimmte Anfrage vor, wenn Sie sich beim Anbieter bereits nach konkreten Produkten und ihren Preisen, den entsprechenden Liefer- und Zahlungsbedingungen, der Qualität usw. erkundigen.

Voraussetzung für eine bestimmte Anfrage ist, dass Sie Ihren Bedarf bereits ermittelt haben. Unabhängig davon, welche Anfrage Sie formulieren möchten, ist es notwendig, einen möglichen Lieferanten zu kennen. Diesen erhalten Sie mithilfe der sogenannten Bezugsquellenermittlung.

© MC-Illustrations – stock.adobe.com

Bezugsquellenermittlung (LA 1.5)

In jedem Unternehmen besteht die Möglichkeit, auf bereits vorhandene Informationen zurückzugreifen. Diese internen Informationsquellen liegen meist in Form von Lieferer- und Warendateien oder in Form der Einkaufsstatistik vor und geben Auskunft über Namen und Anschrift des Geschäftspartners, aber auch über bereits ausgehandelte Konditionen, Produktpreise, die Einhaltung ökologischer Aspekte und weitere Details. Während die Liefererdatei meist alphabetisch nach Lieferern geordnet ist, sortiert die Warendatei alle Angaben nach Waren. Sooft es möglich ist, greift ein Unternehmen auf die hauseigenen Informations- bzw. Bezugsquellen zurück.

Zum einen kann dies rasch und somit kostengünstig erfolgen, zum anderen wurden die darin enthaltenen Angaben selbst erfasst, sodass sie als vertrauenswürdig gelten. Zudem ergänzen Unternehmen ihre internen Informationsquellen um Beurteilungspunkte, falls sie das benötigte Gut von mehreren Anbietern beziehen können. Beispielsweise können die Einhaltung der Qualitätsangaben, des Liefertermins, der vereinbarten Menge, die geografische Lage bzw. Entfernung usw. die Entscheidung für einen Lieferanten beeinflussen.

Reichen die hauseigenen Informationen nicht aus, z. B. weil dieses Produkt noch nie bezogen wurde oder es eine Neuheit auf dem Markt darstellt, müssen externe Informationsquellen zurate gezogen werden. Die externe Bezugsquellenermittlung befasst sich mit der Suche nach einem geeigneten Lieferanten, mit dem das Unternehmen, z. B. die Büromöbel Hauser & Schulte GmbH, bislang nicht in Geschäftsverbindung steht. Um Produkt- bzw. Liefererangaben außerhalb des Unternehmens zu sammeln, ist es notwendig, entsprechende Informationsquellen zu beschaffen und auszuwerten.

Als Beispiele gelten im Allgemeinen Kataloge, Prospekte, Preislisten und Werbematerial von Anbietern. Aber auch Artikel und Anzeigen in Tageszeitungen, Fachzeitschriften oder Messekatalogen. Darüber hinaus liefern auch Branchenverzeichnisse wie die „Gelben Seiten" oder Fachverbände bzw. Kammern, wie die Industrie- und Handelskammer, Markt- und Wirtschaftsforschungsunternehmen usw. die benötigten Auskünfte.

Angebot (LA 1.6)

Angebot und seine Gültigkeit (Bindung)

Das Gesetz versteht unter einem Angebot einen verbindlichen Antrag des Verkäufers an eine bestimmte Person, den potenziellen Käufer, der den Verkäufer an seine gemachten Angaben bindet (§ 145 BGB). Grundsätzlich ist die Unterbreitung eines Angebotes formfrei, d. h. kann sowohl mündlich, schriftlich als auch durch konkludentes Handeln geschlossen werden. Empfehlenswert ist jedoch die Schriftform, um Irrtümer auszuschließen.

Wird das Angebot unterbreitet, wenn alle Beteiligten anwesend sind, besteht das Angebot, bis die Personen auseinandergehen (§ 147 Absatz 1 BGB). Dabei ist es gleichgültig, ob sich die Personen in einem Raum befinden oder über Telefon miteinander verbunden sind. Wichtig ist nur, dass das Gespräch nicht unterbrochen wird, da ansonsten die Möglichkeit, das Angebot anzunehmen oder abzulehnen, nicht mehr besteht.

Wird das Angebot unter Abwesenden unterbreitet, d. h. wenn die Beteiligten sich an unterschiedlichen Orten befinden, ist das Angebot länger gültig. Nach dem Gesetz so lange wie man eine „Antwort unter regelmäßigen Umständen erwarten darf" (§ 147 Absatz 2 BGB). Konkret bedeutet dies, dass ein per Post im Inland zugestelltes Angebot ca. sieben Tage gültig ist. Eingerechnet wird der Postweg zum Empfänger (2–3 Tage), ein Tag Bedenkzeit und der Postweg zurück. Entsprechend ist ein per Fax unterbreitetes Angebot ca. drei Tage gültig, eine E-Mail ca. einen Tag. (o. A.: BWL der Unternehmung, 2009, S. 57). Sind diese Fristen abgelaufen, besteht das Angebot nicht mehr.

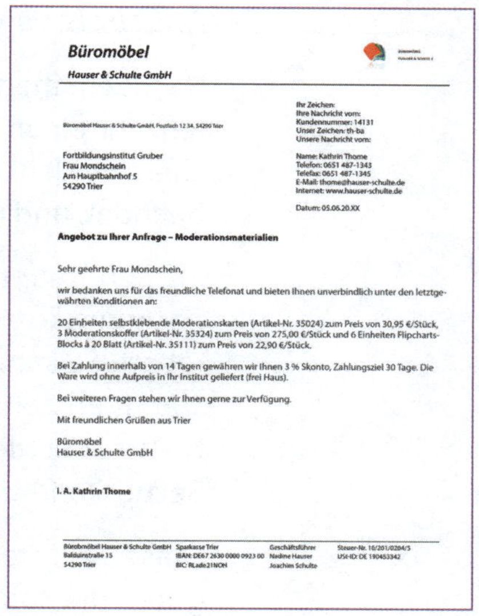
Büromöbel
Hauser & Schulte GmbH

Büromöbel Hauser & Schulte GmbH, Postfach 12 34, 54290 Trier

Fortbildungsinstitut Gruber
Frau Mondschein
Am Hauptbahnhof 5
54290 Trier

Ihr Zeichen:
Ihre Nachricht vom:
Kundennummer: 14131
Unser Zeichen: th-ba
Unsere Nachricht vom:

Name: Kathrin Thome
Telefon: 0651 487-1343
Telefax: 0651 487-1345
E-Mail: thome@hauser-schulte.de
Internet: www.hauser-schulte.de

Datum: 05.06.20.XX

Angebot zu Ihrer Anfrage – Moderationsmaterialien

Sehr geehrte Frau Mondschein,

wir bedanken uns für das freundliche Telefonat und bieten Ihnen unverbindlich unter den letztgewährten Konditionen an:

20 Einheiten selbstklebende Moderationskarten (Artikel-Nr. 35024) zum Preis von 30,95 €/Stück, 3 Moderationskoffer (Artikel-Nr. 35324) zum Preis von 275,00 €/Stück und 6 Einheiten Flipcharts-Blocks à 20 Blatt (Artikel-Nr. 35111) zum Preis von 22,90 €/Stück.

Bei Zahlung innerhalb von 14 Tagen gewähren wir Ihnen 3 % Skonto, Zahlungsziel 30 Tage. Die Ware wird ohne Aufpreis in Ihr Institut geliefert (frei Haus).

Bei weiteren Fragen stehen wir Ihnen gerne zur Verfügung.

Mit freundlichen Grüßen aus Trier

Büromöbel
Hauser & Schulte GmbH

I. A. Kathrin Thome

Büromöbel Hauser & Schulte GmbH	Sparkasse Trier	Geschäftsführer	Steuer-Nr. 10/201/0204/5
Balduinstraße 15	IBAN: DE67 2630 0000 0923 00	Nadine Hauser	USt-ID: DE 190453342
54290 Trier	BIC: RLade21NOH	Joachim Schulte	

Die Gültigkeit eines Angebotes ist auch durch die Angabe einer vertraglichen Frist zu begrenzen, z. B. durch die Angabe eines Zeitpunktes, bis zu dem eine Reaktion erfolgt sein muss (§ 148 BGB), wie beispielsweise die Angabe eines Datums. Erfolgt bis zu diesem keine Bestellung, gilt das Angebot als abgelehnt.

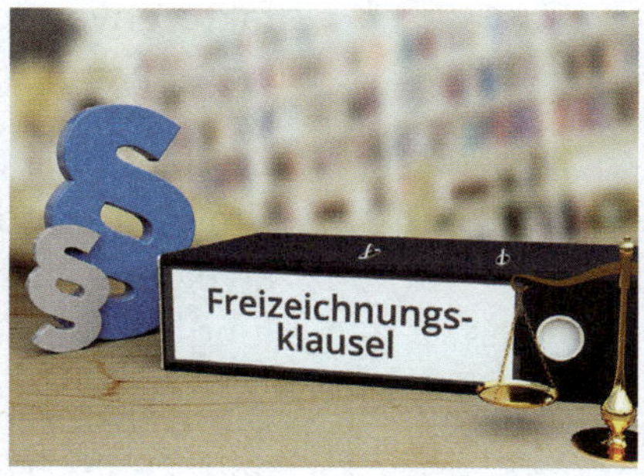

© MC-Illustrations – stock.adobe.com

Darüber hinaus kann die Bindung durch bestimmte sprachliche Wendungen ganz oder teilweise ausgeschlossen werden. Diese Formulierungen sind sogenannte Freizeichnungsklauseln. Soll die Bindung, d. h. die rechtliche Verpflichtung zur Einhaltung des Angebotes, vollständig ausgeschlossen werden, werden Begriffe wie „freibleibend", „unverbindlich", „ohne Gewähr" u. a. verwendet.

Soll sich die Beschränkung nur auf die Menge beziehen, heißt es im Angebot „solange der Vorrat reicht", „Abgabe in haushaltsüblichen Mengen" usw.

Diese Angaben sind insbesondere in Angeboten zu finden, die an die Allgemeinheit und nicht an eine bestimmte Person gerichtet sind. Hierbei handelt es sich beispielsweise um Werbeprospekte, Kataloge, Schaufensterauslagen usw. Ein an die Allgemeinheit gerichtetes Angebot wird als Anpreisung bezeichnet und hat keinerlei rechtliche Wirkung. Vielmehr soll es dazu dienen, dass der Empfänger der Anpreisung seinerseits einen Antrag an den Verkäufer formuliert.

Erlöschen und Widerruf eines Angebotes (LA 1.6)

Nicht mehr an ein unterbreitetes Angebot gebunden ist ein Unternehmen, wenn der Empfänger das Angebot ausdrücklich ablehnt oder schweigt, d. h. nicht reagiert. Ebenso, wenn die Annahme des Angebotes nicht rechtzeitig erfolgt (§ 146 BGB).

Ändert der Empfänger das Angebot, weil er beispielsweise weniger Artikel möchte als im Angebot ausgewiesen, verliert es ebenfalls seine Gültigkeit. Das veränderte Angebot gilt als neuer Antrag des Käufers.

Möchte der Anbieter sein Angebot widerrufen, z. B. weil er einen falschen Preis ausgewiesen hat, muss der Widerruf möglichst vor, jedoch spätestens mit dem Angebot beim Empfänger eingehen. Ist das Angebot vor dem Widerruf zugestellt worden, ist es gültig. Briefliche Angebote sollten somit beispielsweise per E-Mail, Fax oder telefonisch widerrufen werden.

Angebote vergleichen und bewerten (LA 1.6)

Nachdem mehrere Angebote eingegangen sind, gilt es nun, die Liefererauswahl zu treffen. Für einen Angebotsvergleich können quantitative und qualitative Kriterien verglichen werden. Es kommt immer auf die Situation an, in welchem sich das Unternehmen befindet, und um welche Art von Sachgütern es sich handelt.

Zu den quantitativen Faktoren gehören: Preis, Transportkosten und Ähnliches (Verpackungskosten, Fracht ...), Rabatt (Mengenrabatt, Großkundenrabatt, Barzahlungsrabatt, Saisonrabatt u. Ä.), Sonderangebote, Skonto (Rabatt, wenn innerhalb einer bestimmten Zeitspanne bezahlt wird), Zahlungsspielraum (Zahlung auf Ziel – also auf ein Konto überwiesen – innerhalb von x Tagen) bzw. Verhandlungsspielraum bei Preis und Bezugskonditionen.

Diese Faktoren lassen sich direkt in Bezug auf Geldbeträge vergleichen. Für Sachgüter, die sofort in der gewünschten Qualität zur Verfügung stehen, genügt ein Einfaktorenvergleich mit Bezugskalkulation auf der Basis des günstigsten Preises (siehe Warenhandelskalkulation).

Zu den qualitativen Faktoren gehören Termintreue, Qualität der Güter, Standortnähe, Umweltfreundlichkeit der Materialien, „Übernimmt Entsorgung", „Bereit zur Anpassung an eigene Prozesse" (z. B.: Just-In-Time), Beratung, Service, Know-how und Weiterentwicklung der Materialien, Vertragsabwicklung bzw. Freundlichkeit.

Diese Faktoren lassen sich nur im Mehrfaktorenvergleich mit den quantitativen Faktoren verrechnen. Dafür eignet sich das Instrument einer Nutzwertanalyse.

© Freedomz – stock.adobe.com

Nutzwertanalyse

Stellen Sie den Nutzen zweier oder mehrerer Lösungen einander gegenüber. Sie bilden eine gute Entscheidungsgrundlage. Nutzwertanalysen sind prinzipiell Entscheidungstabellen, bei denen einzelne Kriterien gewichtet werden.

In Excel werden die Formeln nur einmal eingegeben und können mit wenig Anpassungsaufwand immer wieder verwendet werden.

Bewertung eines Angebotsvergleiches

1. Schritt: „**Sammeln** Sie alle Eigenschaften und Merkmale (quantitative und qualitative), die Ihnen zu der jeweiligen Anschaffung wichtig sind, und listen Sie diese auf. Für einen objektiven Vergleich müssen Sie immer eine Anzahl quantitativer und qualitativer Kriterien mit in die Entscheidung einbeziehen.
2. Schritt: **Definieren** Sie K.-o.-Kriterien (Mindest-/Höchstbedingungen, deren Erfüllung zwingend gefordert wird) für die einzelnen Merkmale.
3. Schritt: Bewerten Sie jedes einzelne Merkmal mit einer subjektiven Wichtigkeit (G). Sie können beliebige Wertebereiche wählen (1 bis 5; 1 bis 10; 0,1 bis 1,0 usw.)

4. Schritt: **Untersuchen** Sie alle Alternativen nach K.-o.-Kriterien und sondern Sie alle Möglichkeiten aus, die ein solches K.-o.-Kriterium aufweisen.

5. Schritt: **Vergeben** Sie nun für alle Alternativen Punkte für die jeweiligen Merkmale (M). Je besser das Merkmal erfüllt ist, desto höher ist die Punktzahl.

6. Schritt: **Multiplizieren** Sie die Bewertungen (M) mit den Gewichtungen (G) und summieren Sie dann alle Zahlen zu einem Gesamtergebnis. Das Angebot mit dem höchsten Zielerreichungsgrad ist das empfehlenswerteste." (VNR-Redaktion 3. Juni 2008).

F19

	A	B	C	D	E	F	G	H	I
1			Angebot 1		Angebot 2		Angebot 3		
2	Entscheidungskriterien	Gewichtungspunkte	G	M	G	M	G	M	
3									
4	Preis	25	1	25	3	75	1	25	
5	Service	15	3	45	1	15	3	45	
6	Qualität	35	2	70	1	35	2	70	
7	Zahlungziel	15	3	45	2	30	1	15	
8	Entsorgung	10	2	20	3	30	1	10	
9	Sume	100		205		185		165	
10									
11			Die Entscheidung fällt auf Angebot 1.						
12									

Bestellung (LA 1.7)

Inhalt und Aufbau einer Bestellung

Einige Unternehmen verwenden für eine Bestellung dafür entwickelte Formulare bzw. Vordrucke, andere antworten individuell. Unabhängig davon sollte eine Bestellung stets Bezug auf die vorliegenden Unterlagen des Verkäufers, wie beispielsweise das Angebot, die Preisliste oder auch geschaltete Zeitungsanzeigen, Empfehlungen von Geschäftspartnern usw., nehmen.

Des Weiteren sind Menge und Preis der bestellten Ware genau anzugeben, ebenso die gewünschte Art und Güte. Über die Zahlungs- und Lieferungsbedingungen hinaus können Sonderwünsche, die z. B. die Verpackung, Entsorgung, Rücknahme der auszutauschenden Ware usw. betreffen, festgehalten werden.

Grundsätzlich werden in einer Bestellung die bereits im Angebot beschriebenen Inhalte und Bedingungen wiederholt. Geht der Bestellung ein ausführliches Angebot voraus, ist ein Bezug auf die darin gemachten Angaben ausreichend.

Eine Bestellung sollte wie alle Geschäftsbriefe professionell und freundlich formuliert werden, d. h., die Ihnen bekannten DIN-Normen sind einzuhalten. Darüber hinaus wirkt sowohl eine persönliche Anrede als auch eine knappe Einleitung, z. B. in Form eines Dankes für das Angebot, aufgeschlossen. Im Mittelteil werden wesentliche Konditionen wiederholt bzw. Änderungen angegeben.

Liegt ein ausführliches Angebot vor, reicht es, darauf Bezug zu nehmen. Den Schluss der Bestellung bildet ein positiver Ausblick auf die Geschäftsbeziehung, eventuell Angaben über Kontaktmöglichkeiten und die Grußformel mit der Firma am Ende.

Form und Bindung einer Bestellung (Auftrag) (LA 1.7)

Mit einer Bestellung drückt der Käufer stets seinen Willen aus, bestimmte Güter oder Dienstleistungen zu kaufen (vgl. Müller, u. a., 2010, S. 58). Der Käufer beauftragt den Verkäufer mittels einer Bestellung konkret, sodass eine Bestellung häufig auch als Auftrag bezeichnet wird.

Die Willenserklärung darf der Käufer mündlich, schriftlich oder durch konkludentes (schlüssiges) Handeln abgeben, d. h., die Abgabe der Willenserklärung erfolgt formlos. Unabhängig davon, auf welche Art und Weise der Käufer seinen Willen ausdrückt, ist er rechtlich an seine Aussage gebunden, d. h., eine Bestellung ist rechtlich bindend.

Notwendig dafür ist es, dass die Bestellung dem Verkäufer zugegangen ist, d. h., dass er von der Bestellung (Auftrag) Kenntnis nehmen musste. Ein Widerruf muss somit spätestens gleichzeitig mit der Bestellung eingehen, da es ansonsten sein kann, dass ein rechtskräftiger Vertrag zwischen Käufer und Verkäufer zustande gekommen ist. Dies ist wie folgt zu erklären:

Gültigkeit einer Bestellung (Auftrag) (LA 1.7)

Grundsätzlich kommt ein Vertrag zwischen zwei (Vertrags-)Parteien zustande, wenn beide übereinstimmende Willenserklärungen abgeben. Dies erfolgt durch eine erste Willenserklärung, d. h. den Antrag und die daraufhin stattfindende Annahme, d. h. die zweite Willenserklärung. Richtet beispielsweise der Käufer eine Anfrage an den Verkäufer, ist dies rechtlich nicht bindend. Antwortet der Verkäufer mit einem Angebot, liegt eine erste, rechtlich bindende, Willenserklärung vor. Auf diese antwortet der Käufer mit einer zweiten Willenserklärung, der sogenannten Bestellung bzw. Annahme.

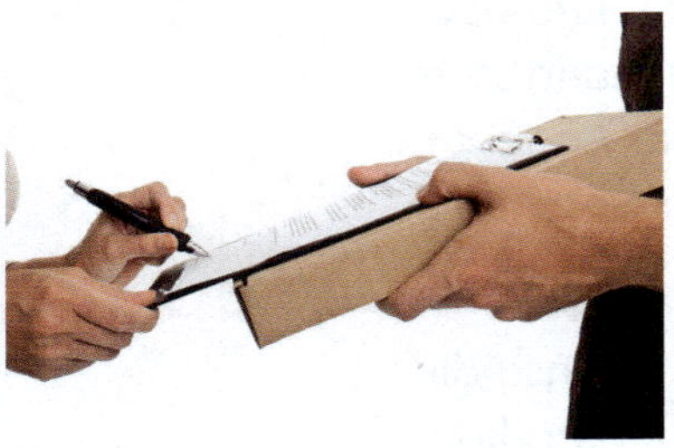

© drubic-photo – stock.adobe.com

Stimmen Angebot und Bestellung überein, liegen zwei identische Willenserklärungen von Verkäufer und Käufer vor, sodass ein rechtsgültiger Vertrag zustande gekommen ist. Dieser Vertrag wird auch geschlossen, wenn dem Angebot keine Anfrage vorausgeht, da eine Anfrage rechtlich unverbindlich ist.

Eine weitere Vorgehensweise, wie ein Vertragsabschluss zustande kommen kann, ist die direkte Bestellung des Käufers beim Verkäufer. In diesem Fall ist die Bestellung die erste abgegebene Willenserklärung und dadurch der gestellte Antrag. Der Verkäufer reagiert mit der zweiten Willenserklärung, d. h. der Annahme, entweder durch unmittelbare Lieferung oder durch Bestellungsannahme bzw. eine Auftragsbestätigung. Es gibt Situationen, in denen die Bestellungsannahme notwendig wird.

Bestellungsannahme (Auftragsbestätigung)

Die ausdrückliche Annahme einer Bestellung (Bestellungsannahme bzw. Auftragsbestätigung) ist immer dann erforderlich, wenn der Bestellung kein bzw. nur ein unbestimmtes Angebot vorausging. Dies ist dadurch zu erklären, dass mit dem Fehlen eines konkreten Angebotes die erste von zwei notwendigen rechtlich bindenden Willenserklärungen fehlt.

Eine identische Situation liegt vor, wenn der Verkäufer ein Angebot unterbreitet hat und der Käufer dieses nicht genau so durch Bestellung annimmt, sondern mindestens eine Angabe nach seinen Vorstellungen ändert. In diesem Fall stellt das vom Käufer geänderte Angebot die erste Willenserklärung dar (Antrag). Der Verkäufer hat nun die Möglichkeit, den Käufer auf die Änderungen hinzuweisen und nicht darauf einzugehen, z. B. wenn der Käufer den Preis verändert hat. Andernfalls erklärt er sich durch eine Bestellungsannahme mit den Änderungswünschen des Käufers einverstanden.

Die Annahme der veränderten Vertragsbedingungen in Form der Bestellungsannahme ist die zweite Willenserklärung, sodass ein Vertrag zustande kommt. Hieran wird deutlich, dass die Bestellungsannahme die Einverständniserklärung des Verkäufers mit der Bestellung des Käufers ist und somit rechtlich verbindlich. Grundsätzlich kann die Bestellungsannahme formfrei erfolgen, wobei die Schriftform zu empfehlen ist, da somit eine Zusammenfassungs- und Beweisfunktion besteht.

Eine Bestellungsannahme ist zudem notwendig, wenn das Angebot des Verkäufers freibleibend erfolgt ist, d. h., der Verkäufer sich nicht an die unterbreiteten Konditionen halten muss.

Büromöbel
Hauser & Schulte GmbH

Rothenberg & Baumann GmbH
Herrn Paul Weber
im Blegel 28
60328 Frankfurt

Auftragsbestätigung Nr. 24689

Kunden-Nr.	Auftrags-Nr.	Datum:
Ihre Bestell.-Nr.	Bestelldatum	Versandart
Lieferanschrift		

Die Bestellung des Käufers stellt wiederum die erste Willenserklärung (Antrag) dar, die der Verkäufer ablehnen oder annehmen kann. Erklärt er sich einverstanden, kommt durch die zweite Willenserklärung in Form der Bestellungsannahme ein Vertrag zustande. Ebenso ist die Vorgehensweise, wenn die im Angebot genannte Frist verstrichen ist.

Die Bestellungsannahme kann durch eine direkte Güterlieferung des Verkäufers ersetzt werden. In diesem Fall schließen Käufer und Verkäufer durch das konkludente Handeln, nämlich die Lieferung als Schlussfolgerung auf die Bestellung, einen Vertrag miteinander.

Lieferschein (Warenbegleitschein)

Der Ware liegt meist ein Lieferschein bei. Ein Lieferschein gibt Auskunft über die gelieferte Ware und dokumentiert idealerweise genau den Wareneingang, d. h. Bezeichnung, Menge, Gewicht, Lieferdatum usw.

Die Erstellung eines Lieferscheines ist nicht verpflichtend, sodass auch keine gesetzlichen Vorgaben z. B. über den Inhalt bestehen. Gegebenenfalls liefert der Verkäufer seine Ware mit Lieferschein und Rechnung aus.

Die gleichzeitige Übergabe mit der Ware ist nicht vorgeschrieben, sodass eine zeitnahe Übermittlung, z. B. per E-Mail oder auf dem Postweg, ausreicht.

Anfechtbarkeit und Nichtigkeit von Verträgen (LA 2.1)

Sicherlich kennen Sie es aus Ihrer bisherigen Praktikumszeit bereits, dass im Arbeitsalltag manchmal Fehler unterlaufen.

Selbstverständlich sollten diese vermieden werden – da es dennoch vorkommen kann, hat der Gesetzgeber rechtliche Grundlagen geschaffen, die es dem Benachteiligten des Rechtsgeschäftes ermöglichen, sich zur Wehr zu setzen, sodass er den Fehler seines Vertragspartners nicht dulden bzw. tragen muss. Auch für die Eventualität, dass der Geschäftspartner absichtlich einen Fehler begeht und somit eine Schlechterstellung absichtlich herbeiführt, hat der Gesetzgeber Lösungsmöglichkeiten im BGB fixiert.

Ausgehend von den vorliegenden Gründen teilt der Gesetzgeber die Rechtsgeschäfte entweder in die Gruppe ein, bei der eine Anfechtung möglich ist, oder er sieht eine Nichtigkeit des Vertrages vor.

Anfechtbarkeit

Rechtsgeschäfte, die anfechtbar sind, weisen die Besonderheit auf, dass sie zunächst rechtsgültig, d. h. voll wirksam, zustande gekommen sind. Erst wenn der Anfechtungsberechtigte, d. h. der Vertragspartner, der getäuscht wird, das Rechtsgeschäft anficht, wird es unwirksam.

In diesem Fall wird das vorliegende Rechtsgeschäft von Anfang an nichtig, d. h. ungültig. Es ist dann so, als wäre dieser Vertrag nie geschlossen worden. Bemerkt der Vertragspartner den Fehler nicht und erfolgt dadurch keine Anfechtung, dann bleibt das Rechtsgeschäft bestehen und wird abgewickelt. Die Möglichkeit der Anfechtung ist zeitlich begrenzt möglich und besteht nicht bei allen Rechtsgeschäften, die abgeschlossen werden, sondern beim Vorliegen der nachstehenden Gründe:

Anfechtbar wegen Irrtum

Verschiedene Arten von Irrtümern machen es möglich, dass Rechtsgeschäfte und daran geknüpfte Verpflichtungen ungültig werden können.

Erklärungsirrtum. Ein Irrtum in der Erklärung (§ 119 Absatz 1 BGB – Erklärungsirrtum) liegt beispielsweise vor, wenn der vereinbarte Preis nicht eingehalten wird. Beispielsweise wurde zwischen Käufer und Verkäufer ein Preis in Höhe von 12,00 Euro vereinbart. Durch Verschreiben oder Versprechen bestätigt der Verkäufer jedoch einen Preis von 120,00 Euro (May, 2009, S. 48).

Übermittlungsirrtum. Denkbar ist auch, dass der Person oder Einrichtung, die damit beauftragt ist, eine bestimmte Information, wie den Preis zu übermitteln, ein Fehler unterläuft (§ 120 BGB – Übermittlungsirrtum). So fragt ein Käufer z. B. telefonisch bei seinem Anbieter den Preis für Kopierpapier nach und versteht 0,99 Euro pro Packung. Dies ist allerdings falsch, da der korrekte Preis 1,99 Euro lautet.

Inhaltsirrtum. Anfechtbar sind Rechtsgeschäfte auch, bei welchen ein Irrtum in einer wesentlichen Eigenschaft einer Person oder Sache vorliegt (§ 119 Absatz 2 BGB – Inhaltsirrtum). Dieser Anfechtungsgrund liegt z. B. vor, wenn ein Maler- und Lackiererbetrieb einen neuen Mitarbeiter einstellt, und nachträglich stellt sich heraus, dass er farbenblind ist (Irrtum in der Eigenschaft einer Person). Möglich ist es auch, dass ein Bekleidungsgeschäft wasserdichte Sportkleidung verkauft, die jedoch beim kleinsten Regen vollständig durchnässt (Irrtum in der Eigenschaft einer Sache).

Anfechtungen aufgrund eines vorliegenden Irrtums, gleich ob Erklärungs-, Übermittlungs- oder Inhaltsirrtum, müssen unmittelbar dann erfolgen, wenn der Irrtum festgestellt wurde. Der Vertragspartner darf die Anfechtung nicht schuldhaft hinauszögern, hat jedoch längstens zehn Jahre Zeit, bis er die Anfechtung mitteilt (§ 121 BGB).

Nicht anfechtbar wegen Motivirrtum

Liegt ein Irrtum bei einem Vertragspartner vor, weil er sich im Beweggrund irrt (Motivirrtum) oder weil er nachlässig handelt (schuldhafte Unkenntnis), liegt kein Anfechtungsgrund vor, und das Rechtsgeschäft ist und bleibt gültig. Der sich irrende Vertragspartner trägt die Konsequenzen aus seinem Handeln bzw. Vertragsabschluss.

Solche Fälle liegen beispielsweise vor, wenn ein Bankkunde Aktien kauft, da er persönlich der Ansicht ist, dass der Kurs steigt (Motivirrtum). Leichtsinnig handelt ein Kunde, der eine Versicherung abschließt, ohne die Allgemeinen Geschäftsbedingungen zu lesen, und nachträglich feststellt, dass einige Schadensfälle ausgeschlossen sind, die ihm wichtig waren (schuldhafte Unkenntnis, vgl. May, Herrmann, 2009, S. 48).

Anfechtung wegen arglistiger Täuschung oder widerrechtlicher Drohung

Ein Rechtsgeschäft ist ebenfalls anfechtbar, wenn ein Vertragspartner bedroht oder arglistig getäuscht wird (§ 123 BGB).

Widerrechtliche Bedrohung liegt z. B. vor, wenn eine alte Dame zum Abschluss eines einjährigen Zeitschriftenabonnements gezwungen wird. Ein Autohändler täuscht arglistig, wenn er ein Auto als unfallfrei verkauft und darüber informiert ist, dass es bereits einen Auffahrunfall hatte.

Rechtsgeschäfte, die durch widerrechtliche Drohung abgeschlossen wurden oder bei denen arglistig getäuscht wurde, sind innerhalb eines Jahres anzufechten. Die Anfechtungsfrist beginnt zu dem Zeitpunkt, an dem die Bedrohung durch den Vertragspartner endet bzw. bei arglistiger Täuschung, sobald die Täuschung entdeckt wird. In beiden Fällen hat der Vertragspartner längstens zehn Jahre Zeit, bis die Anfechtung erfolgt sein muss (§ 124 BGB).

Ist die Anfechtungsfrist abgelaufen, wird das Rechtsgeschäft endgültig wirksam. Ob ein Vertragspartner ein Rechtsgeschäft, auch bei vorliegendem Fehler, anficht, ist seine alleinige Entscheidung.

Verzichtet er auf die Anfechtung, bleibt das Rechtsgeschäft gültig. Entscheidet er sich für eine Anfechtung, so kann diese formlos erfolgen, wenngleich die Schriftform aus Beweisgründen sinnvoll ist. Die Anfechtung muss dem Vertragspartner mitgeteilt werden (§ 143 Absatz 1 BGB), wobei erkennbar sein muss, dass der Anfechtende das Rechtsgeschäft als ungültig erklären möchte.

Bei vorliegender Anfechtung wird die abgegebene Willenserklärung eines Vertragspartners nachträglich ungültig und das gesamte Rechtsgeschäft dadurch nachträglich unwirksam (§ 142 Absatz 1 BGB). Das Rechtsgeschäft wird dadurch so behandelt, als wäre es nicht zustande gekommen, alle Vertragspartner müssen aufgrund dessen alle bereits empfangenen Leistungen zurückgeben.

Nichtigkeit

Nach der deutschen Rechtsordnung gibt es Rechtsgeschäfte, die im Gegensatz zu anfechtbaren Rechtsgeschäften nicht nachträglich unwirksam werden, sondern bereits in dem Moment ungültig, d.h. nichtig sind, wenn sich die Vertragspartner geeinigt haben.

Die abgegebenen Willenserklärungen der Vertragspartner erfüllen nicht die Anforderungen, die das BGB vorschreibt, und haben aus diesem Grund keine Rechtsfolge. Das Rechtsgeschäft ist in diesem Fall so zu behandeln, als wäre es nie abgeschlossen worden. (Wagner, Eberhard, 1994, S. 188). Die Nichtigkeit eines Rechtsgeschäftes kann nachstehende Gründe haben:

Mangel in der Geschäftsfähigkeit

Ein Vertragspartner ist geschäftsunfähig, z.B. eine natürliche Person, die das siebte Lebensjahr noch nicht vollendet hat, schließt einen Vertrag ab.

Denkbar ist dies, wenn ein sechsjähriger Junge in einem Geschäft eine Tafel Schokolade kauft. Die Erziehungsberechtigen haben das Recht, das gezahlte Geld zurückzuverlangen, da der Kaufvertrag von Anfang an unwirksam ist. Die Nichtigkeit dient hier dem Schutz des Geschäftsunfähigen. (§ 105 Absatz 1 BGB – Willenserklärung von Geschäftsunfähigen)

Mangel an rechtsgeschäftlichem Willen

- Als schützenswert sieht das Gesetz ebenfalls Menschen an, die bewusstlos sind oder unter einer vorübergehenden Störung der Geistestätigkeit leiden, sodass auch die in diesem Zustand abgegebenen Willenserklärungen ungültig sind (und somit das gesamte Rechtsgeschäft), d.h. für den schützenswerten Menschen keine rechtlichen Konsequenzen nach sich ziehen. (§ 105 Absatz 2 BGB – Willenserklärung im Zustand der Bewusstlosigkeit bzw. vorübergehender Störung der Geistestätigkeit)
- Gibt ein beschränkt Geschäftsfähiger eine Willenserklärung ab, die vom Vertragspartner als Antrag akzeptiert wird, d.h. er nimmt an, kommt ein Rechtsgeschäft zustande, welches zunächst schwebend unwirksam ist. Das endgültige Zustandekommen, d.h. die Gültigkeit des Vertrages, ist abhängig von der Genehmigung (nachträglichen Zustimmung) der Erziehungsberechtigten. Erklären sich diese mit dem Rechtsgeschäft einverstanden, erfolgt eine nachträgliche Heilung, sind sie nicht einverstanden, wird das Rechtsgeschäft mit sofortiger Wirkung nichtig. (§ 108 Absatz 1 BGB – Willenserklärung von beschränkt Geschäftsfähigen)

Mangel im rechtsgeschäftlichen Willen

Formuliert ein Vertragspartner nur zum Schein eine Willenserklärung, so ist sie rechtlich nicht bindend. Ein Vertrag und damit eine rechtliche Folge sind damit nicht verbunden.

Beispielsweise verkauft Herr V Frau K ein Grundstück. Das Grundstück kostet 50.000,00 Euro. Herr V und Frau K vereinbaren, dass sie übereinstimmend im Kaufvertrag sowie beim Notar angeben, das Grundstück würde nur 10.000,00 Euro kosten. Dadurch möchten die beiden Steuern und Gebühren sparen. In diesem Fall ist kein gültiger Kaufvertrag zustande gekommen. (§ 117 BGB – Scheingeschäft)

Auszüge aus dem Bürgerlichen Gesetzbuch (BGB)

§ 105 Nichtigkeit der Willenserklärung

(1) Die Willenserklärung eines Geschäftsunfähigen ist nichtig.

(2) Nichtig ist auch eine Willenserklärung, die im Zustand der Bewusstlosigkeit oder vorübergehender Störung der Geistestätigkeit abgegeben wird.

§ 108 Vertragsschluss ohne Einwilligung

(1) Schließt der Minderjährige einen Vertrag ohne die erforderliche Einwilligung des gesetzlichen Vertreters, so hängt die Wirksamkeit des Vertrags von der Genehmigung des Vertreters ab.

(2) Fordert der andere Teil den Vertreter zur Erklärung über die Genehmigung auf, so kann die Erklärung nur ihm gegenüber erfolgen; eine vor der Aufforderung dem Minderjährigen gegenüber erklärte Genehmigung oder Verweigerung der Genehmigung wird unwirksam. Die Genehmigung kann nur bis zum Ablauf von zwei Wochen nach dem Empfang der Aufforderung erklärt werden; wird sie nicht erklärt, so gilt sie als verweigert.

(3) Ist der Minderjährige unbeschränkt geschäftsfähig geworden, so tritt seine Genehmigung an die Stelle der Genehmigung des Vertreters.

§ 117 Scheingeschäft

(1) Wird eine Willenserklärung, die einem anderen gegenüber abzugeben ist, mit dessen Einverständnis nur zum Schein abgegeben, so ist sie nichtig.

(2) Wird durch ein Scheingeschäft ein anderes Rechtsgeschäft verdeckt, so finden die für das verdeckte Rechtsgeschäft geltenden Vorschriften Anwendung.

§ 118 Mangel der Ernstlichkeit

Eine nicht ernstlich gemeinte Willenserklärung, die in der Erwartung abgegeben wird, der Mangel der Ernstlichkeit werde nicht verkannt werden, ist nichtig.

§ 125 Nichtigkeit wegen Formmangels

Ein Rechtsgeschäft, welches der durch Gesetz vorgeschriebenen Form ermangelt, ist nichtig. Der Mangel der durch Rechtsgeschäft bestimmten Form hat im Zweifel gleichfalls Nichtigkeit zur Folge.

§ 134 Gesetzliches Verbot

Ein Rechtsgeschäft, das gegen ein gesetzliches Verbot verstößt, ist nichtig, wenn sich nicht aus dem Gesetz ein anderes ergibt.

§ 138 Sittenwidriges Rechtsgeschäft; Wucher

(1) Ein Rechtsgeschäft, das gegen die guten Sitten verstößt, ist nichtig.

(2) Nichtig ist insbesondere ein Rechtsgeschäft, durch das jemand unter Ausbeutung der Zwangslage, der Unerfahrenheit, des Mangels an Urteilsvermögen oder der erheblichen Willensschwäche eines anderen sich oder einem Dritten für eine Leistung Vermögensvorteile versprechen oder gewähren lässt, die in einem auffälligen Missverhältnis zu der Leistung stehen.

- Ein Scherzgeschäft liegt vor, wenn eine Person eine für Außenstehende offensichtlich nicht ernst gemeinte Willenserklärung abgibt.

Nachstehend ein Beispiel: Herr Fleißig kommt diesen Monat bereits zum zweiten Mal zu spät zur Arbeit. Vollkommen aufgebracht berichtet er, dass sein teures Auto, mit gerade 25.000 km Laufleistung, Lederausstattung, Panoramaschiebedach usw. wieder stehen geblieben ist. Wütend wie er ist, sagt er: „Wenn das noch einmal passiert, verkaufe ich dir die Karre für 1,00 €". Der Arbeitskollege von Herrn Fleißig freut sich, denn am nächsten Tag bleibt das Auto wieder liegen. (§ 118 BGB – Scherzgeschäft)

- Verstößt ein Vertrag gegen zwingende Bestimmungen der deutschen Rechtsordnung, d. h. liegt ein Verstoß gegen ein gesetzliches Verbot vor, ist der Vertrag nichtig. Dazu reicht es aus, dass einzelne Vertragsabschnitte gegen geltendes Recht verstoßen, um den gesamten Vertrag als nichtig einzuordnen.

Beispielsweise hat ein 15-Jähriger am Wochenende das Ziel, sich zu betrinken. Zu diesem Zweck kauft er sich im Supermarkt eine Flasche hochprozentigen Schnaps. Die unaufmerksame Kassiererin hat besonders viel zu tun und versäumt es, ihn nach seinem Alter und Ausweis zu fragen. Sie verkauft ihm die Flasche Schnaps. (§ 134 BGB – Verstoß gegen gesetzliches Verbot)

- Ein sittenwidriges Geschäft gilt ebenso als nichtig wie ein wucherisches Geschäft. Während das sittenwidrige Geschäft gegen die „guten Sitten" verstößt, d. h. gegen das Gerechtigkeits- und Anstandsgefühl verstößt, beutet das Wuchergeschäft mindestens einen Vertragspartner unangemessen aus.

Gegen die guten Sitten verstößt beispielsweise Herr Pohl, der in einer örtlichen Partei sehr engagiert ist und gerne gewählt werden möchte. Damit Herr Winter ihm seine Stimme gibt, bietet er ihm 500,00 Euro. Wucher dagegen ist es, wenn ein Darlehensgeber von jemandem, der dringend Geld benötigt, einen Zinssatz von 50 Prozent verlangt. (§ 138 BGB – Sittenwidrigkeit, Wucher)

Mangel an Form

- In Ausnahmefällen legt der Gesetzgeber eine bestimmte Form für den Abschluss eines Vertrages fest (Formzwang),

z. B. muss ein Verbraucherdarlehen immer schriftlich gewährt werden (§ 492 Absatz 1 BGB), denn nur so können alle notwendigen Vertragsbestandteile nachvollziehbar festgehalten werden. Wird ein solcher Darlehensvertrag nur mündlich geschlossen, ist er nichtig. (§ 125 BGB – Verstoß gegen Formvorschrift)

Die Schlechtleistung als Kaufvertragsstörung (LA 2.2)

Mängelarten der Schlechtleistung

Ein Kaufvertrag verpflichtet den Verkäufer, das vereinbarte Gut frei von jeglichen Mängeln, also Sach- und Rechtsmängeln, zu liefern. Ein Sachmangel in der Lieferung (Schlechtleistung) des Verkäufers liegt vor, wenn er Ware liefert, die nicht der im Vertrag vereinbarten Art und Güte entspricht.

Zu unterscheiden sind hierbei Mängel wie:

- **Falschlieferung** (falsche Farbe, mindere Qualität, ...)
- **Fehlerhafte Ware** (Ware ist beschädigt oder defekt), Zuweniglieferung (gekaufte und gelieferte Menge stimmen nicht überein)
- **Falsche Werbeaussage** (der Ware fehlt eine zugesicherte Eigenschaft)

© Monster Ztudio – stock.adobe.com

- **Montagemangel** (gekaufte Ware wurde vom Verkäufer falsch zusammengebaut)
- **Falsche Montageanleitung**, sogenannte „IKEA-Klausel" (aufgrund der falschen Beschreibung kann der Kunde die Ware nicht richtig zusammenbauen)

Schließlich kann noch ein Rechtsmangel vorliegen, wenn der Verkäufer nicht Eigentümer der verkauften Ware ist. Die Gewährleistung legt die Rechte fest, die dem Käufer bei einer vorliegenden Schlechtleistung zustehen, gibt jedoch auch die einzuhaltenden Pflichten vor.

Rechte und Pflichten aus einer Schlechtleistung

1. Nacherfüllung

Bei einer mangelhaften Warenlieferung hat der Käufer zunächst das Recht, vom Verkäufer eine Nacherfüllung zu verlangen,

z. B. eine Reparatur bzw. eine Ersatzlieferung bei beschädigter Ware oder eine Nachlieferung, falls zu wenig geliefert wurde. Eine Reparatur bzw. Ersatzlieferung darf der Verkäufer ablehnen, wenn für ihn damit unverhältnismäßig hohe Kosten verbunden sind. In den meisten Fällen versucht der Verkäufer, den Mangel durch eine Reparatur zu beheben, bevor er neue Ware liefert. Dies darf er zwei Mal.

2. Schadenersatz neben der Leistung

Falls dem Käufer ein Schaden entstanden ist, kann der Käufer neben der bisher schon vereinbarten Leistung Schadenersatz verlangen. Voraussetzung dafür ist, dass der Verkäufer die Schuld an diesem Schaden trägt.

Vorstellbar ist beispielsweise, dass der Käufer die fehlende Ware bei einem anderen Anbieter gekauft hat und diese teurer war. Den so bezahlten Mehrpreis wird der Käufer vom Verkäufer einfordern. Die bislang beschriebenen Rechte sind die sogenannten vorrangigen Rechte, d. h., diese Rechte muss der Käufer an erster Stelle geltend machen.

3. Minderung

Weitere Rechte kann er im Rahmen der nachrangigen Rechte geltend machen.

Diese heißen so, da sie zunächst hinter den vorrangigen Rechten zurückstehen. Liegen geringfügige Mängel vor, kann der Käufer eine Minderung verlangen, d. h. eine Reduzierung des Kaufpreises. Ist ihm zudem ein Schaden entstanden, kann er neben der vereinbarten Warenlieferung eine Erstattung dieser Aufwendungen vom Verkäufer verlangen (Schadenersatz neben der Leistung).

4. Nachfrist setzen

Sind die Mängel nicht geringfügig, hat der Käufer zur Geltendmachung der weiteren nachrangigen Rechte bestimmte Pflichten zu erfüllen.

So muss er dem Verkäufer eine Nachfrist setzen und eine Frist mitteilen, innerhalb derer dieser die Gelegenheit hat, die Mängel auszugleichen. Reagiert der Verkäufer in dieser Zeit nicht, d. h., ist die Nachfrist erfolglos verstrichen, hat der Käufer die weiteren nachstehenden Rechte:

5. **Rücktritt vom Kaufvertrag**

Der Verkäufer kann vom Vertrag zurücktreten, d. h., er verlangt die Wandelung des Vertrages, womit dieser als niemals geschlossen gilt. Trägt der Verkäufer die Schuld am Mangel, kann der Käufer zur Wandelung zusätzlich entweder Schadenersatz statt der Leistung oder den Ersatz vergeblicher Aufwendungen verlangen.

Dies bedeutet, dass der Käufer auf die Warenlieferung verzichtet und stattdessen vom Verkäufer verlangt, dass dieser ihm alle Kosten erstattet, die ihm aufgrund der mangelhaften Warenlieferung entstanden sind.

6. **Ersatz vergeblicher Aufwendungen**

Alternativ zum Schadenersatz statt der Leistung kann der Käufer den Ersatz vergeblicher Aufwendungen verlangen. Dies ist möglich für Aufwendungen, die dem Käufer dafür entstanden sind, dass er von einer mangelfreien Warenlieferung ausgegangen ist (§ 284 BGB).

Musste der Verkäufer beispielsweise ein Darlehen aufnehmen, um die gekaufte Ware bezahlen zu können, ist er für eine bestimmte Laufzeit, zu einem bestimmten Effektivzins an die Rückzahlung gebunden. Es entstehen ihm folglich Kosten, auch ohne Warenlieferung, die er sonst nicht aufbringen müsste. Diese vergeblichen Aufwendungen soll nun der Verkäufer ersetzen.

7. **Schadenersatz neben der Leistung**

Letztlich hat der Käufer noch die Möglichkeit, eine Minderung zu verlangen und gleichzeitig Schadenersatz neben der Leistung zu fordern.

Verjährungsansprüche von Mängelrügen

Einen vorliegenden Mangel festzustellen, ist die Aufgabe des Käufers, indem er die Ware unverzüglich, d. h. nach Eingang der Lieferung, prüft.

- Dies ist besonders leicht bei Mängeln, die deutlich sichtbar sind (offene Mängel), wie Kratzer an der Ware oder eine zu geringe Menge. Bei Mängeln, die nicht sofort sichtbar sind (versteckte Mängel), bleibt dafür zwei Jahre Zeit.
- Verschweigt der Verkäufer einen Mangel arglistig, verkauft er beispielsweise einen gebrauchten PKW als unfallfrei, hat der Käufer drei Jahre Zeit, seine Ansprüche geltend zu machen, d. h. zu rügen. (vgl. May & May, 2009)

Werden die Fristen vom Käufer nicht beachtet, kann er seine Rechte nicht mehr durchsetzen.

Die Nicht-Rechtzeitig-Lieferung als Kaufvertragsstörung (LA 2.3)

Voraussetzungen einer Nicht-Rechtzeitig-Lieferung

Neben der Schlechtleistung hat der Verkäufer auch die Möglichkeit zu spät, d. h. nicht rechtzeitig oder überhaupt nicht zu liefern. Diese Art des Mangels wird als Nicht-Rechtzeitig-Lieferung bzw. Lieferungsverzug bezeichnet. Der Verkäufer befindet sich lediglich dann in Lieferungsverzug, wenn drei Voraussetzungen gegeben sind:

1. Die Lieferung muss fällig sein.
2. Der Käufer muss die ausgebliebene Lieferung angemahnt haben. Dabei gilt keine Formvorschrift.
3. Den Lieferer muss ein Verschulden treffen (Vorsatz oder Fahrlässigkeit). Ein Verschulden des Lieferers liegt nicht vor, wenn die Ware wegen höherer Gewalt (Katastrophen, Unwetter, Streiks u. a.) zu spät eintrifft.

Rechte des Käufers aus einer Nicht-Rechtzeitig-Lieferung

Schadenersatz wegen Verzögerung der Leistung (§ 280 BGB)

Hält ein Verkäufer die vereinbarte Lieferzeit nicht ein bzw. den vereinbarten Liefertermin (Fixkauf), hat der Käufer das Recht, auf die Lieferung zu bestehen. Ausschlaggebende Gründe für diese Reaktion des Käufers können sowohl sein, dass er die Ware auch bei einem anderen Lieferanten nicht mehr rechtzeitig erhält, als auch, dass die Warenpreise im Allgemeinen angestiegen sind. Zur verlangten Lieferung kann der Käufer Schadenersatz wegen Verzögerung der Lieferung verlangen, d. h., es liegt ein Verzögerungsschaden vor (§ 280 Absatz 2 und § 286 BGB).

Beispielsweise hat Büromöbel Hauser & Schulte GmbH eine neue Maschine zum Holzzuschnitt gekauft. Diese wird dringend für bereits „auf dem Papier" verkaufte Schreibtische benötigt. Die Nicht-Rechtzeitig-Lieferung führt dazu, dass mit der Produktion nicht begonnen werden kann und die Schreibtische nicht wie vereinbart verkauft werden können, d. h., der Unternehmung entgeht Gewinn.

Zudem war zum vereinbarten Liefertermin ein Montageunternehmen mit dem Aufbau beauftragt, welches trotzdem in vereinbarter Höhe entlohnt werden möchte, d. h., dem Unternehmen entsteht ein Schaden in Höhe der berechneten Montagekosten. Sowohl für den entgangenen Gewinn als auch für den Ersatz des entstandenen Schadens hat der Verkäufer aufzukommen.

Entgangener Gewinn (§ 252 BGB)

Bei der Berechnung des Schadenersatzes besteht die Möglichkeit, eine exakte Berechnung vorzunehmen, die die Differenz zwischen dem ursprünglich gezahlten Preis und dem tatsächlichen Preis ermittelt. Hinzu kommen sonstige Kosten, die aufgrund der Nicht-Rechtzeitig-Lieferung angefallen sind, wie z. B. Montagekosten.

Wird so vorgegangen, liegt eine konkrete Berechnung des Schadenersatzes vor. Eine abstrakte Berechnung des Schadenersatzes umfasst neben dem konkret messbaren Schaden auch den entgangenen Gewinn. Wie hoch dieser Gewinn tatsächlich gewesen wäre, lässt sich meist nicht genau ermitteln, sodass von dem Gewinn ausgegangen wird, der unter normalen Umständen zu erwarten gewesen wäre (§ 252 BGB).

Um den beschriebenen Schwierigkeiten der Ermittlung des entgangenen Gewinns zu entgehen, vereinbaren Unternehmen oftmals eine Vertragsstrafe, die sogenannte Konventionalstrafe. Diese legt für den nicht wie vereinbart leistenden Geschäftspartner eine Strafzahlung in vorher vereinbarter Höhe fest.

Rücktritt vom Kaufvertrag (§ 323 Absatz)

Bei Nicht-Rechtzeitig-Lieferung hat der Käufer das Recht, die Lieferung abzulehnen, wenn er seine Pflicht eingehalten und dem Verkäufer eine angemessene Nachfrist gesetzt hat, die dieser nicht einhält. Eine Nachfrist ist dabei eine Zeitspanne, die es dem Verkäufer nochmalig ermöglicht, die vereinbarte Leistung zu erbringen. Das Setzen der Nachfrist ist nicht notwendig, wenn ein Fix- bzw. ein Zweckkauf vorliegt oder der Verkäufer endgültig mitgeteilt hat, dass er nicht liefern wird (§ 323 Absatz 1 und 2 BGB).

Nicht auf Lieferung zu bestehen, ist für den Käufer sinnvoll, wenn er die Ware bei einem anderen Verkäufer günstiger beziehen kann. In diesem Fall tritt er vom Vertrag zurück und dieser gilt als nicht abgeschlossen (§ 323 Absatz 1 BGB).

Schadenersatz statt der Leistung (§ 281 BGB)

Muss der Käufer, beispielsweise um eigene Vertragsverpflichtungen einzuhalten, einen Deckungskauf tätigen, der es ermöglicht, dass er die Ware noch fristgerecht, aber zu einem höheren Preis erhält, hat er das Recht, Schadenersatz statt der Leistung zu verlangen (§ 281 BGB).

Die beiden Rechte, vom Vertrag zurückzutreten und Schadenersatz statt der Leistung zu verlangen, können gleichzeitig geltend gemacht werden, falls dem Käufer Kosten entstanden sind, die er bei fristgemäßer Lieferung nicht bezahlt hätte (§ 325 BGB).

Pflichten des Käufers

Ebenso wie der Verkäufer hat der Käufer verschiedene Möglichkeiten, seinen Pflichten nicht nachzukommen und somit vertragsbrüchig zu werden. Entweder nimmt er die Ware nicht rechtzeitig oder überhaupt nicht an (Annahmeverzug).

Dies ist beispielsweise der Fall, wenn er in der Zwischenzeit einen anderen Verkäufer gefunden hat, bei dem er die Ware günstiger beziehen kann. Denkbar ist auch, dass er die Ware nicht rechtzeitig oder gar nicht zahlt (Nicht-Rechtzeitig-Zahlung, Zahlungsverzug). Dies kann vorkommen, wenn der Käufer momentan selbst Zahlungsschwierigkeiten hat, beispielsweise weil seine Kunden ihn nicht bezahlen.

Tätigkeiten bei der Warenannahme (LA 3.1 Einlagerungsvorgänge)

Im Wesentlichen bestehen die Aufgaben des Handels bei der Warenannahme darin, die gelieferte Quantität und Qualität der Ware zu prüfen und dadurch die gelieferte mit der bestellten Ware zu vergleichen. Diese Kontrollen sind notwendig, damit der Käufer bei mangelhafter Warenlieferung nicht sein Recht auf Mängelrüge verliert. Dazu muss er beweisen, dass die vorliegenden Mängel nicht in seinem Unternehmen entstanden sind. Aus diesem Grund muss die Warenkontrolle sofort, d. h. ohne jegliche Verzögerung, erfolgen.

Innerhalb Deutschlands werden Waren insbesondere durch die Deutsche Post AG, Paketzustelldienste oder Speditionen zugestellt. Ein Spediteur, d. h. der Eigentümer einer Spedition, hat die Möglichkeit, die Ware selbst zu transportieren, d. h. vom Verkäufer zum Käufer zu bringen. In diesem Fall liegt ein Selbsteintritt des Spediteurs nach § 458 HGB vor. Ein Spediteur ist eigenständiger Kaufmann (§ 1 HGB) und übernimmt den Waren- bzw. Gütertransport gewerbsmäßig.

© Ronald Rampsch – stock.adobe.com

In den meisten Fällen tritt er nicht selbst ein, sondern schließt selbst als Absender mit einem anderen Transportunternehmen einen Frachtvertrag. Bei einem Frachtvertrag handelt es sich um einen Werkvertrag, der die Beförderung von Gütern gegen ein Entgelt regelt. Während der Frachtführer, d. h. die Person, die die Fracht befördert, Anspruch auf Zahlung der Fracht, d. h. des vereinbarten Entgeltes hat, trägt er das Risiko, die Ware zu befördern und somit das Risiko auf Verlust oder Schäden.

Der Frachtführer transportiert die Ware zum Käufer und übergibt sie. Als Beweisurkunde für den geschlossenen Frachtvertrag dient der Frachtbrief. Der Käufer erhält bei Ankunft der Ware den Frachtbrief und schuldet ab diesem Zeitpunkt den auf dem Frachtbrief ausgewiesenen Betrag (§ 412 Absatz 2 HGB). Die Güterbeförderung durch die Post stellt keinen Frachtvertrag dar.

© Zoriana – stock.adobe.com

Äußere Warenprüfung

Unter Anwesenheit des Frachtführers ist zunächst die äußere Beschaffenheit der Lieferung zu überprüfen. Hierbei werden unverzüglich die der Ware beiliegenden Begleitpapiere, z. B. der Lieferschein, kontrolliert, um festzustellen, ob die Ware überhaupt rechtmäßig geliefert wurde.

Im Detail wird geprüft, ob die Anschriften des Absenders und des Empfängers richtig sind, d. h. die Ware für den Käufer bestimmt ist und vom Vertragspartner abgesandt wurde. Es ist zu kontrollieren, ob die gelieferte Ware tatsächlich bestellt wurde, sodass Frachtbrief, Lieferschein und Bestellung abzustimmen sind. Dann erfolgt die Mengenerfassung, die abstimmt, ob die auf dem Frachtbrief, dem Lieferschein und der Bestellung genannten mit der tatsächlich gelieferten Anzahl an Packstücken (Collis) und dem ausgewiesenen Gewicht übereinstimmt.

Letztlich ist die gelieferte Ware auf Beschädigungen zu prüfen. Denkbar ist, dass die Verpackung beschädigt ist, Flüssigkeit ausläuft usw. Ergeben sich Beanstandungen, füllt der Mitarbeiter unter Anwesenheit des Frachtführers ein Schadensprotokoll (Tatbestandsaufnahme) aus. Die sichtbaren Mängel werden aufgeführt und sowohl Frachtführer als auch Entgegennehmender unterzeichnen das Protokoll. Grundsätzlich sind alle Mängel zu dokumentieren.

Bei Ausbleiben der Dokumentation bestätigt der annehmende Mitarbeiter sonst durch seine Unterschrift den ordnungsgemäßen Zustand der Ware, und das Unternehmen verliert seine Ansprüche aus einer mangelhaften Lieferung.

© littlewolf1989 – stock.adobe.com

Aus diesem Grund ist es sinnvoll, Ware „unter Vorbehalt" anzunehmen, falls Unsicherheiten vorliegen, ob Beschädigungen, z. B. eine Delle im Karton usw., vorliegen. Welche Unsicherheit besteht, ist schriftlich festzuhalten. Bei schwerwiegenden Mängeln ist die Annahme der Ware zu verweigern, auch dies ist einschließlich der Gründe auf dem Frachtbrief zu notieren.

Je nach hausinterner Vereinbarung ist der Vorgesetzte über den Zustand der Lieferung zu informieren. Weist die Lieferung keinerlei Mängel auf, ist sie durch den Mitarbeiter anzunehmen. Zusätzlich zum Frachtbrief wird der Empfang der Ware auf dem Warenbegleitschein quittiert. Nach Abschluss der äußeren Warenprüfung lädt der Frachtführer die Ware vollständig ab (§ 412 HGB) und die Abteilung „Einkauf/Beschaffung" wird über die erfolgte Lieferung in Kenntnis gesetzt.

Innere Warenprüfung

Die innere Warenprüfung ist mit dem Auspacken der Ware verbunden und muss unverzüglich erfolgen. Unverzüglich bedeutet in diesem Fall, dass die Ware ohne schuldhaftes Verzögern auf mögliche Mängel hin zu untersuchen ist. Ist die Warenlieferung sehr groß, kann die Warenkontrolle stichprobenartig erfolgen.

© zinkevych – stock.adobe.com

Versäumt der Käufer diese Pflicht, verliert er seine Ansprüche aus der Mängelrüge (vgl. Lernaufgabe zum Thema „Schlechtleistung als Kaufvertragsstörung"). Beispielsweise erhält die Büromöbel Hauser & Schulte GmbH um 17:00 Uhr die Warenlieferung der Aktenvernichter und die äußere Prüfung im Beisein des Frachtführers ergibt keine Mängel.

Die innere Warenprüfung hat noch taggleich zu erfolgen, da ansonsten ein schuldhaftes Verzögern vorliegt und Ansprüche bei Mängeln verloren gehen. Die innere Warenprüfung besteht zunächst aus dem Auspacken der Ware. Danach ist zu prüfen, ob es sich bei der gelieferten Ware um die bestellte Ware handelt, z. B. anhand der Artikelnummer. Es kann eine erneute Mengenprüfung stattfinden, z. B. durch die Ermittlung der genauen Stückzahl.

Im Wesentlichen sind auch die Qualität und die Beschaffenheit der Ware zu prüfen. Bei Vorliegen von Warenmustern ist die gelieferte Ware mit diesen zu vergleichen. Ergab auch die innere Warenprüfung keine Mängel, so ist die Ware zu erfassen, die Begleitpapiere sind an die Abteilung „Einkauf/Beschaffung" zu geben und die notwendigen Arbeitsschritte zur Warenlagerung sind einzuleiten. Liegen Mängel vor, ist die Abteilung „Einkauf/Beschaffung" zu informieren, sodass schnellstmöglich eine Mängelrüge an den Lieferanten gesandt werden kann.

Lagerhaltung (LA 3.2)

Ein Lager ist der Ort, an dem die zu lagernde Ware aufbewahrt wird und sich während dieser Zeit nicht „bewegt". Die meisten Materialien werden vor ihrer Weiterverarbeitung, Montage oder Auslieferung gelagert. Die Lagerhaltung hat verschiedene Aufgaben und Funktionen.

Aufgaben der Lagerhaltung

Hauptziel eines Mischunternehmens wie der Hauser & Schulte GmbH ist es, einen Ausgleich zwischen der Produktion eines Unternehmens, wie z. B. dem Hersteller der Aktenvernichter, und dem Verkauf an den Einzelhandel herzustellen. Eine Aufgabe ist somit die möglichst rasche Auslieferung der gewünschten Ware an den Kunden. Des Weiteren ist es wichtig, die Kosten für die Lagerung zu minimieren, um Gewinn zu erzielen und dadurch als Unternehmen weiter zu existieren.

Diese beiden Ziele miteinander zu vereinbaren, ist schwierig, denn wenn ein Unternehmen versucht, jederzeit lieferbereit zu sein, dann lagert es viele Waren ein. Diese Lagerhaltung ist aber teuer und spricht dadurch gegen die Absicht, möglichst viel Gewinn zu erzielen. Das Ziel „Lieferbereitschaft" konkurriert somit mit dem Ziel „Minimierung der Lagerhaltungskosten".

Lagerzonen

Um im Lager möglichst optimale Arbeitsbedingungen für die anfallenden Arbeiten zu ermöglichen, ist es hilfreich, ein Lager in unterschiedliche Zonen (Lagerzonen), wie die Warenannahme, Warenkontrolle, Entfernen der Umverpackung, eventuelles Umpacken, die eigentliche Lagerung und Auslagerung, einzuteilen. Innerhalb des eigentlichen Lagerbereiches muss ein Lager möglichst übersichtlich sein.

© Kmatta – stock.adobe.com

Dies wird durch unterschiedliche Methoden erreicht, sodass auf die benötigte Ware rasch zugegriffen werden kann. Für die Lagerorganisation bedeutet dies, dass schwere Ware möglichst bodennah gelagert wird, häufig verkaufte Ware leicht zugänglich ist oder große Ware einfach mit technischen Geräten wie dem Gabelstapler zu erreichen ist.

Verbrauchsfolge der Ware

Innerhalb der jeweiligen Ware wird das Lager nach unterschiedlichen Methoden (Lagermethoden) eingeräumt: Gilt das Prinzip „first in – first out (Fifo)", dann wird die neue Ware im Regal hinter die alte Ware geräumt. Wird das Regal stets von vorne gefüllt, d. h. die neue Ware vor die alte gestellt, handelt es sich um das Prinzip „last in – first out (Lifo)". Die neue Ware wird bei dieser Methode immer als Erstes entnommen. Dadurch rutscht die ohnehin schon ältere Ware immer weiter nach hinten ins Regal.

Diese Methode ist deshalb nur bei Ware geeignet, deren Qualität durch eine lange Lagerung nicht schlechter wird. Ein Lagerbestand ist ständig zu kontrollieren. Zum einen kann er sich verändern, zum anderen kann sich die Qualität der Ware verschlechtern. In beiden Fällen entstehen für das Unternehmen Kosten, da die Ware bereits bezahlt ist und einige Zeit gelagert wurde.

Grundsätze der Lagerhaltung

Neben den Lagerhaltungskosten, die für ein Unternehmen einen wesentlichen Kostenfaktor darstellen, stehen die zu lagernden Waren im Vordergrund. Diese werden eingekauft und müssen bezahlt werden. Aus diesem Grund ist es wichtig, die Qualität dieser Ware zu erhalten, da ansonsten wiederum Kosten anfallen.

Um den Verderb und die Beschädigung der Waren zu vermeiden, gilt es, einige warenangepasste, d. h. artgerechte, Grundsätze der Lagerhaltung zu beachten:

Beispielsweise benötigen Bücher, Holz, Tabak usw. durchlüftete Lagerräume. Lebensmittel müssen gekühlt gelagert werden, besonders bei Tiefkühlprodukten darf die sogenannte Tiefkühlkette nie unterbrochen werden, da sonst die Qualität der Lebensmittel nicht zugesichert werden kann. Gleiches gilt für Lebensmittel, die ihren Geschmack auf andere übertragen können, wie z. B. Kaffee, Käse, ... Unverpackte Ware muss vor Staub geschützt werden, z. B. technische Geräte, Kleidung usw.

Wichtig ist auch der Schutz vor Schädlingsbefall, wie der Holzwurm bei Möbeln, Schimmel bei Lebensmitteln, der Mottenbefall von Kleidung, ... Bestimmte Produkte wie Kleidung oder technische Geräte müssen auch vor Licht bzw. Hitze bewahrt werden, sodass auf Lichteinfall und Temperatur im Lager zu achten ist.

Lagerplatzzuordnung

Bei der festen Lagerplatzzuordnung werden für jeden Artikel feste Lagerplätze bereitgestellt, die nur für diese Artikel reserviert sind („Gleiches zu Gleichem"). Der Vorteil liegt in der einfachen Bestimmbarkeit des Lagerortes. Durch die im Zeitablauf schwankenden Lagerstände je Artikel wird ein Teil des fix zugeteilten Lagerplatzes nicht genutzt, wodurch es zu einer schlechten Auslastung der Lagerkapazität kommt.

Bei der dynamischen Lagerplatzzuordnung (Open Warehouse System) werden die Artikel an einem freien Lagerplatz gelagert. Die Einlagerung erfolgt beliebig. Ein Vorteil dieser Methode ist, dass wenn z. B. Störungen in einer Lagergasse auftreten, dasselbe Material von einer anderen Lagergasse entnommen werden kann. Der größte Vorteil jedoch ist eine sehr hohe Auslastung der Lagerkapazität.

Um den späteren Zugriff auf die Lagerartikel zu gewährleisten, müssen jedoch die Lagerplätze genau dokumentiert werden. Dies kann mit einer Lagerfachkarte erfolgen, welche dann die Daten im EDV-System abspeichert, oder der Lagerplatz wird von einem ERP-System (Modul: Lagerverwaltung) vorgegeben.

Bei der Lagerung von Gefahrstoffen (z. B. bestimmte Klebstoffe, Prozesschemikalien) sind Beschränkungen und Zusammenlagerungsverbote zu berücksichtigen, damit gefährliche Reaktionen bei Störfällen vermieden werden (vgl. Domschke & Scholl, 2010; Wöhe & Döring, 2010 und Tietz, 1993).

Auslagerungsvorgänge (LA 3.3)

Im letzten Arbeitsschritt der Auftragsdurchführung werden die gekauften Produkte an den Kunden versendet. Die Ware wird zusammengestellt (kommissioniert) und die bei der Auftragsannahme festgelegten Lieferanweisungen beachtet. Diese können sich auf die Verpackung (z. B. Verpackungseinheiten, Höchstgewicht usw.), Verladung (Art des Versandes, z. B. LKW, Bahn, Schiff usw.) oder auf die Auslieferung (Beachtung der Kundenwünsche, z. B. Express-Lieferung, Terminlieferung usw.) beziehen.

Voraussetzung für die Kommissionierung sind ausreichende Lagerbestände. Die Versandpapiere werden erstellt und dabei gleichzeitig geprüft, ob die im Auftrag vereinbarten Transportmittel verfügbar sind. Werden die Versandpapiere über ein ERP-System erstellt, werden die verfügbaren Versandkapazitäten automatisch überprüft.

Kommissionierungssysteme

Es wird zwischen manuellen (Mann-zur-Ware-System bzw. Ware-zum-Mann-System) und automatischen Kommissionierungstechniken unterschieden.

Mann-zur-Ware-System: Die Artikel lagern in einem Kommissionierungslager und der Kommissionierer entnimmt an den entsprechenden Lagerplätzen die gewünschte Menge.

Ware-zum-Mann-System: Die Ware wird aus dem Lager mittels Fördertechnik zum Kommissionierer gebracht und für die Auslieferung vorbereitet.

Lagerautomatisierung: Bei einer Automatisierung werden die Teilprozesse der Ein- und Auslagerung von entsprechenden Software-Programmen (Computerfahrzeuge) gesteuert.

© sveta – stock.adobe.com

Geht eine Bestellung zur gelagerten Ware ein, dann wissen die Computerfahrzeuge der Lagerautomatisierung genau, wo sich die Ware befindet. Dabei handelt die Computersteuerung nach einem sogenannten chaotischen Lagersystem. Die Waren werden nicht nach bestimmten Gruppen, sondern nach freien Plätzen abgelegt. Am PC können die Wege der Waren genau verfolgt werden und es gibt auch immer einen aktuellen Überblick über die vorhandenen Waren.

Cross-Docking-Verfahren

Eine besondere Art des Kommissionierens ist das Cross-Docking-Verfahren. Hier werden Waren nicht mehr zwischengelagert. Das Lager dient nur als Umschlageinrichtung. Die eingehende Ware wird direkt ohne Zwischenlagerung auf den ausgehenden Transport weiterverteilt und ermöglicht somit einen schnellen Umschlag. Um eine Minimierung des Lagerbestandes zu realisieren, eignet sich das Cross-Docking-Verfahren.

Das bedeutet nichts anderes, als dass sortenrein (nur ein Artikel) beladene LKW aus verschiedenen Produktionsstätten zum Cross Docking Center liefern. Hier werden die Paletten abgeladen und durchgeschleust. Auf der anderen Seite erfolgt die Beladung der neuen LKW. Diese werden nun filialrein zusammengestellt. Somit kann jeder LKW eine Filiale ansteuern und mit den benötigten Waren versorgen. Mit Hilfe des Cross-Docking-Verfahrens wird somit vermieden, dass jeder LKW, beladen mit nur einer Ware bzw. aus einer Produktionsstätte, jede einzelne Filiale anfahren muss.

Bei einem Cross-Docking-Center geht es also um den Umschlag von Gütern ohne Zwischenlagerung. Das Unternehmen erhöht die Geschwindigkeit des Umschlags und spart gleichzeitig Kosten für die Lagerhaltung. Dieses Verfahren macht vor allem bei Artikeln mit hoher Umschlagsgeschwindigkeit Sinn.

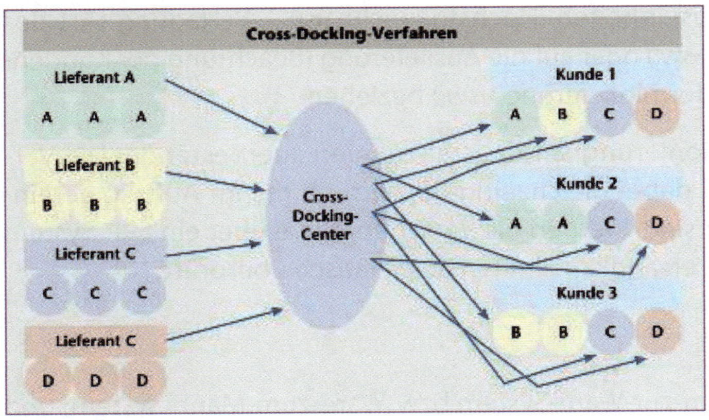

Lagerfunktionen

Sachgüter werden aus den verschiedensten Gründen gelagert. In erster Linie sollte immer eine ausreichende Menge zur richtigen Zeit, am richtigen Ort und in der erforderlichen Güte zur Verfügung stehen. Die sogenannte Versorgungsfunktion dient insbesondere der Erfüllung geschlossener Kaufverträge.

Außerdem dient das Lager zur Sicherung (Sicherungsfunktion). Es sorgt dafür, dass die einzelnen Verbrauchsstellen jederzeit über die notwendigen Werksstoffe verfügen, um keine Produktionsunterbrechung eintreten zu lassen. Dies kann durch schlechte Witterungsverhältnisse oder Streiks bzw. durch einen ungeplant hohen Materialbedarf eintreten.

Durch die Lagerhaltung wird ein Ausgleich (Ausgleichsfunktion) geschaffen, wenn Liefermenge und Liefertermine von den Bedarfsmengen und Bedarfsterminen abweichen. Die Beschaffungsmenge kann aus wirtschaftlichen oder technischen Gründen größer als die Bedarfsmenge sein. Diese Ausgleichsfunktion wird z. B. dann genutzt, wenn Lieferanten besonders hohe Rabattkonditionen anbieten.

Zur Spekulationsfunktion wird das Lager genutzt, wenn z. B. hochwertige Rohstoffe verarbeitet werden (Stahl, Messing usw.). Sollte der Preis dieser Rohstoffe auf einem attraktiven Niedrigstand sein, so wird es sich je nach Auftragslage lohnen, größere Mengen einzulagern. Relevant ist für das Unternehmen, die Lagerhaltungskosten mit den Beschaffungskosten zu vergleichen. Insbesondere Unternehmen mit einem zuverlässigen Kundenstamm und langjähriger Erfahrung nutzen die Spekulationsfunktion des Lagers.

Ebenso wird ein Lager benötigt, wenn Materialien veredelt werden (Veredelungsfunktion). Bei Möbel Hauser & Schulte wird zunächst das Holz getrocknet.

Lagerarten nach dem Standort

Zentrale Lagerhaltung. Alle Lagergüter werden an demselben Ort gelagert. Die Aufgaben werden von einem Zentrallager übernommen. Dazu gehören Warenannahme, -prüfung, -pflege, -erhaltungsmaßnahmen; Lagerung der Ware; Leergutverwaltung; Lagerbuchführung. Diese Lagerhaltung ist zweckmäßig bei geringer Entnahmehäufigkeit und geringen Entnahmemengen. Es besteht eine gute Überwachungs- und Kontrollmöglichkeit. Die Mindestbestände und durchschnittliche Lagerbestände können niedriger gehalten werden. Diese Art der Lagerung bringt ein relativ hohes Risiko mit sich, beispielsweise bei einem Brand, Unwetterschäden, Qualitätsverschlechterung der Ware, wie bei Pilzbefall u. Ä.

Dezentrale Lagerhaltung. Die Lagergüter werden an mehreren Standorten unterhalten. Diese Lagerhaltung ist zweckmäßig bei hoher Entnahmehäufigkeit und hohen Entnahmemengen. Die Transportwege sind kürzer, auf Kundenwünsche kann flexibler, da u. a. schneller, eingegangen werden. Von Nachteil sind die höheren Raum- und Verwaltungskosten.

Fremdlager. Anstelle eines Eigenlagers kann auch ein Fremdlager in Anspruch genommen werden. Dies ist eine Sonderform der dezentralen Lagerung. Fremdlager werden von selbstständigen Lagerhaltern bzw. Spediteuren betrieben, die neben der Ein- und Auslagerung auch oft die Bestandskontrolle, Lagerbuchführung und Versicherungen usw. übernehmen. Ein Unternehmen, welches auf Fremdläger zurückgreift, ist in der Wahl des Lagerstandortes, der Lagerkapazität sowie der jeweiligen Mietdauer flexibel, d. h. das Lager wird den aktuellen Bedürfnissen nach angemietet. Das entsprechend benötigte Lager muss dazu zunächst zur Verfügung stehen. Des Weiteren muss das Unternehmen die Kosten des Eigenlagers (Strom, Heizung, Personal, Versicherungen usw.) den Kosten des Fremdlagers (Miete, eventuell weitere oder vermehrte Transporte usw.) gegenüberstellen.

Kosten der Lagerhaltung

Wie bereits erwähnt, spielen die Kosten der Lagerhaltung eine große Rolle. Ist ein Lager besonders groß, ist es auch teuer. Diese Kosten werden sowohl durch das Grundstück als auch durch das Gebäude, falls ein solches errichtet wird, verursacht. Neben diesen anfänglichen Kosten ist auch die Unterhaltung teuer, z. B. Versicherungskosten oder Kosten für Strom, Heizung, ...

© khwaneigq – stock.adobe.com

In einem Großhandelsunternehmen werden häufig weitere Arbeiten im Lager ausgeführt. Beispielsweise wird die Ware von den gelieferten großen Einheiten, z. B. 100 Stück pro Packung, in kleinere Einheiten umgepackt, die sich leichter an den Einzelhandel weiterverkaufen lassen.

Für diese Arbeiten muss im Lager genügend Raum zur Verfügung stehen. Ist ein Lager zu klein, können beispielsweise keine Hilfsmittel wie ein Gabelstapler verwendet werden und die Mitarbeiter müssen diese Aufgaben gegebenenfalls von Hand erledigen.

Die Zeit ist für ein Unternehmen mit dem Einsatz von Geld gleichzusetzen, da die Mitarbeiter, die z. B. vier Stunden nur mit dem Umpacken von Ware beschäftigt sind, nicht mit einer anderen Arbeit beschäftigt werden können. Ein zeitintensiver Einsatz von Mitarbeitern verursacht Kosten und ist deshalb zu vermeiden.

Lagerkennziffern

Lagerkennziffern sind Werte und statistische Daten, die der Überprüfung der Wirtschaftlichkeit der Lagerhaltung eines Unternehmens dienen.

Lagerkennziffern	Berechnung
Meldebestand	Tagesverbrauch · Lieferzeit + Mindestbestand
Durchschnittlicher Lagerbestand	$\frac{\text{Anfangsbestand + Endbestand}}{2}$
Lagerumschlaghäufigkeit	$\frac{\text{Lagerabgänge}}{\text{durchschnittlicher Lagerbestand}}$
Durchschnittliche Lagerdauer	$\frac{360}{\text{Umschlagshäufigkeit}}$
Lagerkostensatz[1]	$\frac{\text{Lagerkosten}}{\text{durchschnittlicher Lagerwert}} \cdot 100\,\%$
Lagerreichweite[2]	$\frac{\text{durchschnittlicher Lagerbestand}}{\text{Verbrauch}}$
Sicherheitskoeffizient[3]	$\frac{\text{(Sicherheitsbestand} \cdot 100)}{\text{durchschnittlicher Lagerbestand}}$
Lagerzinsen[4]	$\frac{\text{durchschnittlicher Lagerbestand} \cdot \text{Lagerzinssatz (\%)}}{100\,\%}$
...	

1 Personalkosten, Instandhaltung, Versicherung, Produktschäden, Energiekosten usw.

2 Wie der Lagerbestand bei einem durchschnittlichen oder geplanten Verbrauch ausreicht.

3 Stellt das Verhältnis von Sicherheitsbestand und durchschnittlichem Lagerbestand dar.

4 Zeigt an, welche Kosten das im durchschnittlichen Lagerbestand gebundene Kapital bei einer durchschnittlichen Lagerdauer verursacht.

Liste mit mehreren Ebenen

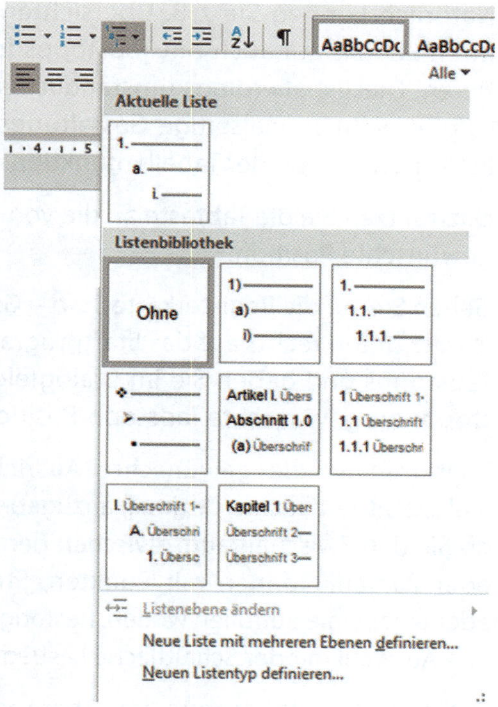

Eine Gliederung besteht aus mehreren Ebenen, die individuell eingestellt werden können. Unter Position wird die Ausrichtung eingestellt, die im Vorschaufenster angezeigt wird.

Zunächst markieren Sie Ihren Text und wählen dann auf der Registerkarte Start – Gruppe Absatz – Befehl Liste mit mehreren Ebenen. Hier suchen Sie sich die gewünschte Gliederung aus bzw. Sie gehen über Neue Liste mit mehreren Ebenen definieren.

Gemäß DIN 1421 beginnen alle Abschnittsnummern an derselben Fluchtlinie. Nach einer Abschnittsnummer folgt der Abstand von mindestens zwei Leerzeichen. Am Ende einer Abschnittsnummer steht kein Punkt.

Um diese Regeln einzuhalten, wird die Ausrichtung auf 0 cm eingestellt, der Texteinzug entsprechend erweitert (z.B. bei drei Ebenen auf 2 cm) und der letzte Punkt unter Formatierung für Zahl eingeben entfernt. Möchten Sie alle Ebenen auf einmal verändern, gehen Sie auf Für alle Ebenen festlegen und stellen dort Ihre Werte ein.

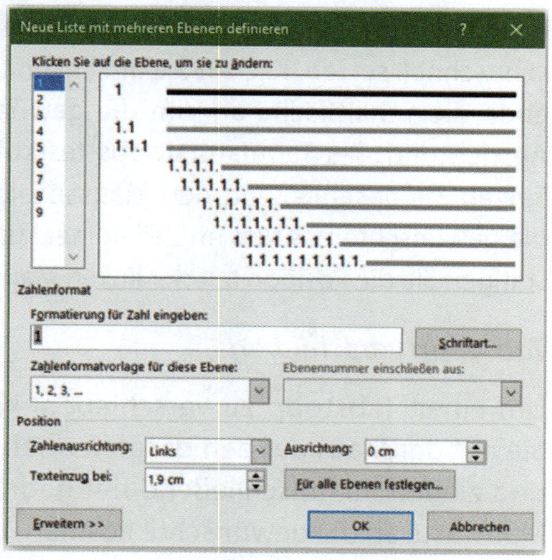

Ebenen einstellen

Während der Texteingabe oder später erstellen Sie die verschiedenen Ebenen über die Symbole Einzug verkleinern – Einzug vergrößern.

- Klicken Sie auf Einzug vergrößern, um von der Ebene 1 auf die Ebene 1.1 zu gelangen.
- Klicken Sie auf Einzug verkleinern, um auf den Gliederungspunkt 2 zu gelangen.

Tabstopp setzen

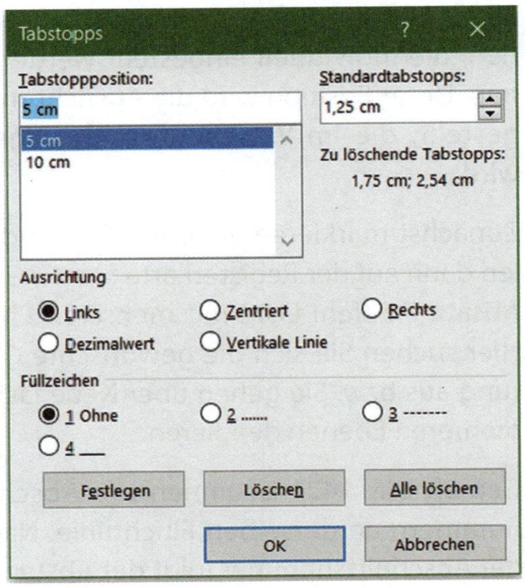

Natürlich können Sie z. B. Übersichten oder Ihren Lebenslauf auch mit Tabstopps formatieren. Dies ist allerdings umständlicher, und es gibt nicht so vielseitige Gestaltungsmöglichkeiten wie mit der Tabellenfunktion.

Dazu setzen Sie die Tabtaste an die von Ihnen gewünschte Position.

Gehen Sie auf die Registerkarte Start – Gruppe Absatz unten rechts auf das Startprogramm – Tabstopps und geben Sie im Dialogfeld Tabstopps die gewünschte Tabstopp-Position ein.

Weiterhin ist die gewünschte Ausrichtung (links, zentriert, rechts, dezimal) anzugeben und ob Sie den Zwischenraum zwischen den Wort- oder Zahlenkolonnen mit Punkten, Strichen oder einer Linie auffüllen wollen. Bestätigen Sie Ihre Auswahl mit der Schaltfläche Festlegen.

Die Standard-Tabstopps im Abstand von 1,25 cm erscheinen im Zeilenlineal als senkrechte hellgraue Linien.

Arbeiten Sie rationell

Über das Zeilenlineal können Sie die Tabstopps sehr schnell setzen. Klicken Sie am linken Linealende die Schaltfläche an, um die gewünschte Ausrichtung des Tabulatorstopps festzulegen. Setzen Sie anschließend den Mausanzeiger an die gewünschte Position im Zeilenlineal und bestätigen Sie die Position mit der linken Maustaste.

Tabstopp verschieben

Um einen Tabstopp zu verschieben, klicken Sie mit der Maus auf den gesetzten Tabstopp und ziehen ihn anschließend mit gedrückter Maustaste an die gewünschte Position. Um einen Tabstopp millimetergenau zu setzen oder zu verschieben, muss zusätzlich zum Mausanzeiger die Alt-Taste gedrückt werden.

Ein Tabstopp im Zeilenlineal lässt sich einfach löschen, indem man mit dem Mauszeiger auf den Tabstopp klickt und mit gedrückter Maustaste den Tabstopp aus dem Lineal herauszieht und die Taste loslässt.

Tabellen gestalten

Mit dieser Tabellenfunktion formatieren Sie übersichtlicher und strukturierter. Word bietet eine Vielzahl von Möglichkeiten, Ihre Tabellen zu optischen Anziehungspunkten zu gestalten.

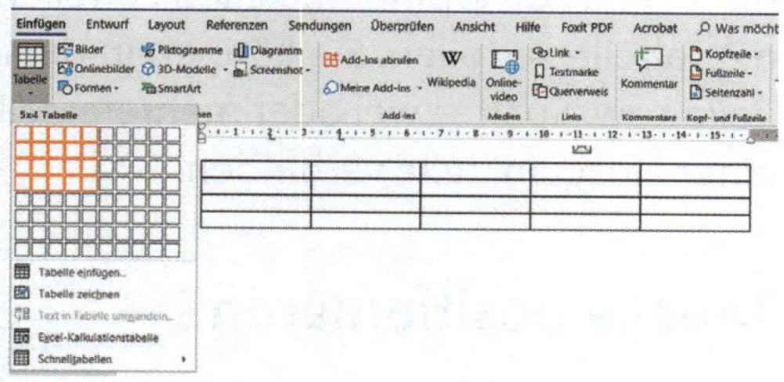

Auf der Registerkarte Einfügen – Befehlsgruppe Tabelle – Schaltfläche Tabelle können mit der Maus die gewünschten Zeilen und Spalten aufgerufen werden. Ist die Tabelle erstellt und mit dem Cursor aktiviert, so öffnet sich die Registerkarte Tabellentools für den Entwurf und das Layout. Diese Tools bieten sehr übersichtlich viele Gestaltungsmöglichkeiten.

Mit der Registerkarte Tabellentool – Entwurf können Sie viele Tabellen-Formatvorlagen nutzen. Sie müssen einfach nur eine Formatvorlage aussuchen. Die Gruppe Optionen für Tabellenformat ermöglicht es Ihnen, in manchen Fällen die Tabellen lesefreundlicher zu gestalten.

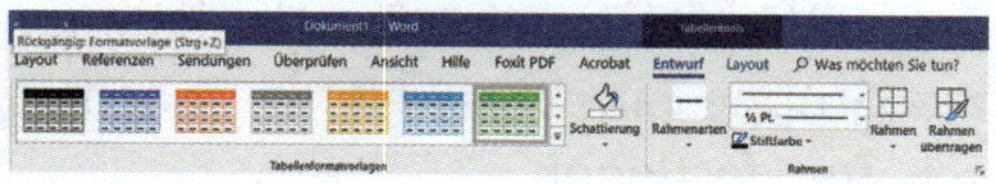

Die Gruppe Rahmenlinien zeichnen ermöglicht, Linien, Linienstärke und Farbe auszusuchen. Mit dem Radierer können Linien entfernt werden. Sie können auch eine komplexe Tabelle zeichnen, die unterschiedliche Zeilen oder unterschiedlich viele Spalten pro Zeile enthält. Wenn Sie auf den rechten unteren Pfeil klicken, so öffnet sich das Dialogfeld Rahmen und Schattierung.

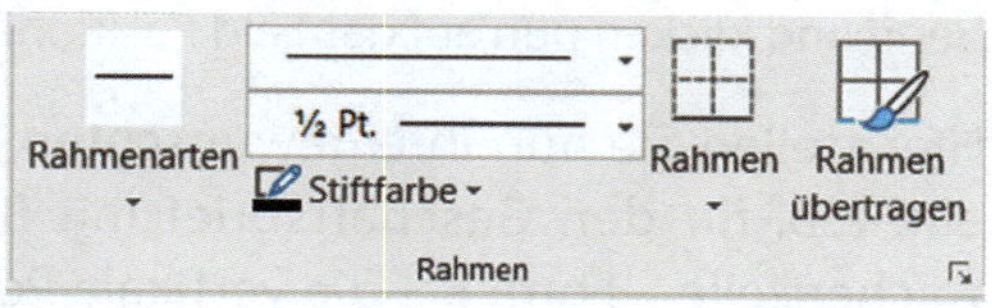

Mit der Registerkarte Tabellentool – Layout stellt Word Ihnen viele Werkzeuge zur Tabellengestaltung zur Verfügung.

Die Gruppe Zeilen und Spalten ermöglicht, Zeilen und Spalten einzufügen und zu löschen.

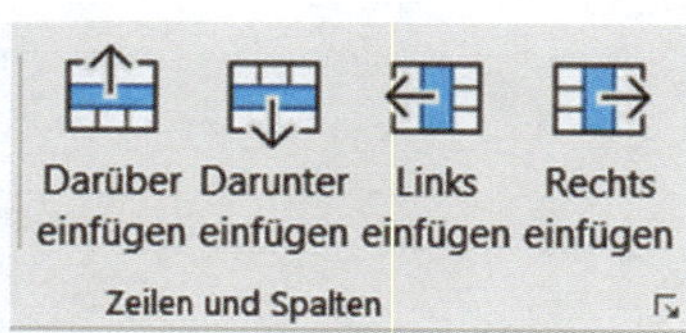

Eine Tabelle, in der die Zeilen unterschiedlich hoch sind, wirkt sehr unruhig auf den Leser. Hier bietet die Gruppe Zellengröße an, Zeilen und Spalten gleichmäßig zu verteilen, um Zeilenhöhe und Spaltenbreite einander anzupassen.

Die Gruppe Ausrichtung ermöglicht, den Text in der Zelle an entsprechende Positionen zu bringen. Außerdem kann der Text in verschiedene Richtungen fließen.

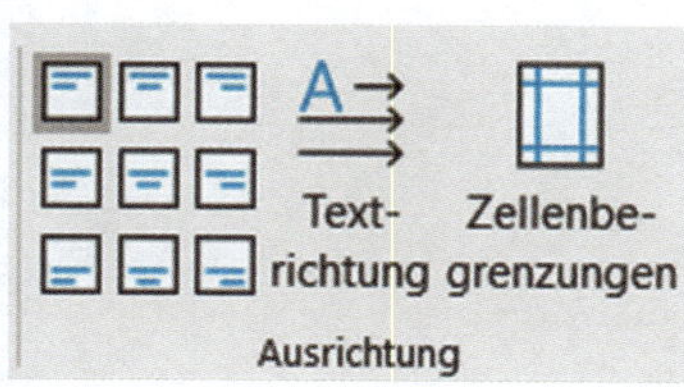

Die Gruppe Zusammenführen bietet Befehle, um Zellen zu verbinden, Zellen zu teilen bzw. die Tabelle zu teilen. Sie können in derselben Zeile bzw. Spalte zwei oder mehrere Zellen zu einer einzigen Zelle verbinden.

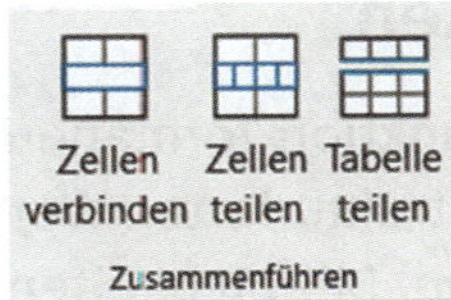

Tabelle positionieren

Zum Anpassen des Tabellenlayouts stehen noch zahlreiche weitere Möglichkeiten zur Verfügung. Um eine ganze Tabelle bezogen auf die Seitenränder auszurichten, markieren Sie zuerst die gesamte Tabelle und verwenden in der Gruppe Ausrichtung – den Befehl Zellenbegrenzung.

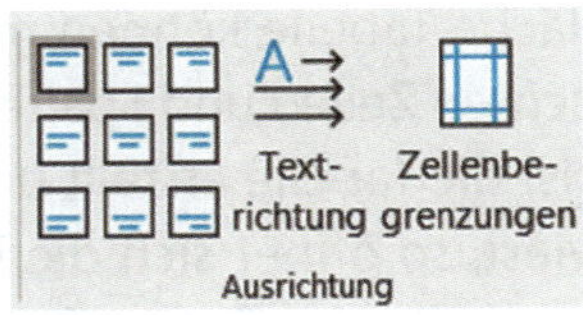

Die Ausrichtung, einen linken Einzug und den Textumbruch um eine Tabelle können Sie in der Gruppe Tabelle – Befehl – Tabelleneigenschaften festlegen.

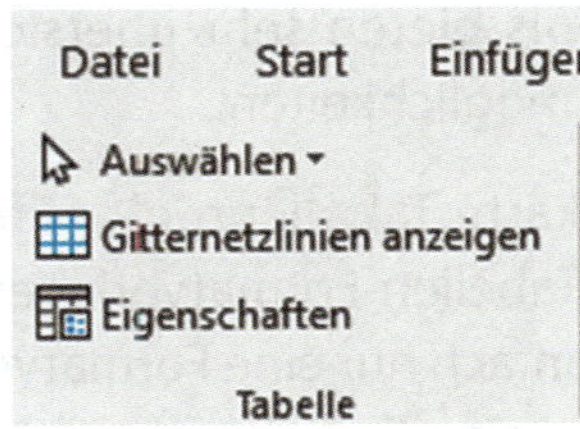

Möchten Sie eine Tabelle an eine bestimmte Position bringen, so aktivieren Sie unter dem Befehl Tabelleneigenschaften – Textumbruch Umgebend und klicken nun auf das Feld Positionierung.

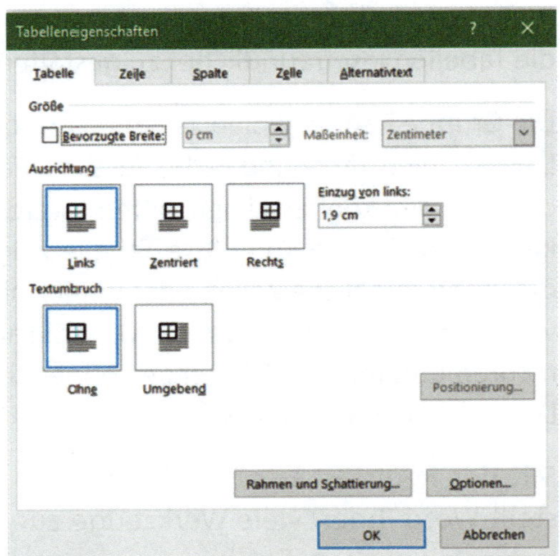

Hier stellen Sie nun Ihre gewünschten Werte ein, z. B. für den Geschäftsbrief mit Bezugzeichenzeile – Form B – die vertikale Position 9,74 cm, gemessen von der ganze Seite.

Um den Text innerhalb einer Tabellenzelle auszurichten, markieren Sie den entsprechenden Bereich und klicken in der Gruppe Ausrichtung auf die gewünschte Zellenausrichtung. Hier können Sie auch den Text vertikal und horizontal ausrichten.

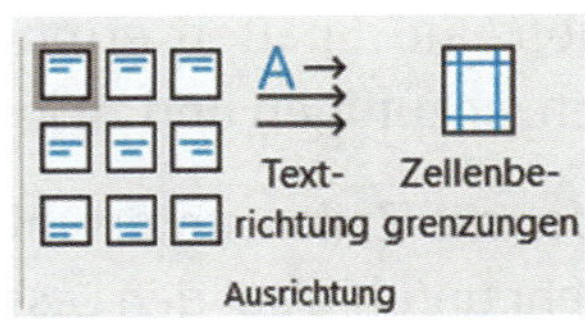

Formulare gestalten

Gehen Sie auf die Registerkarte Entwicklertools. Sollte diese nicht angezeigt werden, müssen Sie über die Registerkarte Datei – Word-Optionen – Menüband anpassen – Entwicklertools aktivieren.

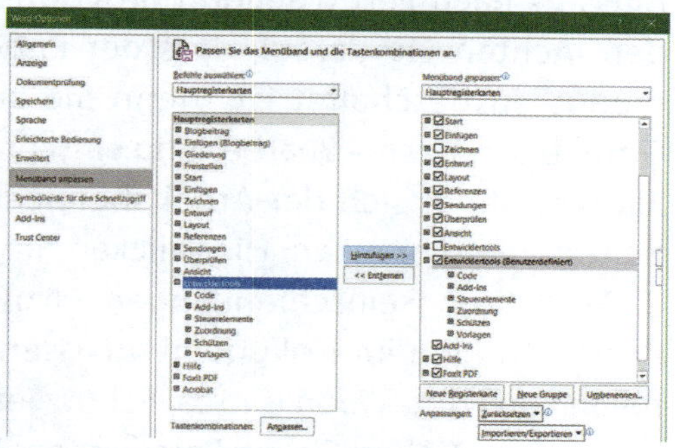

Ein Formular wird grundsätzlich in ein Tabellenraster eingefügt. Jedes Textfeld, Kontrollkästchen oder Dropdown-Formularfeld erhält eine eigene Zelle. Die Linien der Tabelle können ohne Rand gestaltet werden. Wichtig ist, dass das Formular übersichtlich, klar gegliedert und ablaufgerecht konzipiert wird.

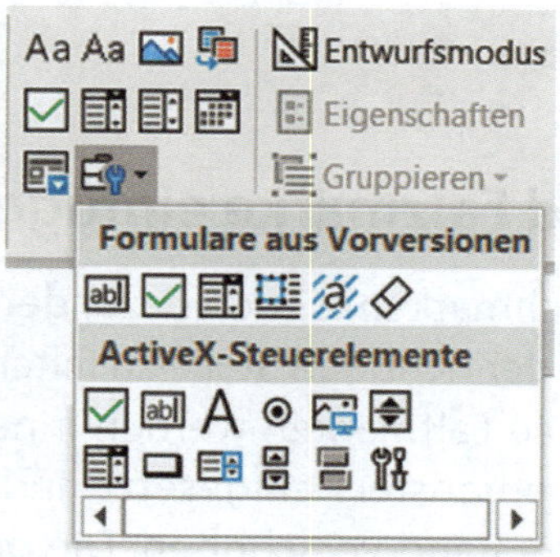

Wenn Sie eines der Steuerelemente einfügen, bekommen Sie einen Text vorgegeben, den der User als Eingabeaufforderung sehen kann. Diesen Text können Sie verändern, wenn Sie den Entwurfsmodus einschalten.

Beim Klicken auf die Vorversionstools öffnet sich eine Auswahl von Formular-Steuerelementen aus Vorversionen (Formularsymbolleiste).

Für einfache Texte wählen Sie das Textfeld (Formularsteuerelement). Für Entscheidungsfragen wählen Sie das Kontrollkästchen. Für Auswahlmöglichkeiten bietet sich das Dropdown-Formularfeld an. Für die Auswahl anderer Daten (Datum und Uhrzeit) klicken Sie auf das entsprechende Steuerelement.

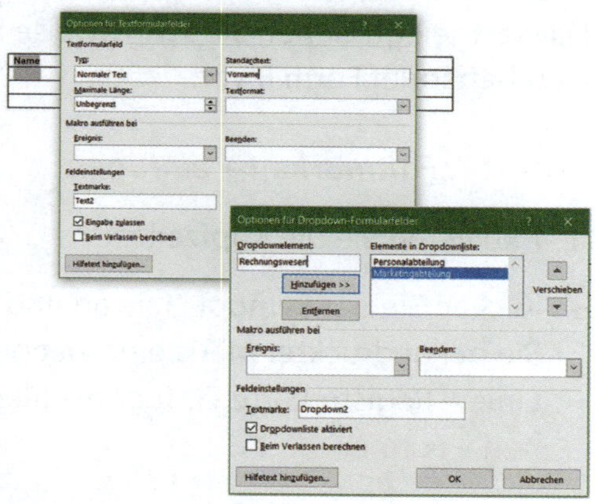

Mit einem Doppelklick auf das Dropdown-Formularfeld erreichen Sie die Optionen. Hier werden die Auswahlbegriffe ins Dropdown-Element geschrieben und hinzugefügt. Bedenken Sie, dass später nur in den Formularfeldern geschrieben werden kann. Mit der Tabtaste erreichen Sie die einzelnen Felder.

Damit das Formular ausgefüllt werden kann, muss es nach Fertigstellung geschützt werden. Achten Sie darauf, dass der Entwurfsmodus ausgeschaltet ist. Wenn Sie auf die Gruppe Schützen – Bearbeitung einschränken klicken, öffnet sich der Arbeitsbereich Bearbeitung einschränken. Hier klicken Sie unter 2. Bearbeitungseinschränkungen – Nur diese Bearbeitungen im Dokument zulassen: Ausfüllen von Formularen und Ja, Schutz jetzt anwenden an. Geben Sie ein Passwort an. Testen Sie Ihr Formular.

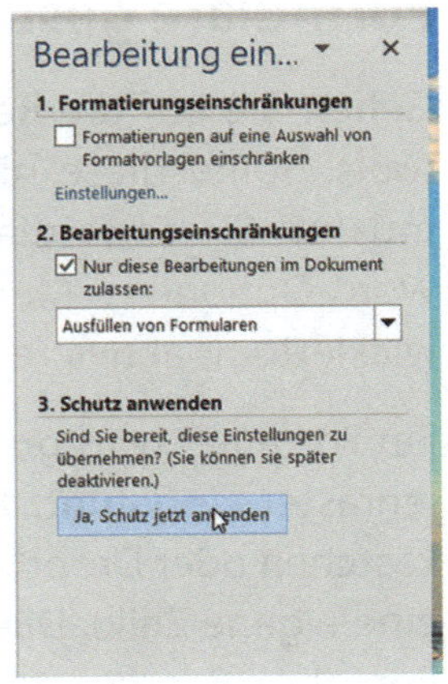

Loch- und Falzmarke einfügen

Falt- und Lochmarken dienen dazu, den fertigen Brief an der richtigen Stelle zu falten bzw. zu lochen. Die Faltmarken werden innerhalb des Kopfzeilenfensters eingesetzt und dann an den linken Rand verschoben. Die genaue Position und Größe der Marken sind in der DIN festgelegt. Gehen Sie schrittweise für den Geschäftsbrief Form B vor:

Schritt 1: Faltmarke 1 – einfügen

- Aktivieren Sie die Kopfzeile.
- Klicken Sie das Symbol Linie an und ziehen Sie bei gedrückter Maus eine waagerechte Linie – Registerkarte Einfügen – Illustrationen – Formen.

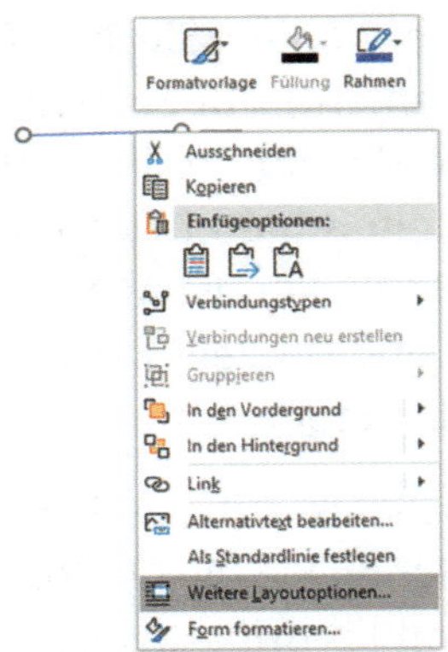

Schritt 2: Faltmarke 1 – formatieren

- Klicken Sie die Linie an.
- Öffnen Sie mit der rechten Maustaste das Kontextmenü – Weitere Layoutoptionen.
- Geben Sie in der Registerkarte Größe die Breite für die Faltmarke mit 0,6 cm an.
- Geben Sie in der Registerkarte Layout/Position die in der Abbildung rechts angegebenen Positionen und Bezugsstellen ein.
- Verankern Sie die Marke.

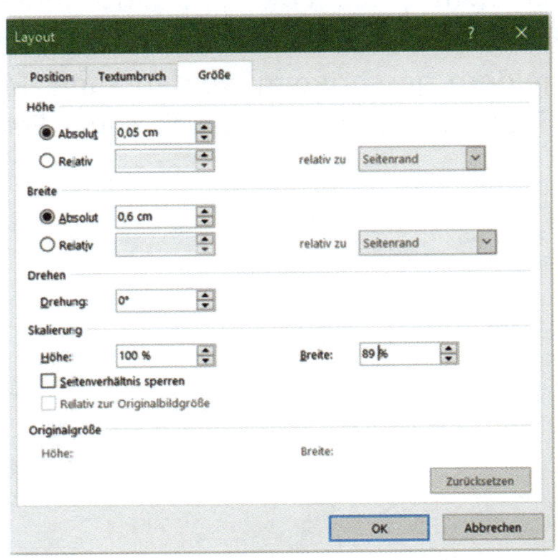

Schritt 3: Faltmarke 2 einfügen – formatieren

- Wiederholen Sie Schritt 1.
- Formatieren Sie die zweite Faltmarke mit einer Breite von 0,6 cm .
- Platzieren Sie die zweite Faltmarke bei 0,6 cm, „rechts von" Seite und bei 21 cm „unterhalb" Seite.
- Verankern Sie die Marke.

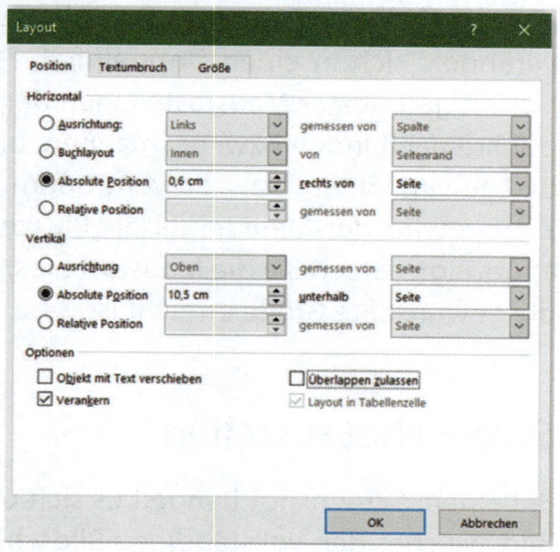

Schritt 4: Lochmarke einfügen – formatieren

- Wiederholen Sie Schritt 1.
- Formatieren Sie die Breite mit 0,75 cm.
- Platzieren Sie die Lochmarke bei 0,6 cm, „rechts von" Seite und bei 14,85 cm „unterhalb" Seite.
- Verankern Sie die Marke.

Grafiken und Bilder einfügen

Rechts oben im Lebenslauf oder auf das Deckblatt fügen Sie ein ansprechendes Foto ein.

Auf der Registerkarte Einfügen – Gruppe Illustrationen finden Sie verschiedene Elemente zum Einfügen. Klicken Sie auf das Symbol Grafik, so öffnet sich der Dateimanager. Sie wählen das entsprechende Laufwerk/Verzeichnis und fügen Ihr gewünschtes Bild ein.

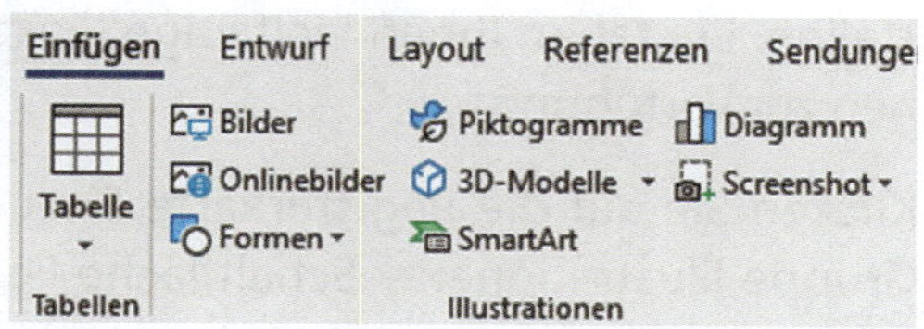

Innerhalb des Textes gibt es mehrere Möglichkeiten, Grafiken zu positionieren. Sehr rationell geht es über die Schaltfläche Textfluss in der Symbolleiste Grafik oder über das Kontextmenü Grafik formatieren – Layout. Markieren Sie die Grafik oder das Bild und verändern Sie den Textfluss auf Oben und unten.

Bildgröße verändern

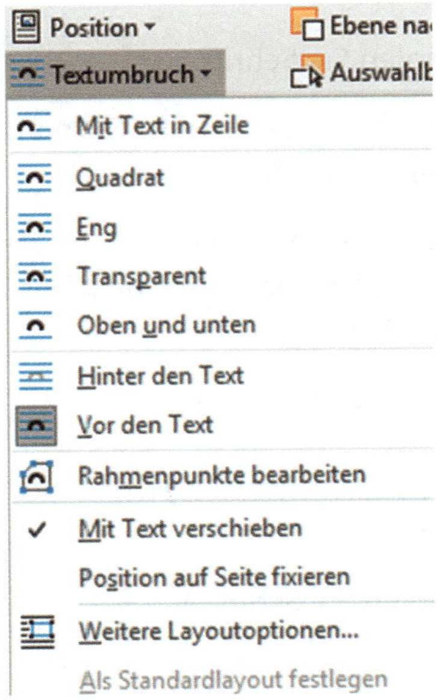

Markieren Sie Ihre Grafik. Zeigen Sie mit der Maus auf die Ziehpunkte. Der Mauszeiger verändert sich in einen Doppelpfeil. Ziehen Sie mit gedrückter Maustaste einen der Ziehpunkte nach innen bzw. nach außen, um das Bild zu verkleinern bzw. zu vergrößern. Beim Ziehen wird der Mauszeiger als Pluszeichen angezeigt. Lassen Sie die Maustaste los, wenn die gewünschte Größe erreicht ist.

Screenshot erstellen

Bei einem Screenshot handelt es sich um ein Bild, welches den vollständigen Bildschirminhalt enthält, der zum Zeitpunkt der Aufnahme angezeigt wurde.

Die Funktion unter der Registerkarte Einfügen – Gruppe Illustrationen – Screenshot. Dort stehen alle geöffneten Dateien zur Verfügung.

Schaubilder erstellen

In Word, aber auch in PowerPoint lassen sich sehr einfach ansprechende Schaubilder erstellen. Es stehen Ihnen vielfältige Illustrationen zur Verfügung.

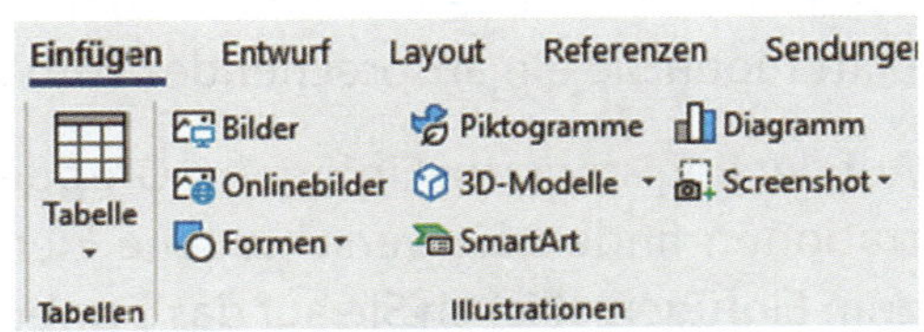

Klicken Sie auf die Registerkarte Einfügen – Gruppe Illustrationen – Schaltfläche Formen. Suchen Sie sich im Katalog die gewünschte Form aus, klicken Sie diese mit der linken Maustaste an und ziehen Sie sie in entsprechender Größe in Ihren Textbereich.

Die Formen lassen sich beschriften, indem Sie mit der rechten Maustaste das Kontextmenü öffnen und auf Text hinzufügen gehen.

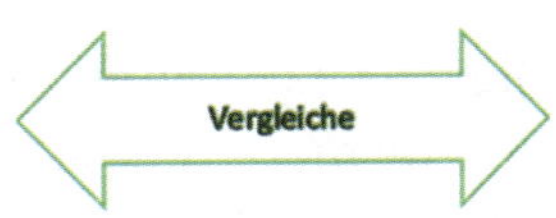

Es öffnet sich nun zusätzlich die Registerkarte Format. Damit können Sie nun das Erscheinungsbild (Farben, Strichstärken, Schattierungen) der Form verändern.

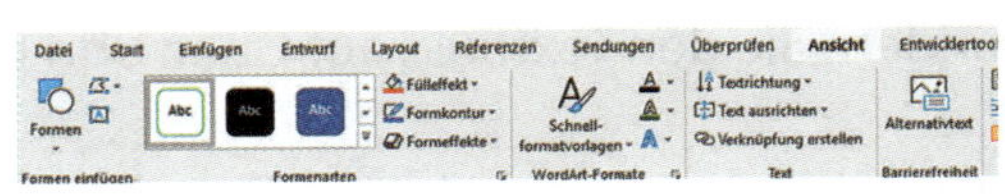

Die SmartArt-Grafik bietet viele Möglichkeiten, ein Thema visuell darzustellen, sei es die Befehlsstruktur am Arbeitsplatz oder das Flussdiagramm eines Projektes.

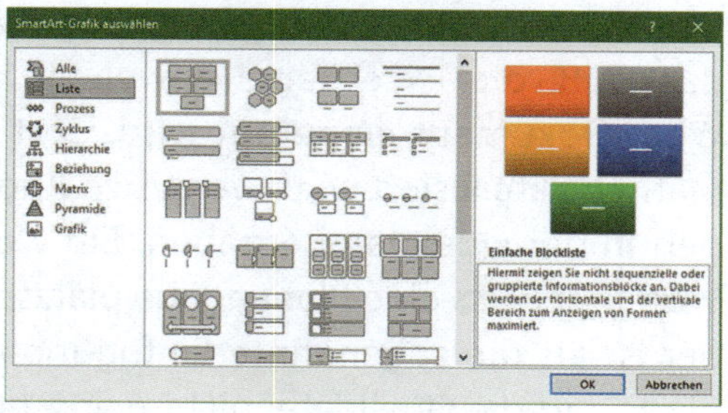

Klicken Sie auf die Registerkarte Einfügen – Gruppe Illustrationen – SmartArt. Wählen Sie den gewünschten Typ aus. Klicken Sie auf die Kategorie, lesen Sie die Beschreibung und klicken Sie auf OK.

Klicken Sie links auf das erste Element im Textbereich und geben Sie den Text ein.

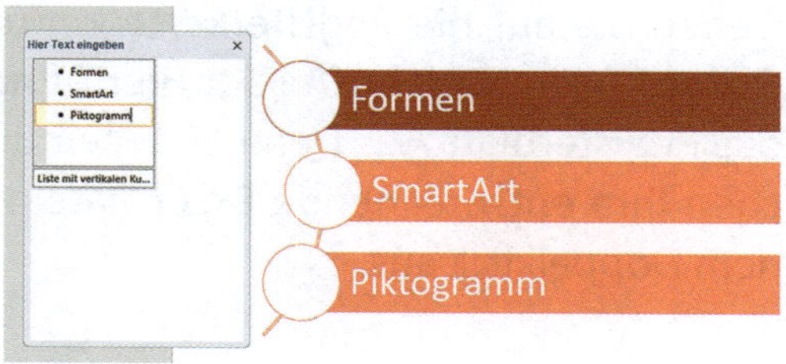

Wird der Textbereich nicht angezeigt, klicken Sie unter der Registerkarte SmartArt-Tools auf die Registerkarte Entwurf – Textbereich. Drücken Sie die Tabtaste oder den Pfeil nach unten, um zum nächsten Element zu wechseln. Mithilfe der Registerkarte Entwurf können Sie die Optik und den Aufbau verändern.

Ganz rechts in der Multifunktionsleiste bzw. im Menüband können Sie auf die Schaltfläche Grafik zurücksetzen klicken, um alle Änderungen rückgängig zu machen.

Abbildungen einfügen

In Fachtexten werden Sie zum besseren Verständnis sicherlich Diagramme, Grafiken bzw. Tabellen verwenden wollen. Word verfügt über verschiedene Möglichkeiten zum Einfügen von Objekten in ein Dokument. Sie können beispielsweise ein Objekt, ein Diagramm oder eine Tabelle auf einfache Weise kopieren.

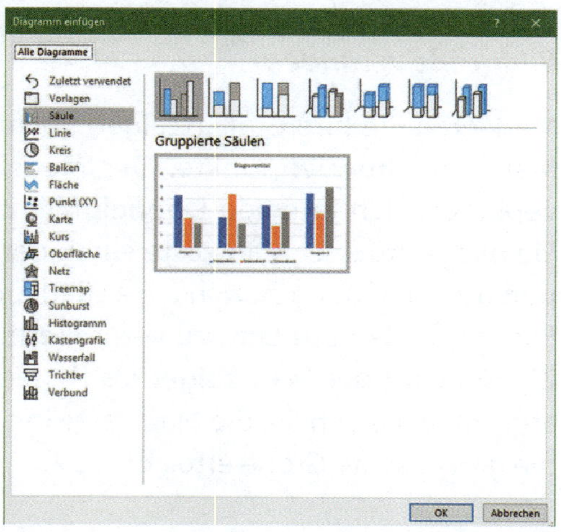

Sie können eine Tabelle auch als Objekt einfügen oder verknüpfen. Verknüpfen und Einfügen unterscheiden sich im Ort, an dem die Daten gespeichert werden, und in der Art der Aktualisierung nach dem Einfügen in das Dokument.

Bei der Verknüpfung enthält das Word-Dokument lediglich einen Verweis auf die Originaldaten (z. B. einer Excel-Tabelle). Die Verknüpfung ist eine Pfadangabe, die festhält, wo die Datei eines Objektes zu finden ist und welche eingefügt wurde.

Der Vorteil einer Verknüpfung ist zunächst, dass z. B. die Excel-Tabelle, welche in ein Word-Dokument eingefügt wird, dort automatisch aktualisiert wird, wenn sich Änderungen in der Quelldatei ergeben. Ein weiterer Vorteil ist, dass eine Pfadangabe platzsparender ist als die sogenannte Einfügung. Allerdings darf die Quelldatei nicht gelöscht oder zerstört werden.

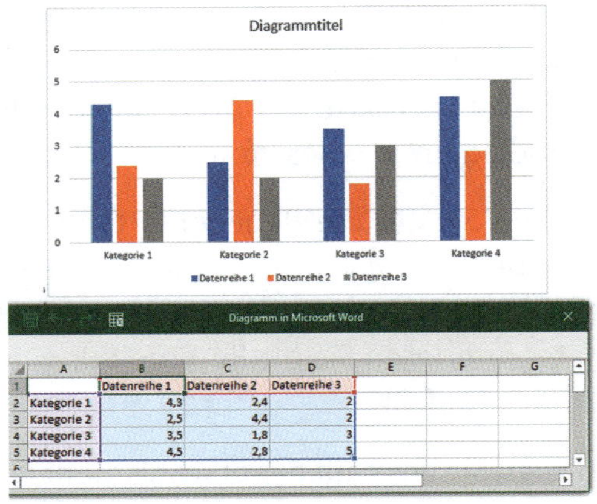

Datei einfügen

Gehen Sie auf die Registerkarte Einfügen – Ordner Text – Befehl Objekt. Hier öffnen Sie das Registerblatt Aus Datei erstellen und suchen Ihre entsprechende Excel-Datei mit einem Doppelklick aus.

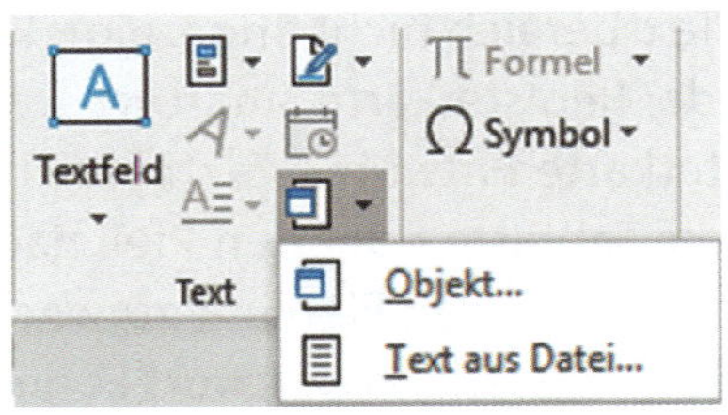

Objekt einfügen

Gehen Sie auf die Registerkarte Einfügen – Ordner Text – Befehl Objekt. Hier öffnen Sie das Registerblatt Aus Datei erstellen und suchen Ihre entsprechende Excel-Datei mit einem Doppelklick aus.

Aktivieren Sie Verknüpfen und klicken auf OK.

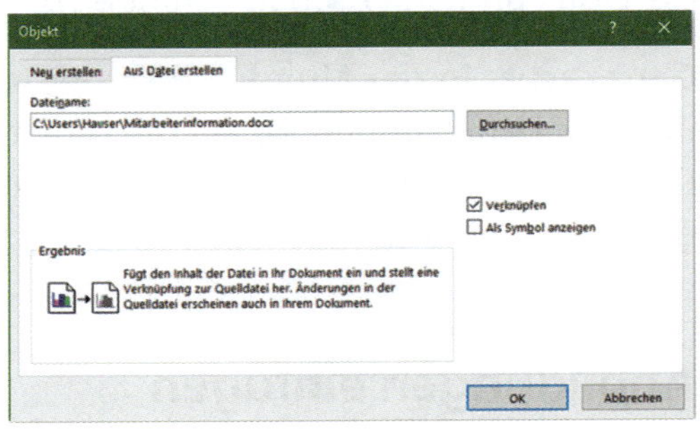

Bildgröße verändern

Markieren Sie Ihre Grafik. Zeigen Sie mit der Maus auf die Ziehpunkte. Der Mauszeiger verändert sich in einen Doppelpfeil. Ziehen Sie mit gedrückter Maustaste einen der Ziehpunkte nach innen bzw. nach außen, um das Bild zu verkleinern bzw. zu vergrößern. Beim Ziehen wird der Mauszeiger als Pluszeichen angezeigt. Lassen Sie die Maustaste los, wenn die gewünschte Größe erreicht ist.

Abbildungen beschriften

Klicken Sie auf die rechte Maustaste und wählen Sie Beschriftung einfügen. Ergänzen Sie die Beschriftung – wählen Sie die Bezeichnung und die Position Über dem ausgewählten Element. Möchten Sie eine andere Bezeichnung bzw. die Abkürzung von Abbildungen verwenden, so fügen Sie unter Bezeichnung Ihren Text hinzu und positionieren den Titel der Abbildung unter dem ausgewählten Element. Wiederholen Sie den Vorgang, um die Quelle anzugeben und sie unter dem ausgewählten Element zu positionieren.

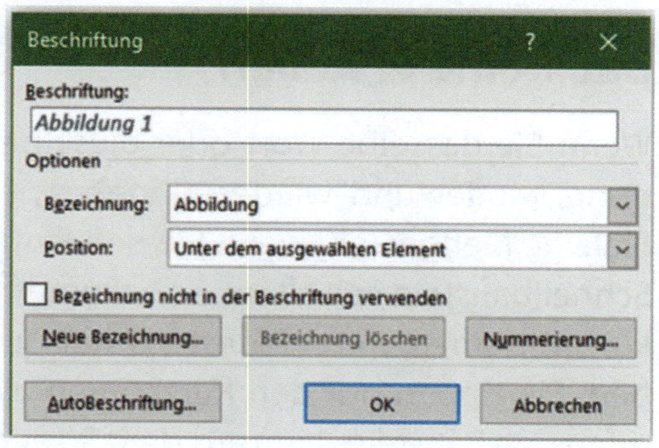

Logo erstellen

Im Internet gibt es mittlerweile einige Programme, mit denen Sie kostenlos Logos erstellen können. Allerdings können Sie mit wenigen Strichen, Formen oder Buchstaben Ihr eigenes Logo gestalten.

Unter Einfügen – Illustrationen finden Sie die Formen. Stellen Sie ein Logo zusammen. Markieren Sie die Formen, Striche oder Buchstaben. Klicken Sie auf die rechte Maustaste und gruppieren Sie alles. Fügen Sie anschließend die Grafik z. B. unter Windows-Zubehör in Paint ein und speichern Sie Ihr Logo unter *.jpg ab. Nun können Sie unter Einfügen – Grafik Ihr Logo einfügen. Ziehen Sie es an den Seiten diagonal, um es in die richtige Größe zu bringen.

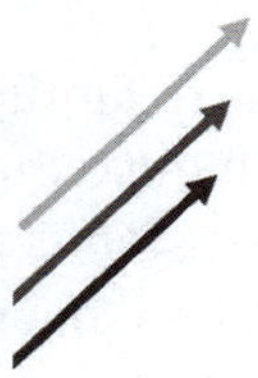

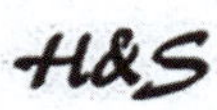

Bevor Sie damit beginnen, sollten Sie sich Gedanken über die Farbgestaltung machen. Für ein Unternehmen, das mit Pflanzen handelt, würde sich sehr gut Grün eignen, dagegen für eine Feuerlöscherfirma eher Rot. Achten Sie idealerweise darauf, dass auch eine Schwarz-Weiß-Wiedergabe (Darstellung in Graustufen) möglich ist.

Dokument rationell erstellen

Bausteine erstellen

Wenn Sie dasselbe Wort oder dieselbe Wendung wieder und wieder eingeben, sparen Sie eine Menge Zeit, wenn Sie den Eintrag als Schnellbaustein speichern. Er bekommt einen kurzen Namen, mit mindestens vier Buchstaben. Sie tippen nur den Kurznamen ein und rufen den Baustein dann aus dem Speicher ab.

Die Funktion ist nicht auf Text beschränkt, sondern nimmt alles auf, was auch im Dokument Platz findet – Tabellen, Bilder oder komplette Seiten. Bausteine werden in verschiedenen Katalogen gespeichert, die jeweils in mehrere Kategorien geteilt werden können.

Schnellbausteine definieren

Markieren Sie im Dokument die Information, die Sie als Schnell- bzw. Textbaustein speichern möchten.

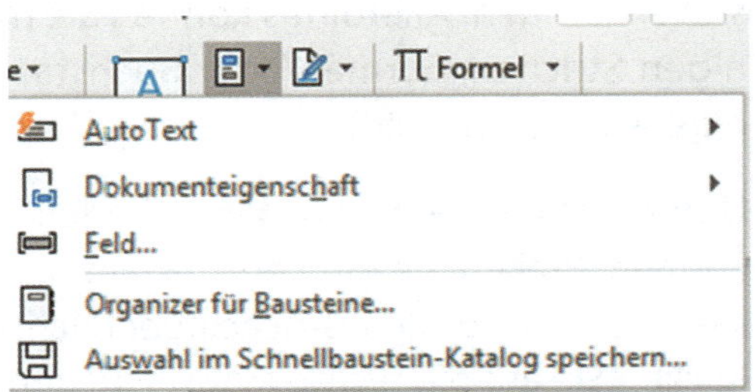

Klicken Sie auf die Registerkarte Einfügen – Befehlsgruppe Text – Schnellbausteine und dann auf Auswahl im Schnellbaustein-Katalog speichern (oder drücken Sie Alt + F3), um das Dialogfeld Neuen Baustein erstellen zu öffnen. Übernehmen Sie den vorgeschlagenen Namen oder geben Sie einen neuen ein.

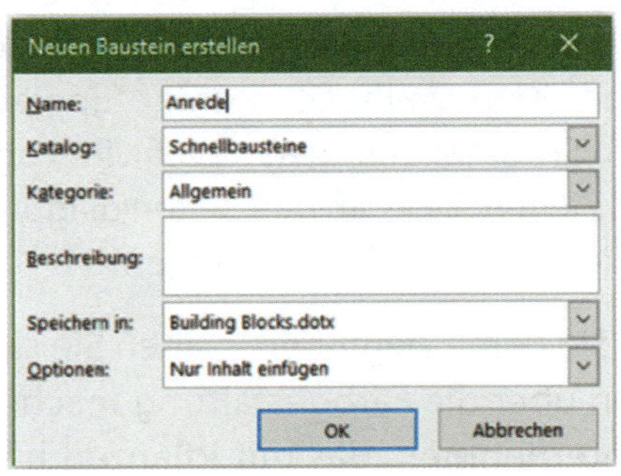

Wenn das Element zukünftig angezeigt werden soll, wählen Sie Schnellbausteine in der Liste Katalog aus. Wählen Sie eine Kategorie aus oder klicken Sie auf Neue Kategorie und legen z. B. eine Kategorie Mahnung an.

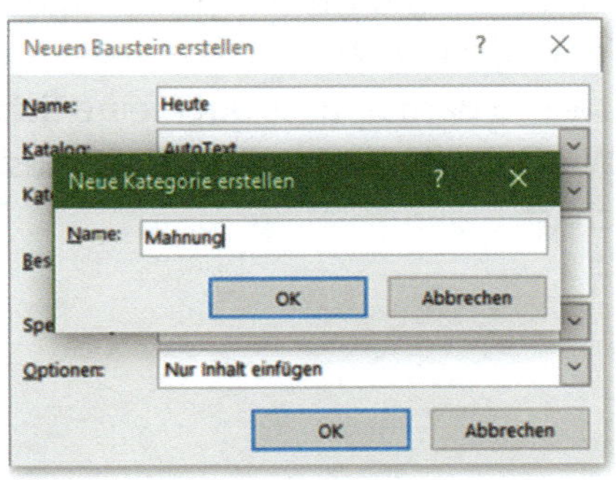

Legen Sie den Speicherort des Eintrags fest – die aktuelle Vorlage oder eine der globalen Vorlagen Normal oder Building Blocks.

Die Schnellbausteine der globalen Vorlage Building Blocks stehen immer zur Verfügung, egal mit welcher Dokumentvorlage Sie arbeiten. Geben Sie an, auf welche Art der Eintrag eingefügt werden soll, und klicken Sie auf OK.

Schnellbausteine einfügen

1. Möglichkeit: Setzen Sie die Einfügemarke an die Stelle, an der Sie den Baustein einfügen möchten, geben Sie den Namen ein und drücken Sie F3.

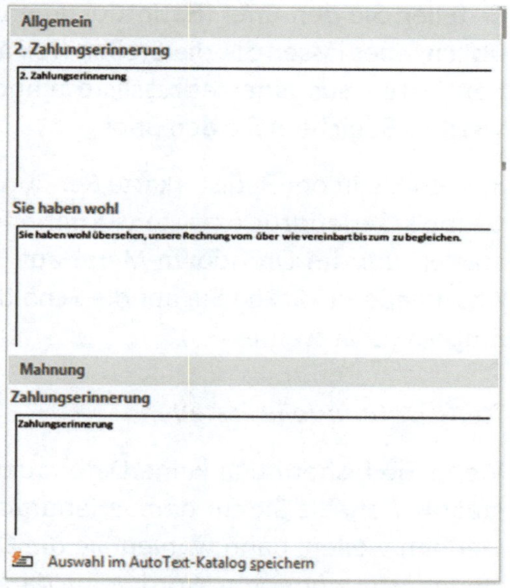

2. Möglichkeit: Klicken Sie auf die Registerkarte Einfügen Befehlsgruppe Text – Autotext. Scrollen Sie ggf. in der Liste, um den gesuchten Eintrag zu finden, und führen Sie einen dieser Schritte aus:

- Klicken Sie auf den Eintrag, um ihn an der Einfügemarke im Dokument einzufügen.
- Klicken Sie mit der rechten Maustaste auf den Eintrag und wählen Sie die Einfügeposition.

Bausteine organisieren

Word stellt vielseitige Bausteine für AutoTexte, Deckblätter, Kopf- und Fußzeilen usw. zur Verfügung. Alle Bausteine, die Sie in Ihre Dokumente einfügen können, werden an einer zentralen Stelle, dem sogenannten Organizer für Bausteine, verwaltet.

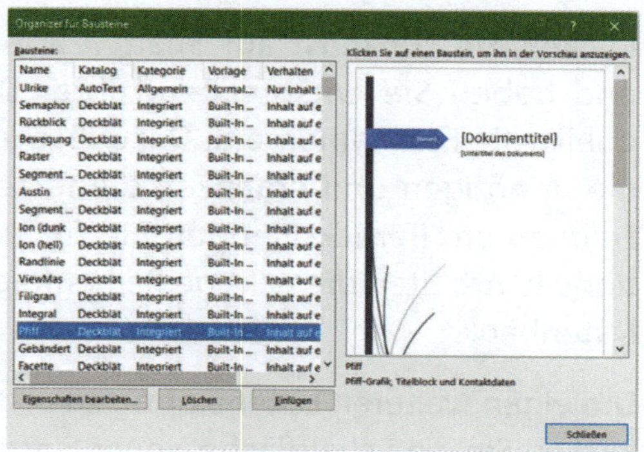

Seriendruck

Erstellen Sie den Brief (Hauptdokument) wie üblich, aber lassen Sie die Stellen frei, an denen Daten aus einer Adressliste eingesetzt werden. Speichern Sie den Brief.

Klicken Sie in der Registerkarte Sendungen – Gruppe Seriendruck starten – Seriendruck starten und im Dropdown-Menü auf Briefe. Anschließend klicken Sie auf die Schaltfläche Empfänger auswählen.

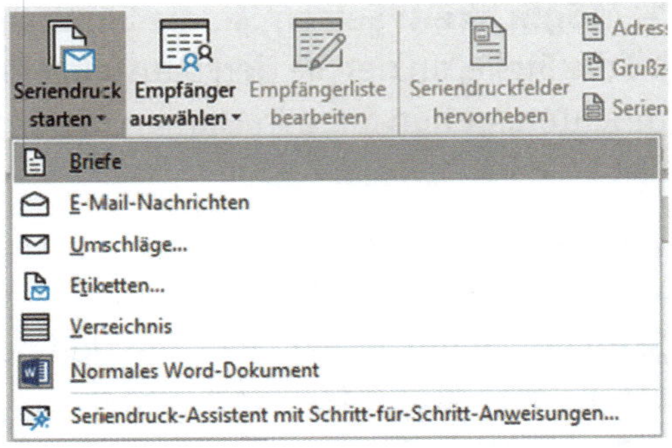

Neue Datenquelle erstellen

Wenn Sie bisher noch keine Datenquelle erstellt haben, die Sie für den Seriendruck verwenden wollen, dann wählen Sie die Option Neue Liste eingeben. Word zeigt daraufhin ein Formular an, in dem Sie die Adressdaten eingeben können.

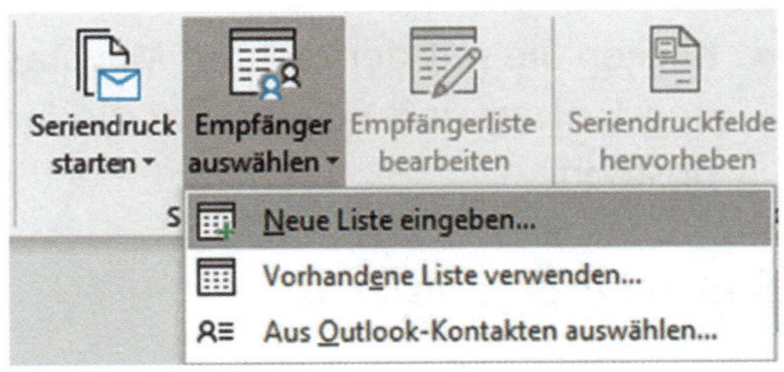

Beachten Sie:
Je mehr Feldnamen Sie in Ihrer Datenquelle verwenden, desto besser können Sie Datensätze herausfiltern.

Klicken Sie zunächst auf Spalten anpassen und geben Sie entsprechend Ihrer Datenquelle die Feldnamen ein. Dazu löschen Sie die unnötigen und ergänzen die fehlenden Feldnamen. Berücksichtigen Sie für das rationelle Arbeiten die richtige Reihenfolge der Datenbank.

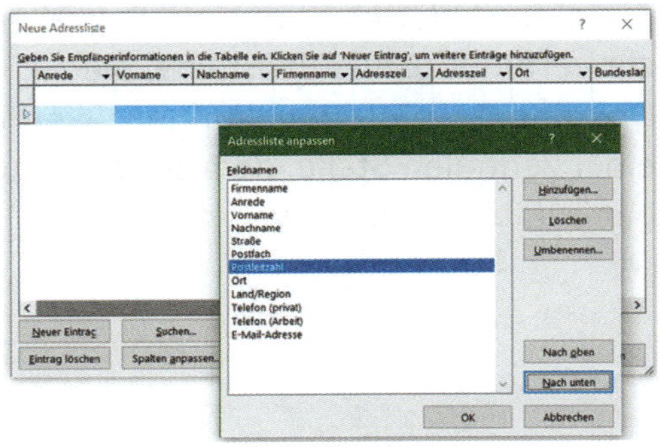

Um einen weiteren Listeneintrag zu erstellen, klicken Sie die Schaltfläche Neuer Eintrag an. Wenn Sie im Formular auf OK klicken, wird das Dialogfeld Adressliste speichern angezeigt.

Geben Sie dort einen aussagekräftigen Namen für die Liste ein. Achten Sie unbedingt darauf, an welcher Stelle/Speicherort Sie die Datei ablegen und klicken Sie dann auf Speichern.

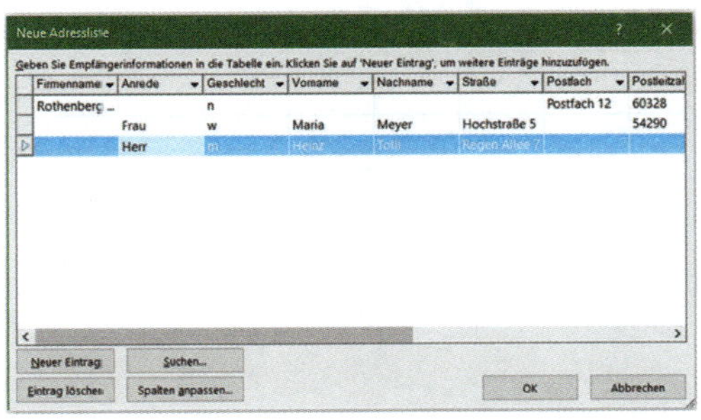

Vorhandene Datenquelle öffnen

Wählen Sie unter der Registerkarte Sendungen – Gruppe – Seriendruck starten – Empfänger auswählen die Option Vorhandene Liste verwenden aus. Öffnen Sie Ihre Datenquelle. Klicken Sie auf Empfängerliste bearbeiten. Aktivieren Sie die Kontrollkästchen der Personen, die das Schreiben erhalten sollen.

Adressen aus Outlook

Wenn Sie Ihre Adressen im Kontaktordner von MS Outlook verwalten, klicken Sie die Option Aus Outlook-Kontakten auswählen an. Word zeigt daraufhin das Dialogfeld Kontakte auswählen an, in dem alle Kontaktordner aufgeführt werden, die in Ihrem Outlook-Profil enthalten sind. Klicken Sie in der Liste zuerst die Kontakte an, die Sie verwenden wollen, und dann auf OK.

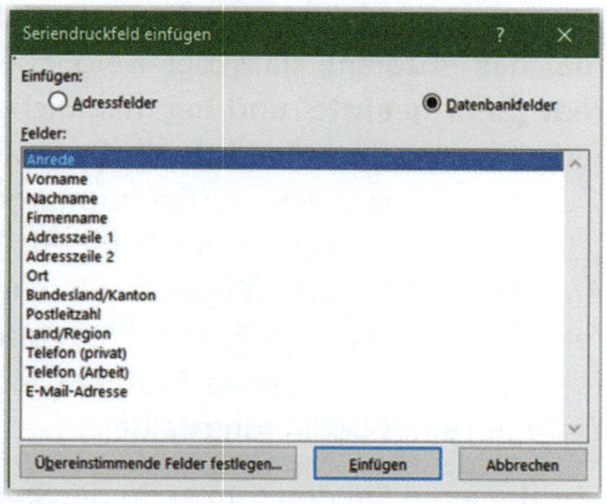

Seriendruckfelder einfügen

Klicken Sie nun im Dokument auf die Stelle, an der Daten aus der Datenquelle eingefügt werden sollen.

Gehen Sie auf die Befehlsgruppe Schreib- und Einfügefelder und auf der Schaltfläche Seriendruckfeld einfügen auf den entsprechenden Feldnamen.

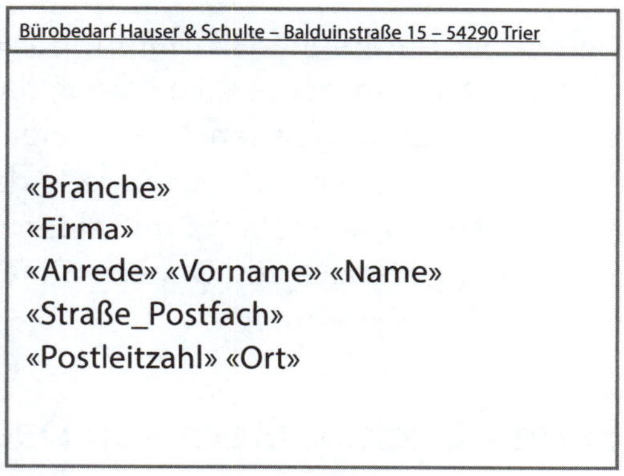

Um sich vor dem tatsächlichen Zusammenführen von Hauptdokument und Datenquelle die Ergebnisse auf dem Bildschirm anzusehen und so eventuelle Fehler erkennen und beheben zu können, verwenden Sie die Seriendruckvorschau.

Klicken Sie dafür in der Gruppe Vorschau Ergebnisse auf die gleichnamige Schaltfläche. Nun können Sie mit den Pfeiltasten durch die Datensätze blättern.

Zusammenführen und Drucken

Klicken Sie in der Gruppe Fertigtellen die Schaltfläche Fertigstellen und zusammenführen an. Wählen Sie die Option Dokumente drucken. Hier können Sie die Datensätze auswählen, die zusammengeführt werden.

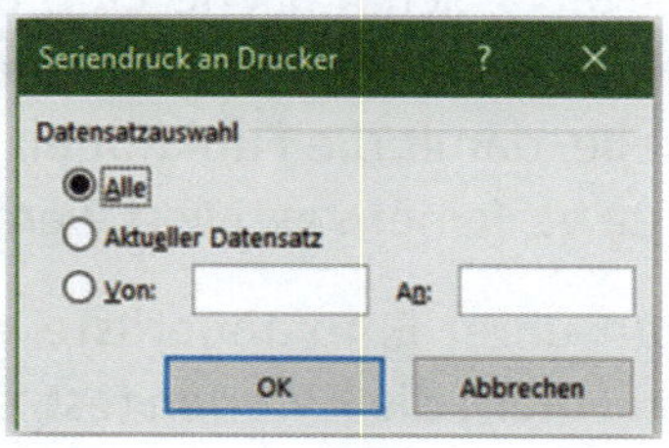

Seriendruck – Bedingungsfeld

> Fügen Sie in Ihrer Datenquelle den neuen Feldnamen „Anrede" ein und ergänzen Sie bei männlichen Briefempfängern ein m und bei den weiblichen Empfängern ein w.

Bei der persönlichen Anrede ergibt sich einmal das Problem, dass bei weiblicher Anrede „Sehr geehrte" und bei männlicher Anrede „Sehr geehrter" zu schreiben ist. Zudem werden die männlichen Briefempfänger mit „Herr" angesprochen, in der Datenquelle befindet sich aber in der Regel im Seriendruckfeld „Anrede" der Begriff „Herrn" (im Anschriftfeld erforderlich). Dieses Problem löst das Einfügen eines Bedingungsfeldes.

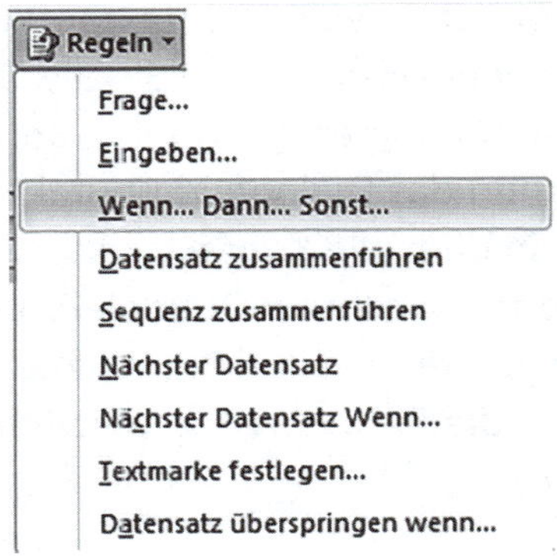

Positionieren Sie den Cursor an die Stelle, an der das Bedingungsfeld eingefügt werden soll. Wählen Sie über die Registerkarte Sendungen den Ordner Schaltfläche Regeln die Option Wenn ... Dann ... Sonst ...

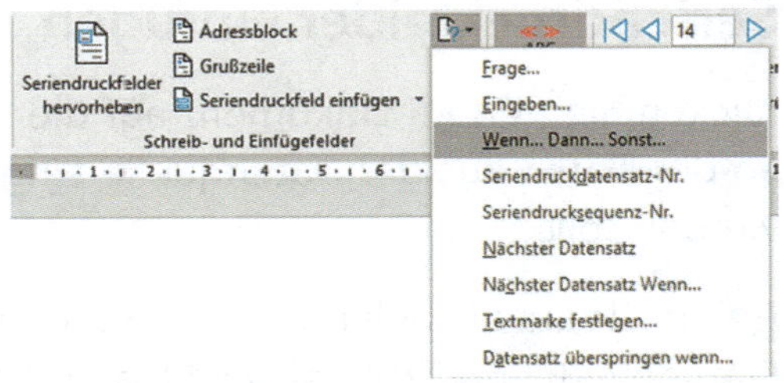

Geben Sie die folgenden Daten in das Bedienungsfeld ein; achten Sie darauf, dass Sie hinter den Eintragungen kein Leerzeichen setzen! Fügen Sie hinter der Anrede das Seriendruckfeld Nachname – mit einem Leerzeichen abgesetzt – ein. Denken Sie an das Komma nach der Anrede!

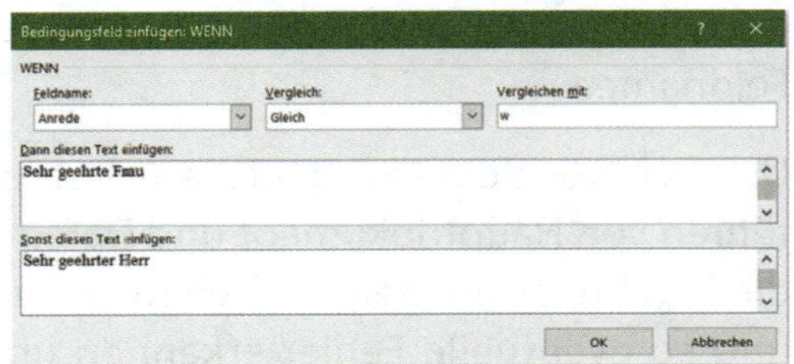

Seriendruck – Filtern von Daten

Im Serienbrief kann eine Auswahl bestimmter Empfänger getroffen werden. Wenn Sie z. B. aus der Datenquelle nur die Empfänger aus einer bestimmten Stadt anschreiben möchten, dann wählen Sie ...

In der Registerkarte Sendungen – Ordner Seriendruck starten – Schaltfläche Empfängerliste bearbeiten. Markieren Sie unten links die Datenquelle, damit die Funktionen unter Empfängerliste verfeinern aktiviert werden.

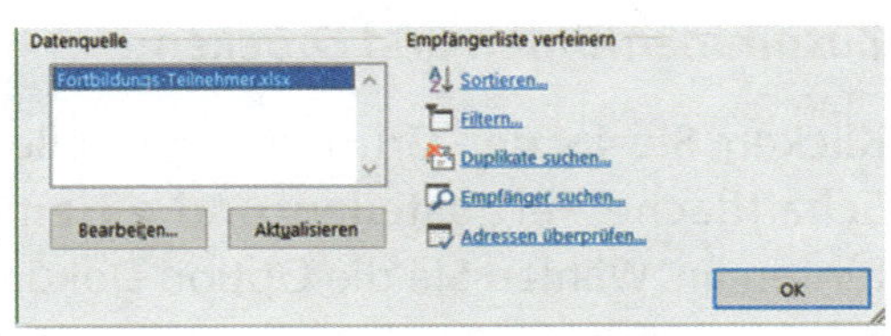

Legen Sie nun unter Empfängerliste verfeinern – Option Filtern die Kriterien fest, die für den Filter verwendet werden sollen.

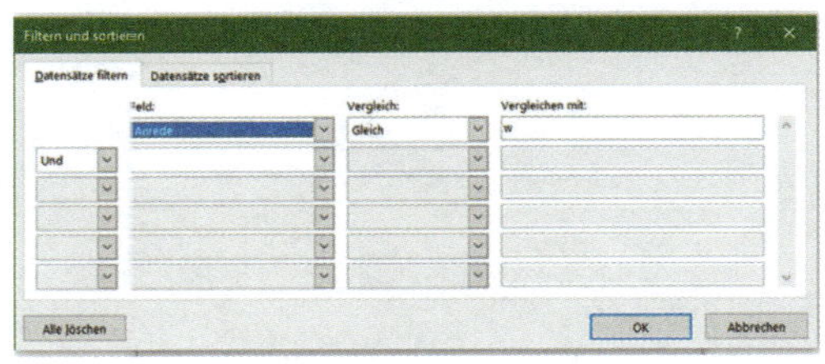

Inhaltsverzeichnis

Word bietet die überaus praktische Funktion, ein Inhaltsverzeichnis automatisch zu erstellen. Voraussetzung dafür ist, dass Sie allen Überschriften die speziellen Formatvorlagen zugewiesen haben und somit eine Gliederungsstruktur des Dokumentes vorhanden ist. Positionieren Sie die Einfügemarke an jener Stelle, an der das Inhaltsverzeichnis eingefügt werden soll.

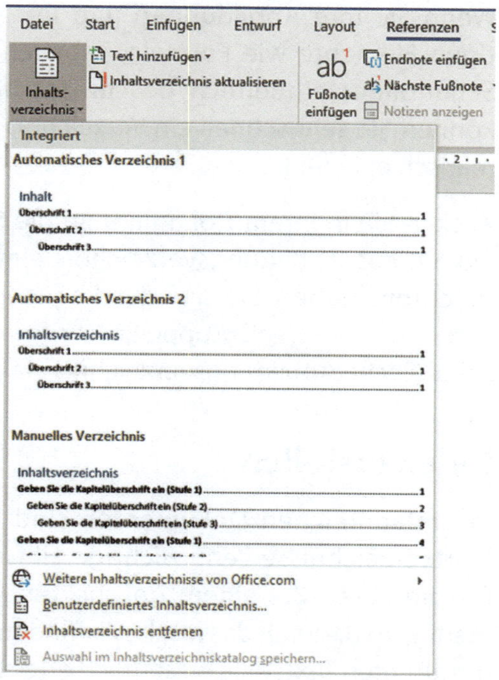

Inhaltsverzeichnis erstellen

Klicken Sie auf die Registerkarte Referenzen – Befehlsgruppe Inhaltsverzeichnis – Inhaltsverzeichnis – Benutzerdefiniertes Inhaltsverzeichnis.

Zunächst legen Sie die Anzahl der Ebenen fest, die in das Inhaltsverzeichnis übernommen werden. Um ein normgerechtes Inhaltsverzeichnis nach DIN 1421 zu erstellen, müssen Sie das Format Von Vorlage nehmen.

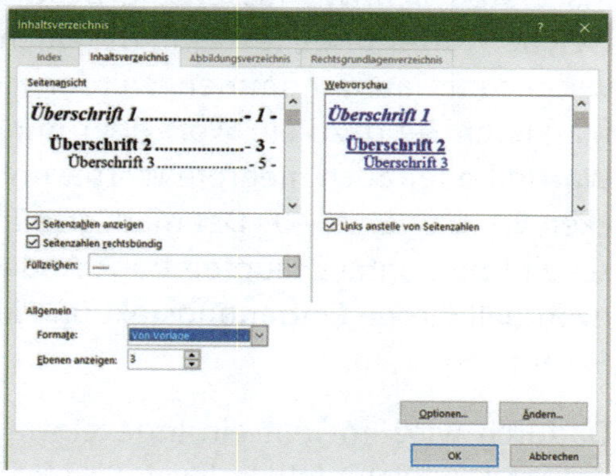

Passen Sie über die Schaltfläche Ändern die Formatierung der Formatvorlagen Verzeichnis 1 bis 3 an. Klicken Sie dazu wiederum auf die Schaltfläche Ändern – Format – Absatz. Den Einzug links setzen Sie auf 0.

Klicken Sie auf OK. Anschließend klicken Sie auf Format – Tabstopp und setzen zwei Tabstopps. (1. Tabstopp 2 cm, Ausrichtung links – 2. Tabstopp z. B. 16 cm, Ausrichtung rechts, Füllzeichen). Ebenso passen Sie die Schriftart Ihrem Text an.

Nach einem Klick auf OK wird das Inhaltsverzeichnis (als Feldfunktion) in das Dokument eingefügt. Drücken Sie die Strg-Taste und klicken Sie auf eine Überschrift im Inhaltsverzeichnis, so wechselt Word zu dieser Stelle im Text.

Inhaltsverzeichnis aktualisieren

Aktualisieren Sie zwischendurch Ihr Inhaltsverzeichnis. Klicken Sie zum Aktualisieren in das Inhaltsverzeichnis und drücken Sie F9 oder wählen Sie im Kontextmenü Felder aktualisieren. Entscheiden Sie, ob Sie nur die Seitenzahlen aktualisieren oder das gesamte Inhaltsverzeichnis neu erstellen möchten.

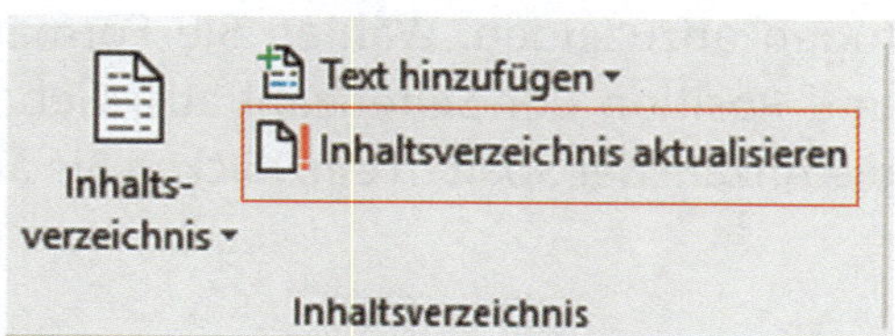

Abbildungsverzeichnis

Wenn Sie Ihre Abbildungen und Ihre sonstigen Elemente wie Formeln, Tabellen oder Schaubilder einheitlich beschriftet haben, können Sie sehr schnell ein Verzeichnis automatisch erstellen.

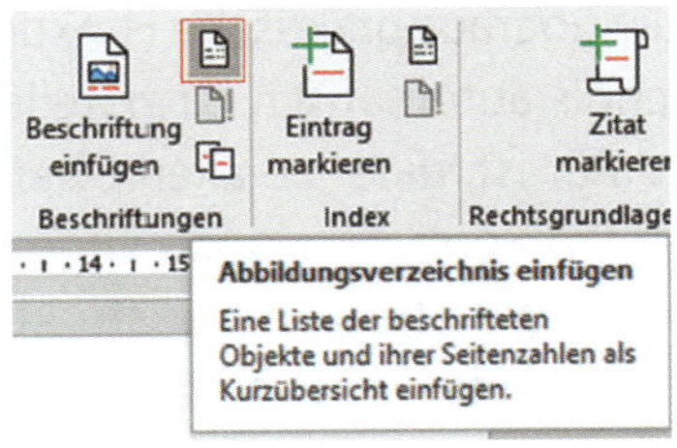

Klicken Sie in Ihrem Dokument an die Stelle, wo Sie das Abbildungsverzeichnis einfügen möchten. Gehen Sie auf der Registerkarte Referenzen – Befehlsgruppe Beschriftungen – Schaltfläche Abbildungsverzeichnis einfügen.

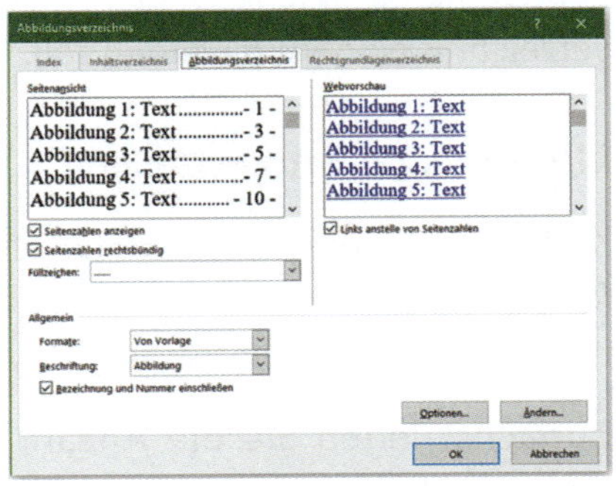

Index erstellen

In umfangreichen Dokumenten sind Stichwortverzeichnisse sehr wichtige Hilfsmittel für die Leser. Bei einem gedruckten Dokument wird dadurch das rasche Auffinden einer bestimmten Textstelle wesentlich erleichtert.

Als ersten Schritt müssen Sie bestimmen, welche Wörter Ihres Textes in das Stichwortverzeichnis aufgenommen werden sollen. Markieren Sie dazu ein Wort oder nur einen Wortteil oder auch mehrere Wörter und drücken Sie Alt + Shift + X. Der markierte Text erscheint nun unter „Haupteintrag". Ändern Sie eventuell diesen Eintragungstext und klicken Sie auf Festlegen.

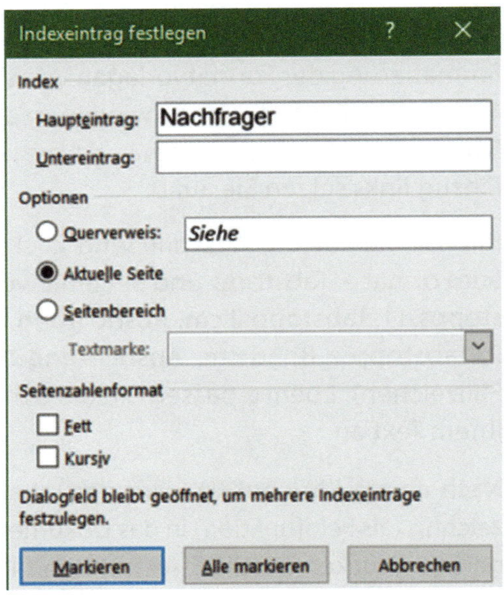

Dadurch wird im Text ein Indexeintrag eingefügt. Das Dialogfeld Indexeintrag festlegen bleibt im Vordergrund. Markieren Sie im Text das nächste Stichwort und klicken Sie in das Feld Haupteintrag. Wenn Sie auf Markieren bzw. Alle markieren klicken, wird das Wort/Wörter überall im Text als Stichwort gekennzeichnet.

Klicken Sie auf die Registerkarte Referenzen – Index einfügen, um das Dialogfeld Index einfügen anzuzeigen. Wählen Sie Format, Typ und Position der Seitenzahl aus. Geben Sie die Anzahl der Spalten ein. Klicken Sie auf OK.

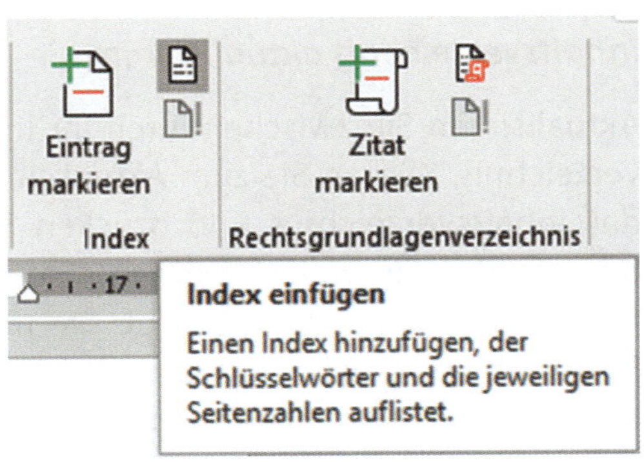

Index aktualisieren

Wenn Sie nachträglich noch Stichwörter festgelegt haben oder durch Bearbeitungen der Seitenumbruch verändert wurde, müssen Sie das Indexverzeichnis aktualisieren. Markieren Sie dazu den Index und drücken Sie F9 oder wählen Sie im Kontextmenü Felder aktualisieren.

Dokumente überprüfen

Ein einziges Dokument wird oft mehrmals von vielen verschiedenen Personen gelesen, überprüft und geändert. Mit der Überarbeitungsfunktion behält man ganz leicht die Übersicht.

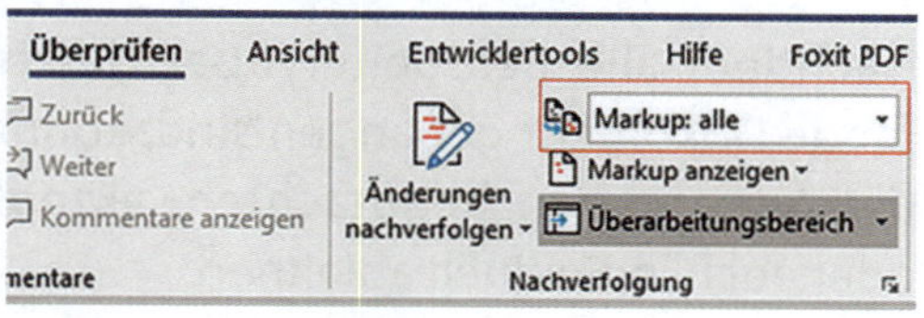

Aktivieren Sie auf der Registerkarte Überprüfen – Befehlsgruppe Nachverfolgung die Schaltfläche Änderungen nachverfolgen.

Um die Änderungen anzuzeigen, muss Markups: alle aktiviert sein.

Klicken Sie auf Überarbeitungsbereich, um Ihre Aktionen zu protokollieren.

Bearbeiten Sie den Text. Eingefügter Text wird unterstrichen, gelöschter Text durchgestrichen; verschobener Text wird an der neuen Position doppelt unterstrichen und an der ursprünglichen Position doppelt durchgestrichen.

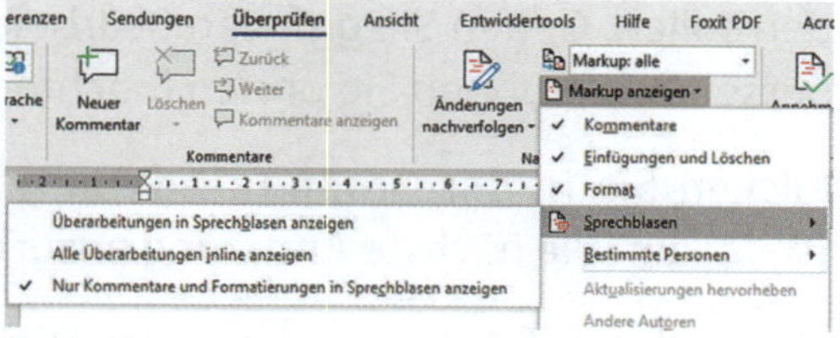

Klicken Sie auf die Schaltfläche Markups anzeigen – Sprechblasen und legen Sie fest, welcher Inhalt in den Sprechblasen angezeigt wird.

1.	Eingefügter Text wird durch farbliche Kennzeichnung vom restlichen Text unterschieden. Word weist jeder Person, die am Dokument arbeitet, eine andere Farbe zu (bis zu acht Personen/Farben). Damit sehen Sie auf einen Blick, welche Kommentare und Änderungen welcher Person zuzuordnen sind. Wenn Sie den Mauspfeil über dem eingefügten Text ruhen lassen, erscheinen weitere Informationen.
2.	Gelöschter Text wandert in eine farblich gekennzeichnete Kommentarblase an der rechten Seite des Dokuments.
3.	Auch Änderungen des Formats, z. B. der Schriftart, werden in der Kommentarblase erwähnt.

Kommentar einfügen

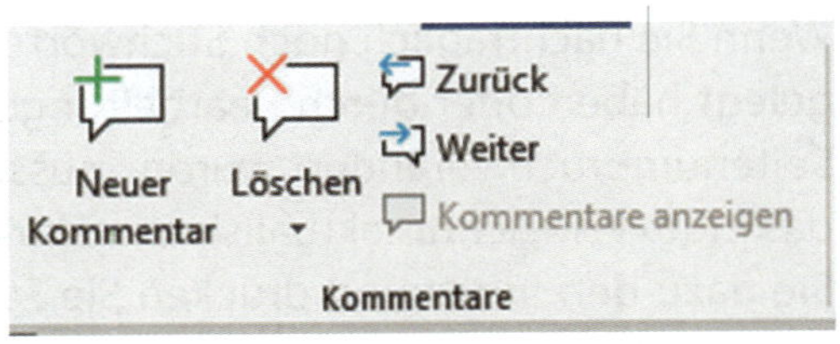

Das Einfügen von Kommentaren funktioniert in Word genauso wie mit Papier und Bleistift, wo Sie Ihre Notizen am Rand des Dokuments machen. In Word erscheinen diese Notizen rechts vom Text zusammen mit weiteren Informationen in einer Kommentarblase, die ebenfalls in der persönlichen Farbe der jeweiligen Person gehalten ist.

Wählen Sie den Text aus, den Sie kommentieren möchten, oder klicken Sie ans Ende des betreffenden Textabschnitts. Klicken Sie auf die Registerkarte Überprüfen – Neuer Kommentar. Geben Sie Ihren Kommentar direkt in die Kommentarblase ein.

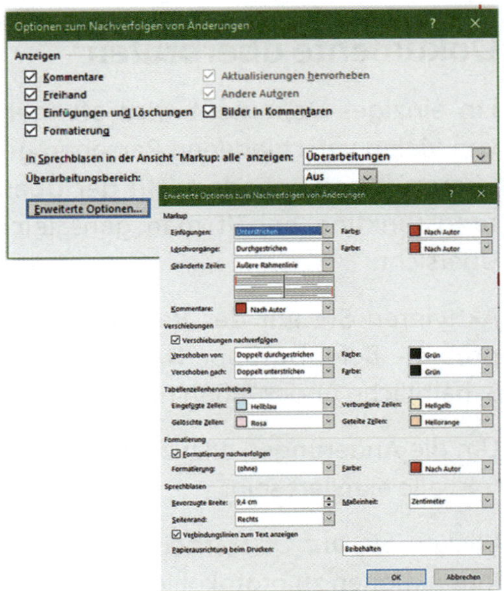

Änderungen bearbeiten

Nachdem alle Bearbeiter über das betreffende Dokument gegangen sind, können Sie die Änderungen begutachten, akzeptieren oder auch individuell ablehnen.

Öffnen Sie das Dokument mit den Änderungen. Deaktivieren Sie ggf. auf der Registerkarte Überprüfen – Nachverfolgung die Funktion Änderungen nachverfolgen. Klicken Sie auf das Feld Einfaches Markup.

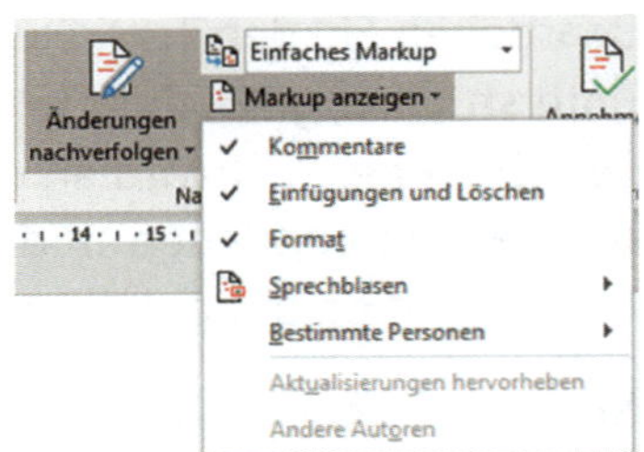

Klicken Sie auf Markup anzeigen und wählen Sie aus, welche Änderungen angezeigt werden sollen. Geben Sie ggf. den Bearbeiter an, dessen Änderungen Sie prüfen möchten.

Klicken Sie in der Gruppe Änderungen auf Weiter, um die nächste Änderung anzuzeigen.

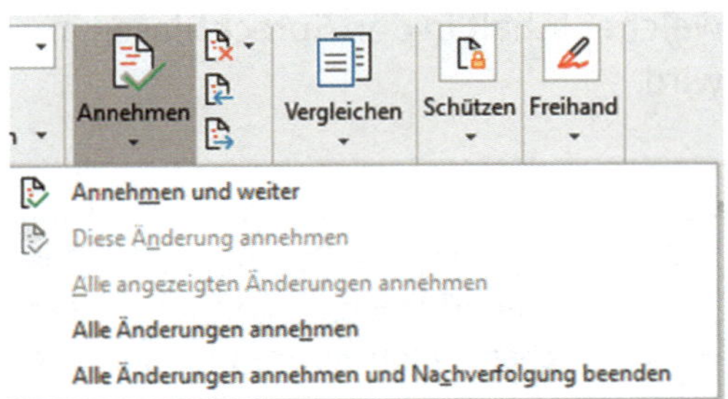

Klicken Sie auf Annehmen, um die Änderung zu integrieren, oder auf Ablehnen, um sie zu verwerfen. Um alle Änderungen zu übernehmen, klicken Sie auf den Pfeil der Schaltfläche Annehmen und dann auf Alle Änderungen im Dokument annehmen. Um Änderungen zu verwerfen, klicken Sie auf den Pfeil der Schaltfläche Ablehnen und dann auf Alle Änderungen im Dokument ablehnen.

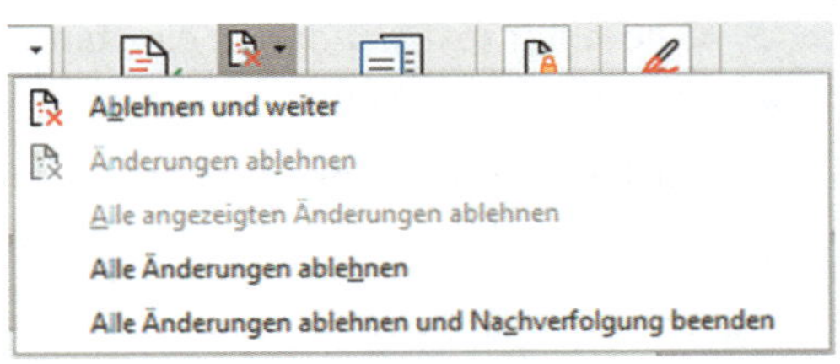

Wechseln Sie zum Schluss zur Ansicht Endgültig/Abgeschlossen, prüfen Sie das Dokument abschließend noch einmal auf Fehler, speichern und schließen Sie es.

Dokument drucken

Drucken

Klicken Sie auf der Registerkarte Datei auf den Befehl Drucken oder benutzen Sie die Tastenkombination STRG + P.

Wählen Sie den gewünschten Drucker (1).

Danach können Sie die Einstellungen (2) ändern, z. B. Papierformat, Farbdruck usw.

Die Auswahlmöglichkeiten sind druckerspezifisch.

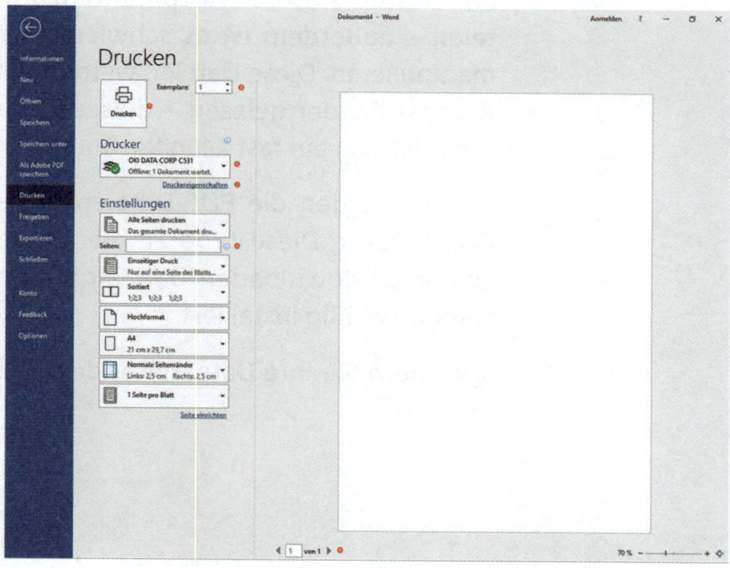

Unter Einstellungen können Sie weitere Druckeinstellungen in der Backstage-Ansicht vornehmen (z. B. Anzahl der zu druckenden Exemplare (3) oder welche Seiten Sie drucken möchten (4).

In der Backstage-Ansicht werden alle Einstellungsmöglichkeiten für den Drucker und das Drucken gezeigt. Das Dokument können Sie durchblättern (5).

Wenn Sie alle Einstellungen vorgenommen haben, gehen Sie auf Drucken (6), um den Ausdruck zu starten.

PDF-Datei erstellen

Unterlagen, die per E-Mail versandt werden, bzw. eine Online-Bewerbung versenden Sie am besten in kilobytesparenden PDF-Dateien – außerdem ist es schwieriger, sie zu manipulieren. Diese Dateien werden mit dem Acrobat Reader gelesen – dieses Programm befindet sich auf fast allen Rechnern.

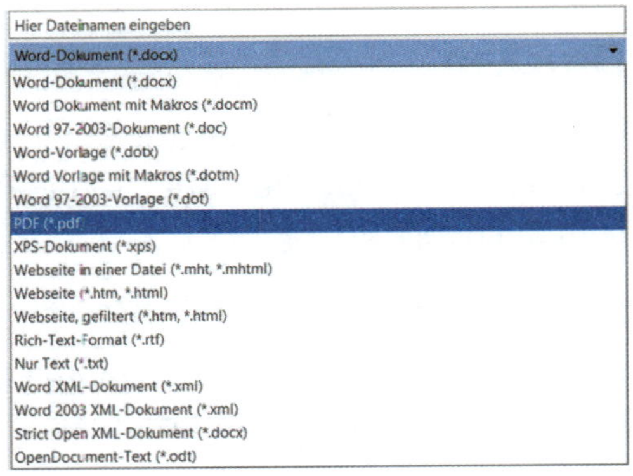

Erstellt werden die PDF-Dateien mit einem PDF Creator. Diese Programme können Sie kostenlos downloaden bzw. sind sie schon standardmäßig installiert.

Speichern Sie Ihre Datei unter dem Dateityp PDF ab.

Excel-Funktionen

Neben der Textverarbeitung ist die Tabellenkalkulation im Bürobereich eine der am häufigsten verwendeten Anwendersoftware. Für kaufmännische Tätigkeiten sind Softwarekenntnisse in diesem Bereich unerlässlich.

In vielen Unternehmen wie auch bei Prüfungen wird das Tabellenkalkulationsprogramm Excel eingesetzt. Die Software findet Anwendungsmöglichkeiten bei Produktionsplanung, Vertriebssteuerung, Lohnabrechnung, Lagerverwaltung usw. Mit diesem Programm können Sie äußerst zeitsparend arbeiten, da jederzeit Tabellen und Diagramme aktualisiert werden können.

Excel-Bildschirm

1. Programmleiste
2. Menüband
3. Registerkarten
4. Bearbeitungsleiste
5. Zeilenkopf
6. Tabellenblätter
7. Spaltenkopf
8. Namensfeld
9. Hilfe
10. Aktive Zeile
11. Seitenansicht

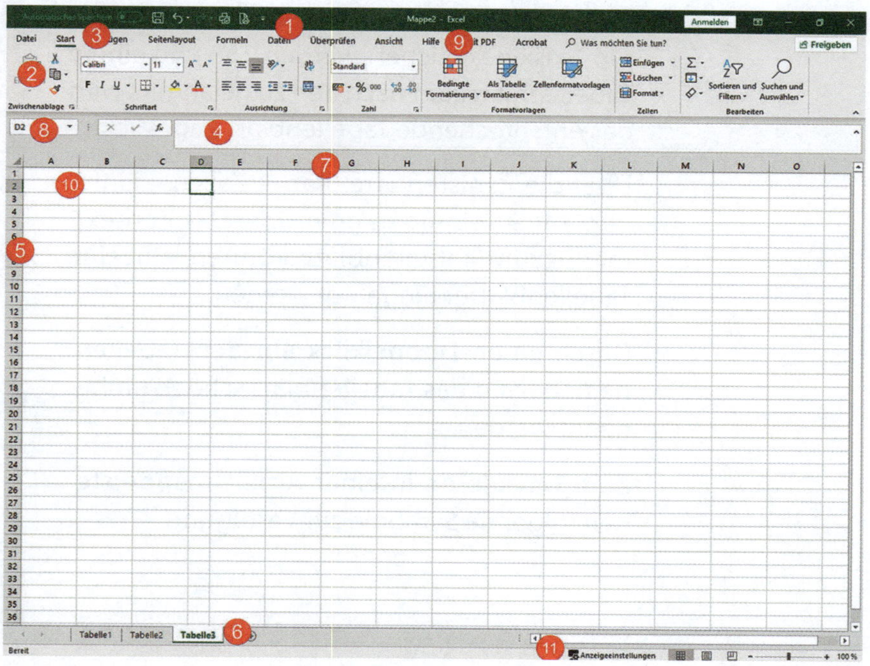

Ein Tabellenkalkulationsprogramm basiert auf Tabellen, die wiederum aus einer Vielzahl von einzelnen Zellen bestehen. Eine Excel-Tabelle kann maximal 65 536 Zeilen und 256 Spalten enthalten. Das ergibt über 16 Millionen Zellen. Eine Zelle kann bis zu 32 000 Zeichen für Text oder 10 240 Zeichen für den Formelinhalt enthalten.

Die Zellen können unterschiedliche Inhalte ausweisen. Ebenso können sie logische (z. B. <, >) und arithmetische (z. B. +, *) Operationen miteinander verknüpfen.

Anwendungsfenster

Daten eingeben. Die Bearbeitungsleiste dient zur Eingabe von Daten in die ausgewählte Zelle. Änderungen können mit der Eingabetaste bestätigt oder mit der Taste Esc abgebrochen werden. Im Namenfeld wird die Adresse der Zelle angezeigt, in der die Daten eingegeben werden. Die Eingabe der Daten kann auch direkt in der Zelle erfolgen.

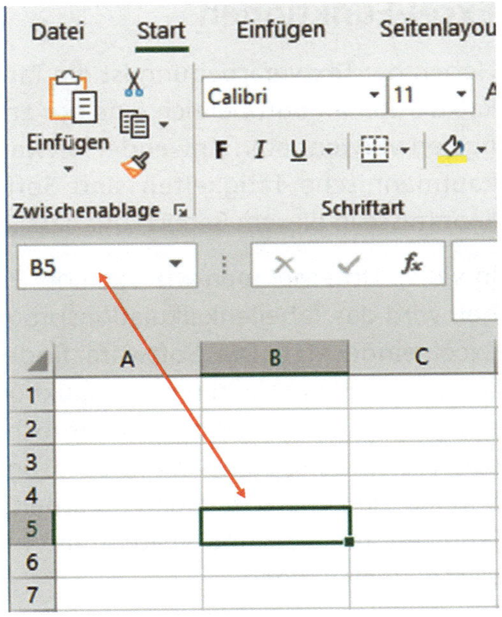

Tabellenblätter, deren Daten zusammenhängen, können in einer Arbeitsmappe als Dateityp *.xlsx gespeichert werden. Um von einem Tabellenblatt zum nächsten zu gelangen, wird das entsprechende Tabellenblatt angeklickt.

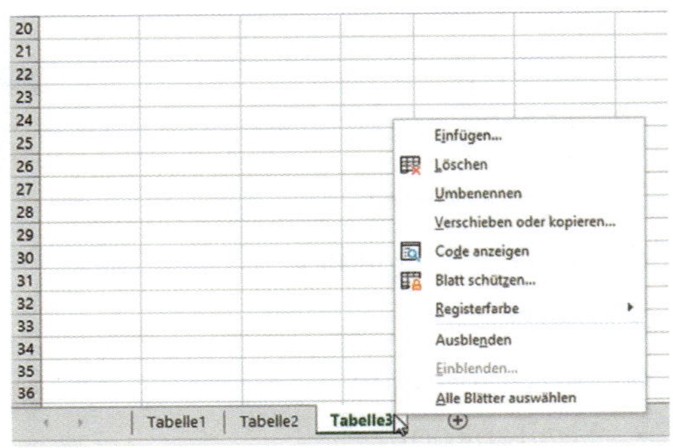

Über die Registerkarte Start – Zellen – Einfügen – Blatt einfügen oder über das Kontextmenü zum Tabellenblatt können einzelne Tabellenblätter eingefügt werden.

Durch einen Doppelklick auf den Tabellennamen kann das Tabellenblatt schnell umbenannt werden.

Zum Navigieren in einer Arbeitsmappe stehen folgende Symbole zur Verfügung.

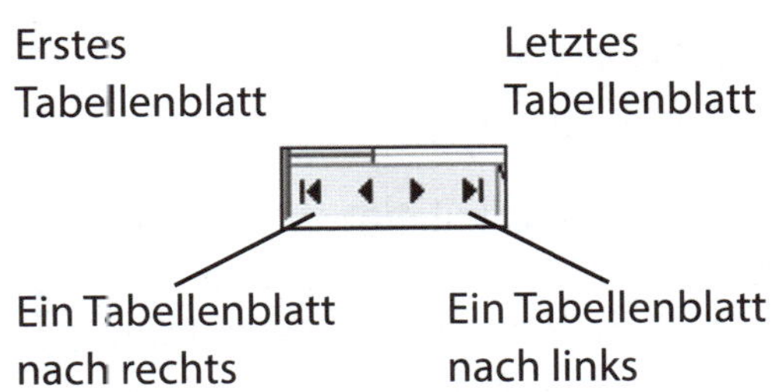

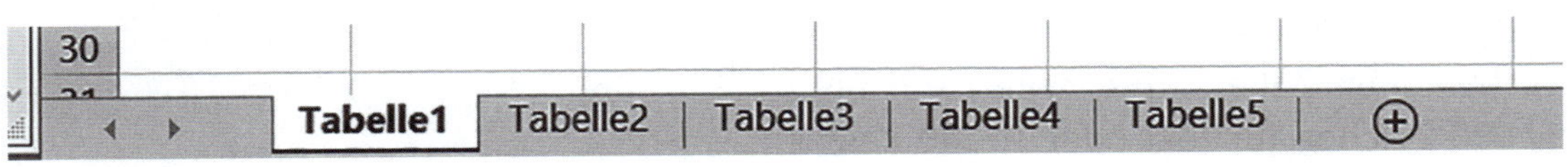

Daten eingeben

Nachdem die gewünschte Zelle markiert ist, kann mit der Eingabe von Daten (Texten, Zahlen, Formeln) direkt in die Zelle oder in die Bearbeitungszeile begonnen werden. Die Texteingabe wird standardmäßig linksbündig geschrieben und die Zahlen werden rechtsbündig ausgerichtet.

Werden die Zeichen "#######" in einer Zelle angezeigt, dann ist die Spalte für die eingegebenen Zahlen zu klein. Mit einem Doppelklick im Spaltenkopf zwischen der Spalte D und E wird die optimale Breite erreicht.

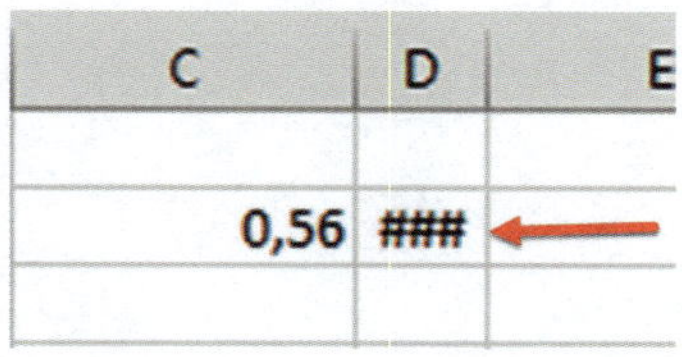

Reicht eine Spalte für den eingegebenen Text nicht aus, wird die rechte Nachbarzelle mit verwendet. Ist diese Zelle nicht leer, wird der Text abgeschnitten und nur von der Bearbeitungszeile komplett angezeigt. Der Text kann durch das Tastenkürzel Alt + ⇒ (Return) entsprechend aufgeteilt oder unter der Gruppe Ausrichtung – Startmenü – Zellen formatieren – Textsteuerung – Zeilenumbruch aktiviert werden. Alternativ kann im Spaltenkopf die Spalte erweitert werden.

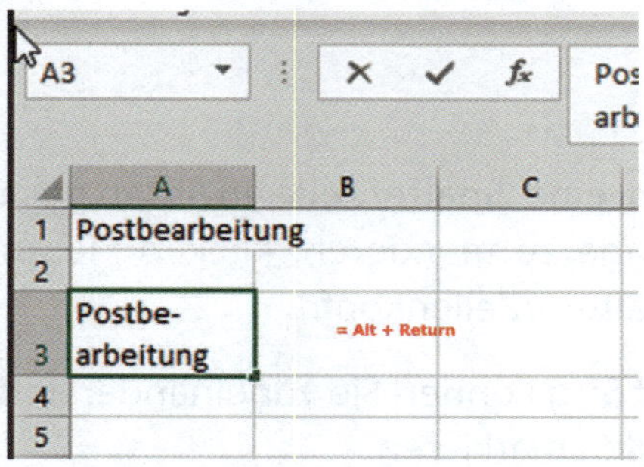

Soll die Zahl als Text (linksbündig) erkannt werden, muss die Eingabe mit einem Apostroph beginnen. Mit dieser Zahl kann dann allerdings in einer Formel nicht gerechnet werden.

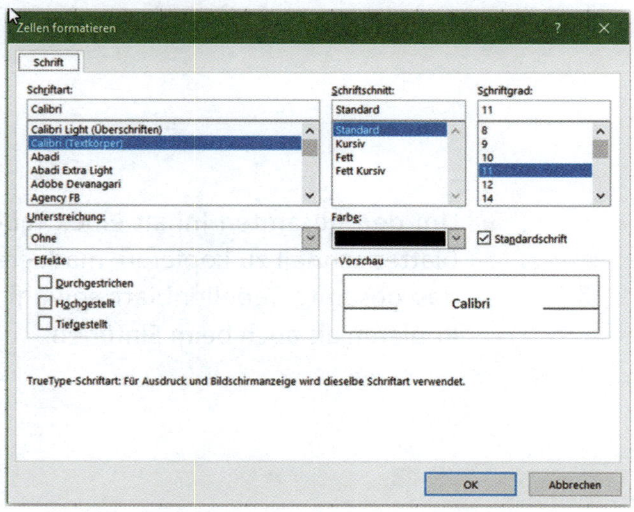

Zelleninhalte löschen

Markieren Sie die Zelle und drücken Sie die Entfernen-Taste oder Rücklöschtaste.

Wird die Löschung über die Leertaste vorgenommen, entsteht ein leerer Eintrag in der Zelle. Dies kann bei späteren Aufgabenstellungen zu Problemen führen.

Markieren von Zellen

Markiert ist die Zelle oder der Bereich, der von einem schwarzen Rahmen umgeben ist und in dessen rechter unterer Ecke sich ein kleines Quadrat (Anfasser) befindet.

Markierte Zelle (A1)

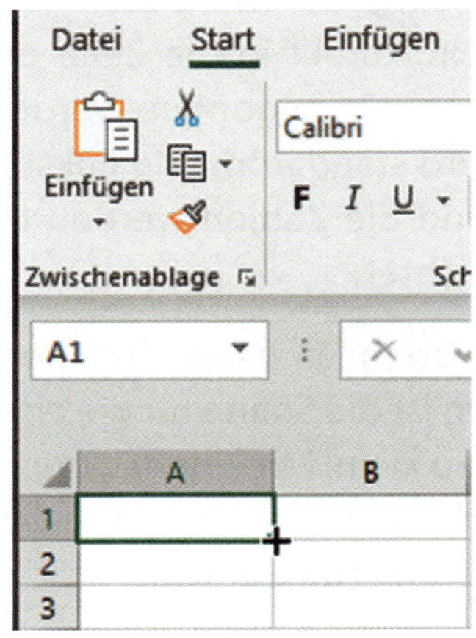

- Um eine Spalte/Zeile in ihrer gesamten Länge zu markieren, klicken Sie auf den Spalten-/Zeilenkopf.
- Mit Strg können Sie voneinander entfernte Zellen markieren.

Markierter Bereich (A1 bis C8)

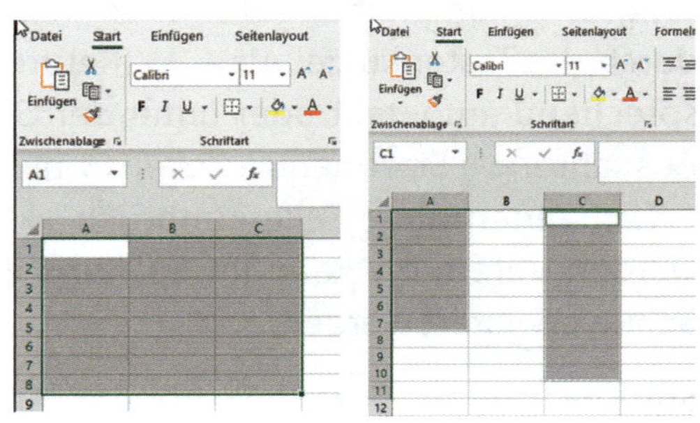

- Um den gesamten Inhalt eines Tabellenblattes schnell zu kopieren, markieren Sie das gesamte Tabellenblatt sowohl beim Kopieren als auch beim Einfügen.

Markiertes Tabellenblatt

Schaltfläche zum Markieren des gesamten Tabellenblattes

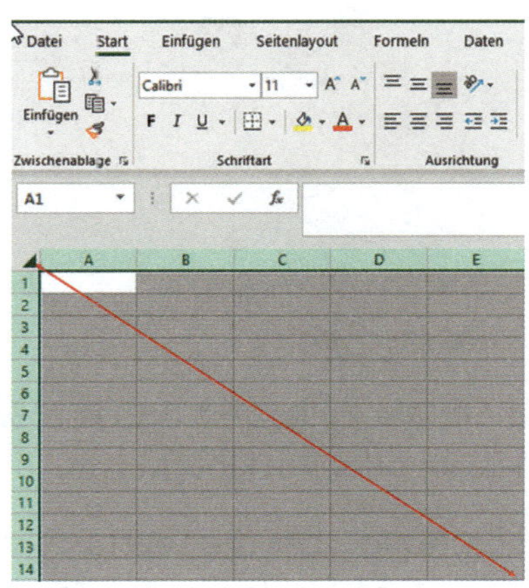

AutoAusfüllen von Zellen

Ausgehend von einem Eintrag lassen Sie eine Reihe von vorgegebenen Einträgen automatisch folgen. Wenn der Mauszeiger auf dem Anfasser steht, wird der AutoAusfüllen-Mauszeiger (Fadenkreuz) angezeigt. Der Ausgangswert bzw. die Ausgangswerte müssen markiert sein, damit die Systematik der Aufzählung durch Ziehen mit dem AutoAusfüllen-Mauszeiger erkannt wird.

Die Schaltfläche AutoAusfülloptionen wird unmittelbar unterhalb der Füllauswahl eingeblendet, nachdem Sie ein Tabellenblatt mit Text oder Zahlen gefüllt haben. Wenn Sie auf die Schaltfläche klicken, wird eine Liste angezeigt, die Optionen für den Umgang mit dem Text oder den Daten beim Ausfüllen enthält.

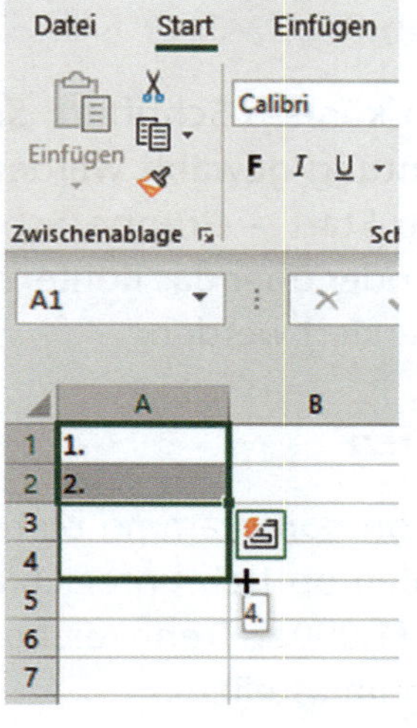

Wird AutoAusfüllen-Mauszeiger (Fadenkreuz) mit der Strg-Taste gezogen, wird immer der gleiche Textinhalt kopiert. Anders ist es beim Kopieren von Zahlenreihen. Hier muss die Strg-Taste gedrückt werden, ansonsten wird die eingegebene Zahl kopiert.

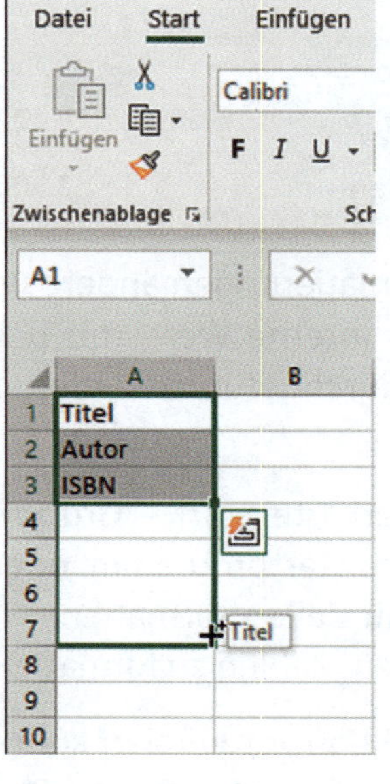

Formatierungsmöglichkeiten

Die Gitternetzlinien auf Ihrem Bildschirm sind nur als Orientierung gedacht und werden nicht mitgedruckt. Daher sollten Sie Ihre Tabellen so formatieren, dass sie schnell verstanden werden.

Zellen formatieren

Auch Tabellen werden ansprechend gestaltet. Dazu müssen Formatierungen (Schriftart, Farbe, Rahmen, Zahlenformate usw.) vorgenommen werden. Vor jeder Formatierung müssen die zu bearbeitenden Zellen markiert werden.

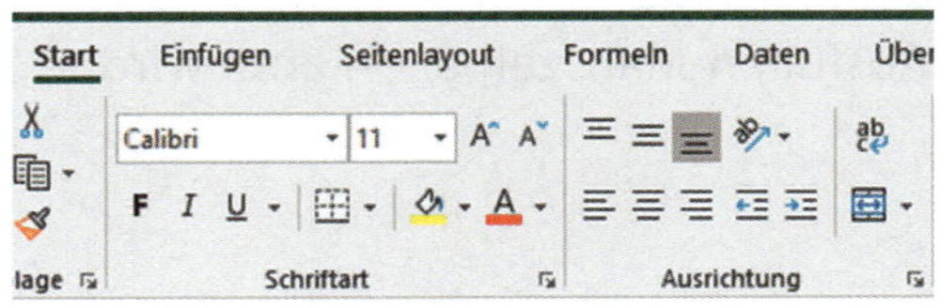

Texte formatieren

Mit Textformaten können Schriftart, Schriftgrad und Ausrichtung gewählt werden. Auf der Registerkarte Start – Gruppe Schriftart und Ausrichtung oder über das Kontextmenü können Zellen markiert werden.

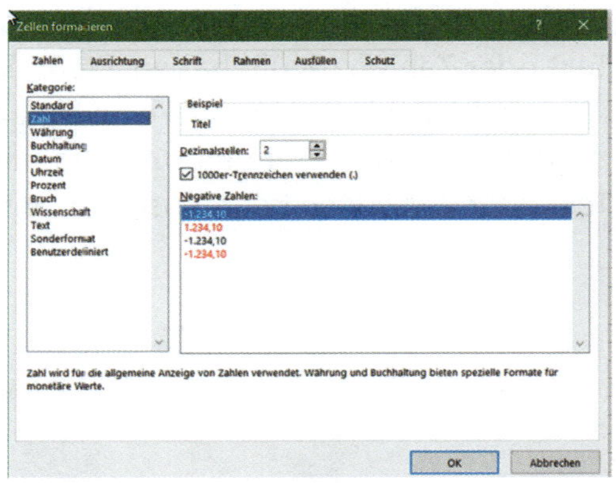

Zahlen formatieren

Tabellenkalkulationsprogramme bieten die Möglichkeit, Zahlen optisch unterschiedlich zu formatieren (1.000er-Trennzeichen, als Währung, Nachkommastellen).

Standard	2 500
1.000er-Teilung	2.500
Währungsformat	2.500 €
Nachkommastellen	2.500,00 €

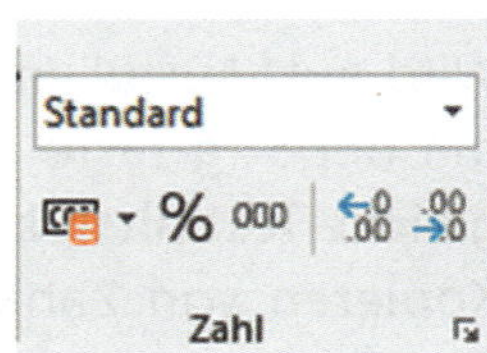

Durch Zahlenformatierungen ändert sich nur die Ansicht, der interne Wert, mit dem die Berechnungen durchgeführt werden, bleibt gleich.

Über die Registerkarte Start – Gruppe Zahl klicken Sie auf das Startprogramm, oder über das Kontextmenü Zellen formatieren haben Sie die Möglichkeit, Zahlen zu formatieren.

In der Kategorie Benutzerdefiniert können Sie ein eigenes Zahlenformat, z. B. zum Rechnen mit Mengenangaben (Liter, Stück) kreieren.

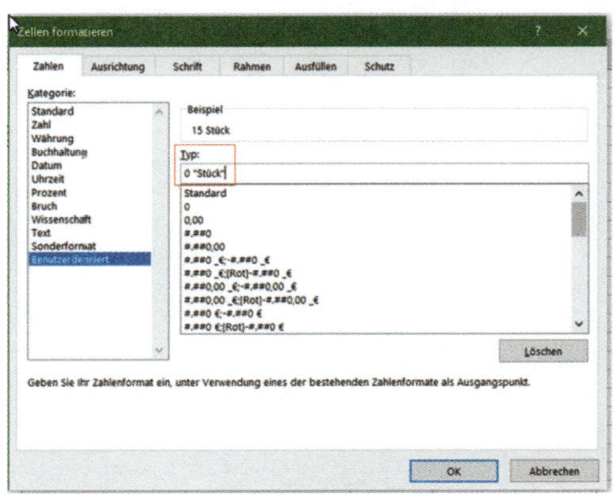

- Um Text mit Zahlen in einer Zelle darzustellen, setzen Sie den Text in Anführungszeichen.
- Um Zahlen mit Dezimalstellen darzustellen, fügen Sie Ziffernplatzhalter ein.
  - # = zeigt nur bedeutende Ziffern an
  - 0 = zeigt nichts bedeutende Nullen an

Hintergrundfarben

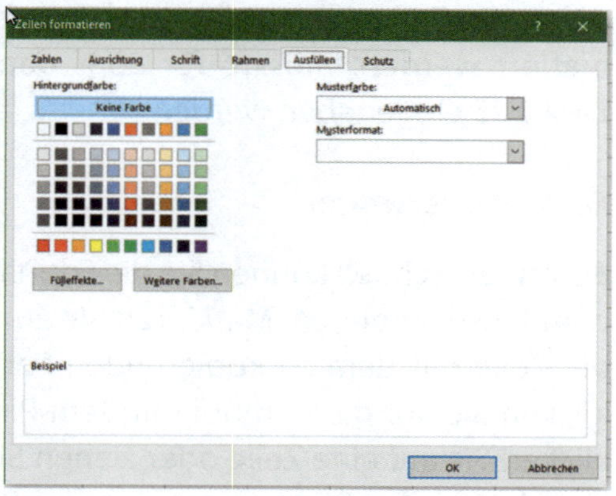

Das Verwenden von Hintergrundfarben für einzelne Zellen und Zellbereiche ist zum Beispiel dann sinnvoll, wenn zwischen Eingabefeldern und Ergebnisfeldern unterschieden wird. Der Nutzer dieser Excel-Tabelle sieht dann sofort, in welchen Zellen Formeln oder Funktionen hinterlegt wurden, die durch Eingaben von neuen Werten gelöscht würden. Unter Zellen formatieren – Ausfüllen können Sie die verschiedensten Farben auswählen.

Zellausrichtung

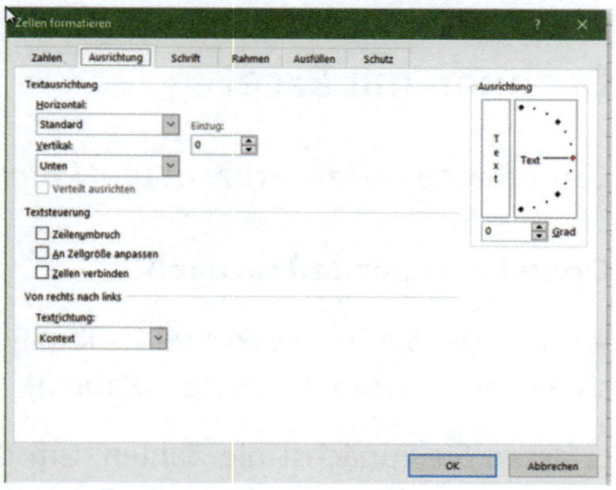

Standardmäßig werden Zahlen rechts- und Texte linksbündig formatiert. Diese Einstellung können Sie schnell über die Symbole abändern.

Über das Dialogfenster Zellen formatieren werden über das Register Ausrichtung weitere Möglichkeiten der Zellausrichtung angeboten. Die Textausrichtung kann horizontal und vertikal verändert werden, ebenso kann bei der Ausrichtung nach links ein Einzug gesetzt werden. Unter Orientierung können Texte auch senkrecht eingerichtet werden. Dazu wird mit der Maus ein beliebiger Winkel festgelegt. Unter Textsteuerung können Sie den Zeilenumbruch und die Spaltenbreite bestimmen. Mehrere Zellen können zu einem Zellbereich verbunden werden, wenn Sie an entsprechender Stelle einen Haken setzen.

Befehle Wiederholen/Rückgängig machen

Über den Befehl Rückgängig bzw. mit dem Shortcut Strg + Z machen Sie den letzten Befehl rückgängig, um fehlerhafte Eingaben zu beheben.

Über den Befehl Wiederholen oder über dem Shortcut Strg + Y kann der zuletzt eingegebene Befehl beliebig oft wiederholt werden.

In der Symbolleiste für den Schnellzugriff können die gewünschten Befehle aktiviert werden.

Zellen mit Prozent formatieren

Anders ist es, wenn die Zelle auf das Format Prozent formatiert wird. Der eingegebene Wert erhält automatisch als Erweiterung das Prozentzeichen (%). Zunächst werden die Zellen markiert und dann das Prozentformat zugewiesen.

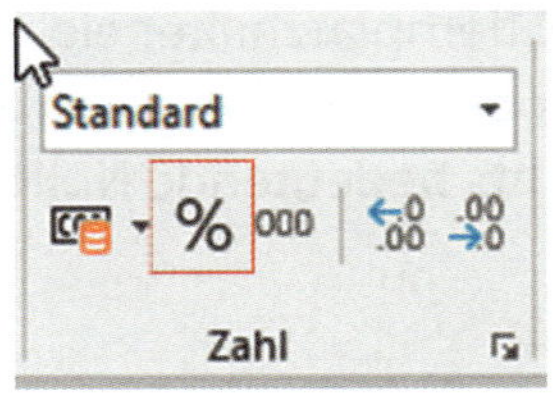

Wenn die Zellen erst später auf Prozent formatiert werden, müsste für 25 % dann die Zahl 0,25 eingegeben werden.

Format übertragen

Besonders schnell können Sie die Formate mit dem Pinsel kopieren. Markieren Sie zunächst die Zelle mit dem zu kopierenden Format – klicken Sie auf das Symbol mit dem Pinsel –, klicken Sie auf eine Zelle oder ziehen Sie den Pinsel über den Bereich, auf den das Format übertragen werden soll.

Rechnen mit Excel

Grundrechenarten, Prozent und Potenz

Operatoren mit Zellbezügen

Verwenden Sie in der Formel Zellbezüge anstelle von konstanten Werten (Zahlen).

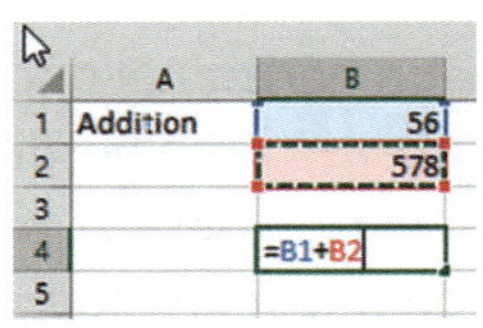

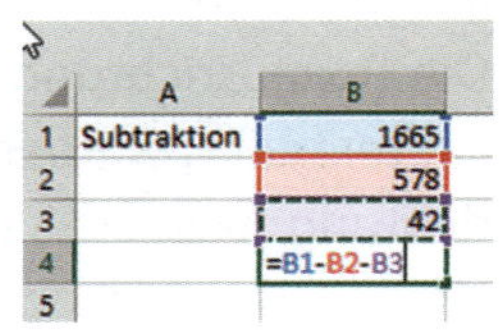

Erfassen Sie zunächst die Zahlen. Um das Ergebnis zu errechnen, beginnt die Formel immer mit einem Gleichheitszeichen. Klicken Sie bei der Formeleingabe mit der Maus auf die gewünschte Zelle, um die Zellbezüge herzustellen.

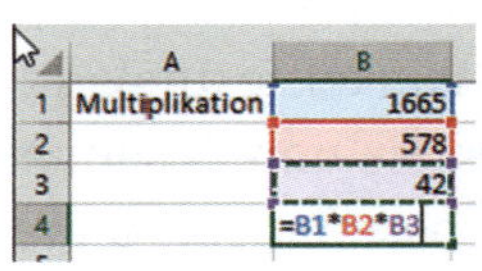

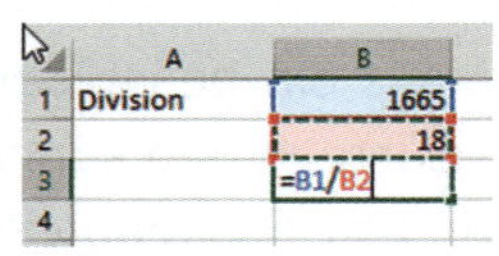

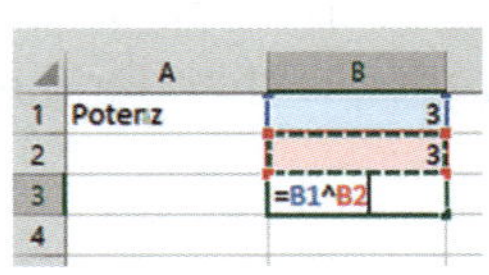

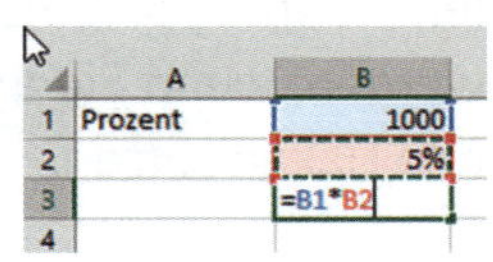

56	schreiben Sie in Zelle B1
578	schreiben Sie in Zelle B2
581	schreiben Sie in Zelle B3
Ergebnis	=
Addition	klicken Sie auf Zelle B1 + klicken Sie auf Zelle B2 + klicken Sie auf Zelle B3
Summe	klicken Sie auf Return

Rationelles Arbeiten mit Excel (LA 3.2.4)

Kopieren von Formeln

Beim Kopieren von Formeln mit Zellbezügen wird die Zelle, in der die zu kopierende Formel steht, markiert. Der Mauszeiger wird dann auf den Anfasser platziert, und mit dem Auto-Ausfüllen-Mauszeiger wird die Formel in die gewünschten Zellen kopiert. Dabei ist es wichtig, zwischen relativen und absoluten Bezügen zu unterscheiden.

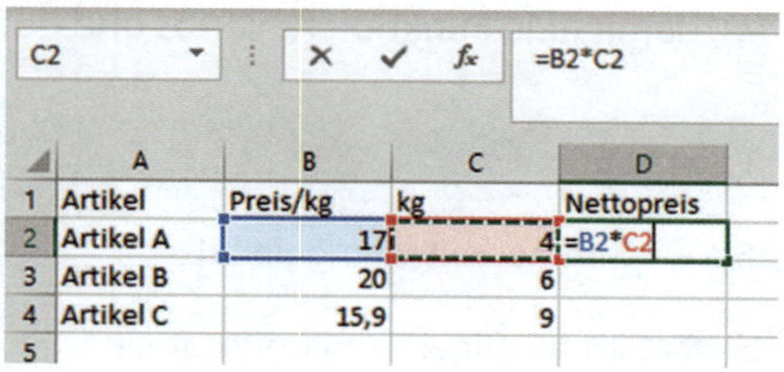

Relative Adressierung (Zellbezüge)

Ein relativer Bezug berechnet Zellen relativ zu seiner Position. Werden Zellen mit relativem Bezug kopiert, wird der Bezug angepasst.

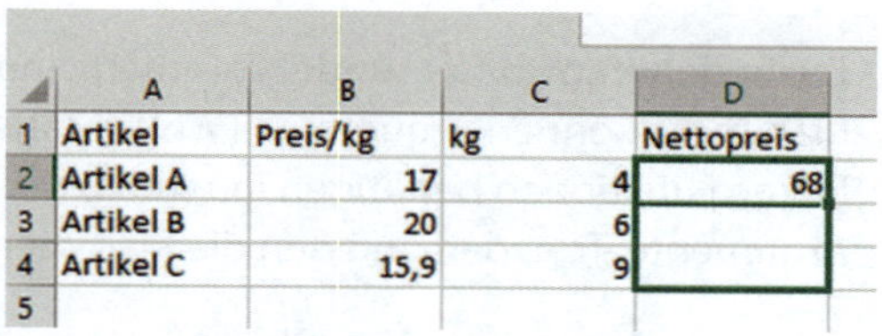

Wird die Formel von der Zelle D2 in die Zelle D3 und D4 kopiert, wird der Bezug angepasst.

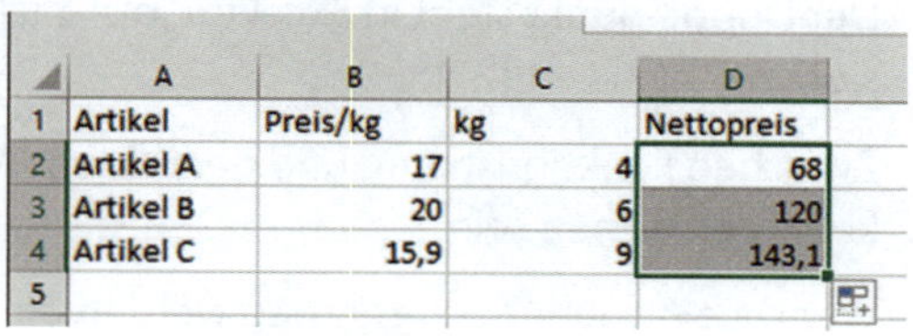

Absolute Adressierung (Zellbezüge)

Wollen Sie verhindern, dass ein Bezug beim Kopieren einer Formel angepasst wird, müssen absolute Bezüge verwendet werden. Ein $-Zeichen vor einer Zeile/Spalte verhindert deren Veränderung. Dies erreichen Sie auch mit der Taste F4.

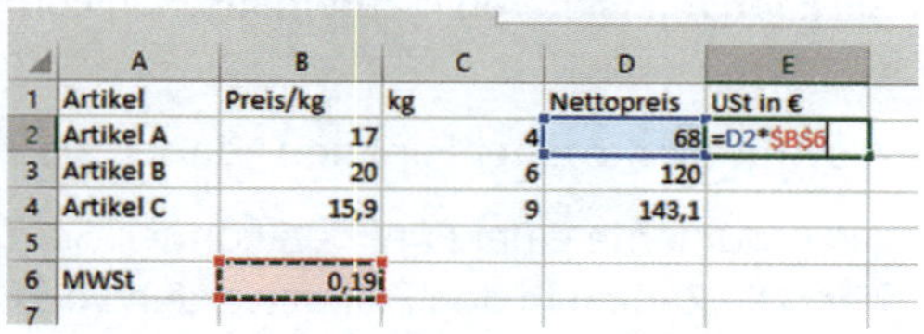

Wird die Formel von der Zelle E2 in die Zellen E3 und E4 kopiert, wird der absolute Bezug $B$5 nicht angepasst. Also es wird immer Bezug auf Zelle B5 genommen.

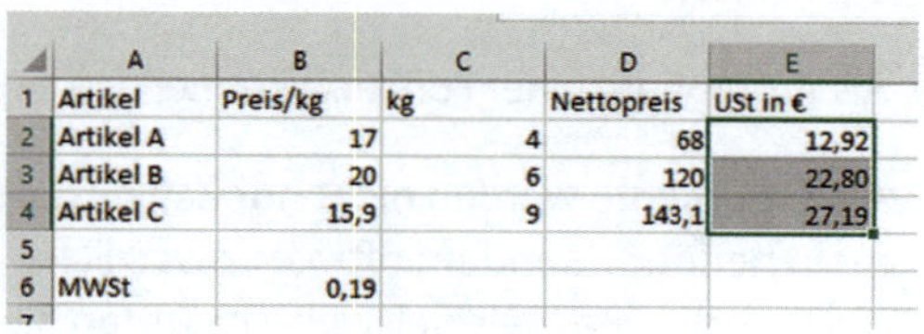

Syntax von Excel-Funktionen

Eine Funktion muss immer in einer bestimmten Form, der sogenannten Syntax, geschrieben werden. Zusätzlich sind einige Regeln einzuhalten, damit eine Funktion fehlerlos und gültig ist.

Funktion	Syntax
Sie wird immer mit = eingeleitet.	=E2+E4
Sie hat immer einen Funktionsnamen.	=HEUTE()
Zu ihr gehören immer runde Klammern. Innerhalb dieser Klammern können Argumente (Werte, Zahlen etc.) stehen. Einige Funktionen benötigen innerhalb der Klammern keine Argumente. Trotzdem müssen die Klammern vorhanden sein.	Funktion ohne Argumente: =HEUTE() Funktion mit Argumenten: =SUMME(28;50;41)
Der Doppelpunkt steht in Excel für „bis", nicht aber als Divisionszeichen.	=SUMME(B3:B12)
Zwischen Funktionsname und der öffnenden Klammer darf kein Leerzeichen sein.	=SUMME(28;50;41)
Wenn sie Argumente besitzt, so werden die Argumente mit einem Semikolon (;) getrennt.	=SUMME(28;50;41).
Sie kann mit weiteren mathematischen Formeln verknüpft werden.	=MITTELWERT(28;54;89)+15
Als Argumente einer Funktion können Sie Zahlen eingeben.	=MITTELWERT(24;50)
Als Argumente einer Funktion können Sie Zellbezüge eingeben. Die Zahlen in den Zellen werden von Excel automatisch ausgelesen.	=MITTELWERT(A2;A5)
Als Argumente einer Funktion können Sie eine Formel eingeben.	=MITTELWERT(A2+A7;A9-A16)
Als Argumente werden nicht nur Zahlen, Zellbezüge oder Formeln benötigt, sondern oftmals zusätzliche Informationen über die Berechnung. Beispielsweise möchten Sie den Wert einer Zelle runden. Excel braucht die Anzahl der Nachkommastellen, nach denen gerundet werden soll, als Argument. Die Zelle A2 wird in diesem Beispiel nach der dritten Nachkommastelle gerundet. Die Zahl 3 steht für die Anzahl der Nachkommastellen.	=RUNDEN(A2;3)
Sie können auch mehrere Funktionen verschachteln. Beachten Sie dabei, dass jede Funktion sein Klammerpaar behält. In diesem Beispiel haben wir zwei Funktionen sowie zwei Klammerpaare. Mit dieser Funktion wird das Ergebnis vom Mittelwert (B2;B3) auf die zweite Nachkommastelle gerundet.	=RUNDEN(Mittelwert(B2;B3);2)
Argumente können auch Textkonstanten sein. Diese müssen in Anführungszeichen geschrieben sein. Bei dieser Funktion wird geprüft, ob in der Zelle F4 der Text „MwSt" steht. Sollen keine Zahl und kein Text erscheinen, sondern die Zelle leer bleiben, werden doppelte Anführungszeichen gesetzt.	=WENN(F4=„MwSt";1;0) =WENN(F4=„MwSt";1;"")

Funktionen

SUMME, MAX, MIN, MITTELWERT

Die Funktion Summe veranlasst Excel, markierte Zellen automatisch zu addieren.

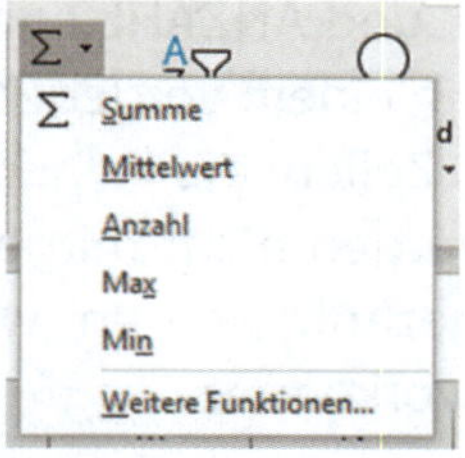

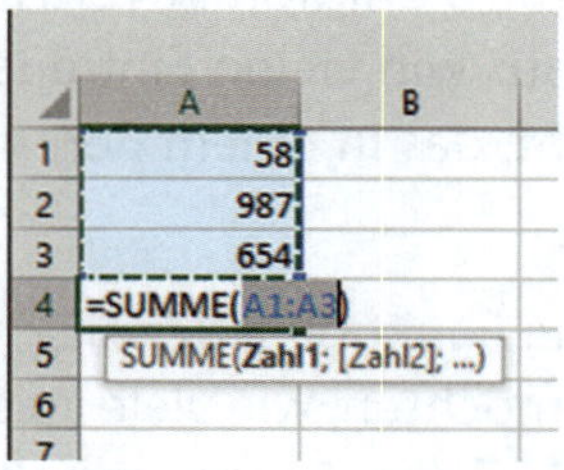

Die Funktion Mittelwert bewirkt, dass die Werte in zuvor markierten Zellen addiert werden. Das Ergebnis wird durch die Anzahl der markierten Zellen dividiert, um den Durchschnitt zu ermitteln.

Der Doppelpunkt [= Summe (A1:A3)] steht in Excel für „bis", nicht aber als Divisionszeichen.

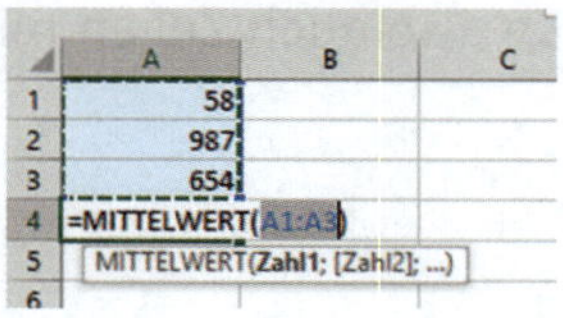

Syntax	Bedeutung	Ergebnis
=SUMME (Zahl1:Zahl2 ...)	Summe	bildet die Summe des angegebenen Bereiches
=MITTELWERT (Zahl1:Zahl2 ...)	Durchschnitt	bildet den Durchschnitt des angegebenen Bereiches
=MIN ((Zahl1:Zahl2 ...)	kleinster Wert	ermittelt den minimalen Wert aus dem angegebenen Bereich
=MAX (Zahl1:Zahl2 ...)	größter Wert	ermittelt den maximalen Wert aus dem angegebenen Bereich
=HEUTE()		gibt das aktuelle Datum aus
=JETZT()		gibt das Datum sowie die aktuelle Uhrzeit aus

Auf- und Abrunden, Ganzzahl und Kürzen

Mit diesen Funktionstasten können Zahlen mit Dezimalstellen auf die gewünschte Art gerundet werden oder Sie gehen unterhalb von AutoSumme auf Weitere Funktionen und geben unter Funktion suchen die gewünschte Funktion ein.

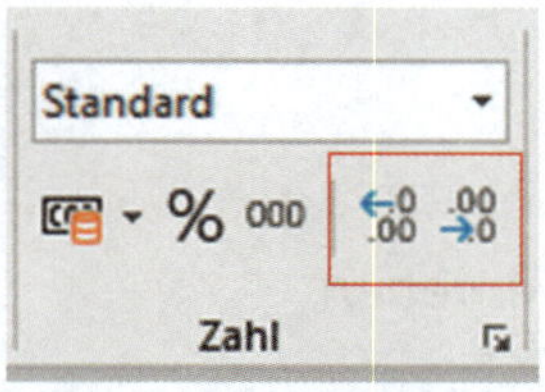

Markieren Sie die Funktionen und bestätigen Sie mit OK.

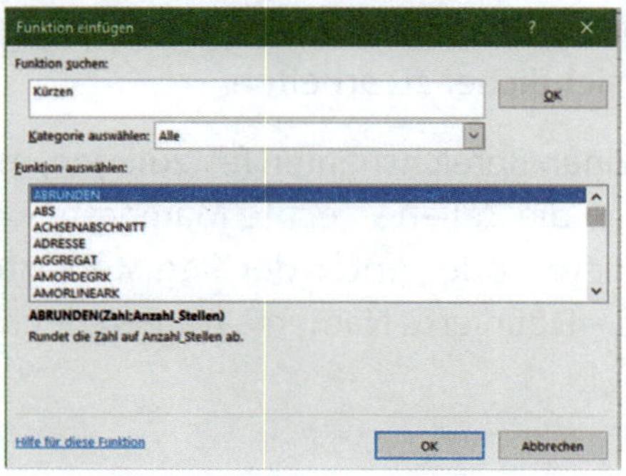

ANZAHL und ANZAHL2

Die Funktion ANZAHL und ANZAHL2 gibt an, wie viele Zahlen sich in einem vorgegebenen Zellbereich befinden. Zellen, die keinen Zahlenwert enthalten, werden nicht mitgezählt. Ebenso kann auch gezählt werden, wie oft eine bestimmte Zahl vorkommt.

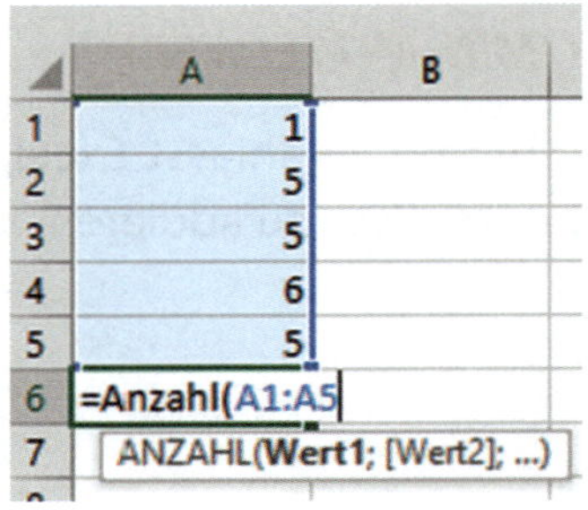

Verwenden Sie die Funktion ANZAHL, um herauszufinden, aus wie vielen Einträgen ein Zahlenfeld besteht, das in einem Bereich gespeichert ist.

Verwenden Sie die Funktion ANZAHL2, wenn Sie herausfinden möchten, wie viele zu einem Bereich gehörende Zellen Daten enthalten. In diesem Fall werden also auch Zellen mit Text gezählt.

Daten sortieren

Oft müssen umfangreiche Tabellen nachträglich sortiert werden. Markieren Sie zunächst die komplette Tabelle, die sortiert werden soll. Klicken Sie das entsprechende Symbol an, um die Tabelle entweder absteigend oder aufsteigend zu sortieren.

Über Benutzerdefiniert haben Sie die Möglichkeit, nach einem oder mehreren Sortierschlüsseln bzw. auch einer individuellen Reihenfolge zu sortieren.

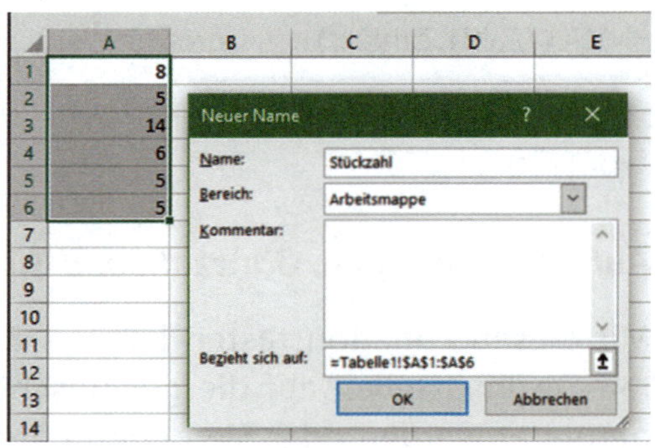

Bereichsnamen vergeben

Für umfangreiche Tabellen ist es sinnvoll, für einzelne Bereiche Namen zu vergeben, um übersichtlicher zu arbeiten.

Um einen Bereichsnamen festzulegen, markieren Sie die Zellen – rechte Maustaste – Name definieren oder unter der Registerkarte Formeln – Definierte Namen – Namen definieren.

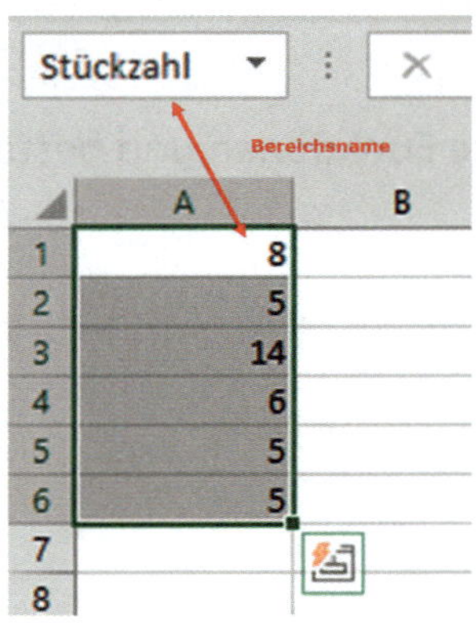

Einfache WENN-Funktion

Die WENN-Funktion wird benötigt, wenn z. B. mit Provisionen gearbeitet wird. Ein Außendienstmitarbeiter erhält 3 % Provision – wenn der Umsatz 200.000 € überschreitet, erhält er 4 % Provision.

Der Provisionssatz wird mit dem Umsatz multipliziert.

	A	B	C	D	E
1					
2		Provisionsstaffel			
3		Jahresumsatz	Povision		
4		200.000,00 €	3%		
5		200.001,00 €	4%		
6					
7					
8					
9		Provision für Außendienstmitarbeiter			
10					
11		Mitarbeiter	Umsatz	Provisionssatz	Provision
12		Meier	180.000,00 €	=wenn(C12>200000;4%;3%)	
13		Schulze	280.000,00 €		
14		Müller	240.000,00 €		
15		Schuhmacher	420.000,00 €		

=WENN(Aussage;DANN-Anweisung;SONST-Anweisung)	=WENN
Zu prüfende Aussage: Ist der Umsatz größer als 200.000 €?	=WENN(C12>200000;
DANN-Anweisung: Der Provisionssatz beträgt 4 %.	=WENN (C12>200000;4%;
SONST-Anweisung: Ist die Bedingung > (größer) nicht erfüllt, beträgt die Provision **3 %**.	=WENN (C12>200000;4%;3%)

Verschachtelte WENN-Funktion

Als weiteren Anreiz bekommen die Außendienstmitarbeiter bei einem Umsatz von 400.000 € 5 % Provision.

In diesem Fall wird mit einer verschachtelten WENN-Funktion gearbeitet.

Provision für Außendienstmitarbeiter			
Mitarbeiter	Umsatz	Provisionssatz	Provision
Meier	180.000,00 €	=WENN(C12>400000;5%;wenn(C12>200000;4%;3%))	
Schulze	280.000,00 €		

Provision für Außendienstmitarbeiter			
Mitarbeiter	Umsatz	Provisionssatz	Provision
Meier	180.000,00 €	3%	5.400,00 €
Schulze	280.000,00 €	4%	11.200,00 €
Müller	240.000,00 €	4%	9.600,00 €
Schuhmacher	420.000,00 €	5%	21.000,00 €

WENN-Funktion	=WENN
1. Zu prüfende Aussage: Ist der Umsatz größer als 400.000 €?	=WENN(C9>400000;
DANN-Anweisung: Der Provisionssatz beträgt 5 %.	=WENN (C12>400000;5%;
2. Zu prüfende Aussage: Ist der Umsatz größer als 200.000 €?	=WENN (C12>400000;5%;WENN(C12>200000;4%
DANN-Anweisung: Der Provisionssatz beträgt 4 %.	=WENN (C12>400000;5%;WENN (C12>200000;4%;3%))
SONST-Anweisung: Ist die Bedingung > (größer) nicht erfüllt, beträgt die Provision **3 %**.	=WENN (C12>400000;5%; WENN(C12>200000;4%;3 %)

Erweiterte WENN-Funktion

1. Innerhalb der DANN- oder SONST-Anweisung kann auch eine Rechnung erfolgen (z. B. A3 + B3). Das Ergebnis wird direkt in die gewünschte Zelle geschrieben.
2. Statt Zahlen können auch Texte als Ergebnis herauskommen. Der Text muss in Anführungszeichen geschrieben werden.

Provision für Außendienstmitarbeiter			
Mitarbeiter	Umsatz	Provisionssatz	Provision
Meier	180.000,00 €	keine	
Schulze	280.000,00 €	4%	11.200,00 €
Müller	240.000,00 €	4%	9.600,00 €
Schuhmacher	420.000,00 €	4%	16.800,00 €

WENN-Funktion	=WENN
Zu prüfende Aussage: Ist der Umsatz größer als 200.000 €?	=WENN(C12>200000;
DANN-Anweisung: Der Provisionssatz beträgt 4 %.	=WENN (C12>200000;4%;
SONST-Anweisung: Ist die Bedingung > (größer) nicht erfüllt, gibt es **keine** Provision.	=WENN (C12>200000;4%;„keine")

Funktionsassistent

Die Arbeit mit dem Funktionsassistenten vereinfacht das Handling und verringert die Fehlerquote. Rufen Sie den Assistenten auf (f_x) und wählen Sie die WENN-Funktion. Geben Sie in das jeweils dafür vorgesehene Feld die einzelnen Funktionsargumente ein:

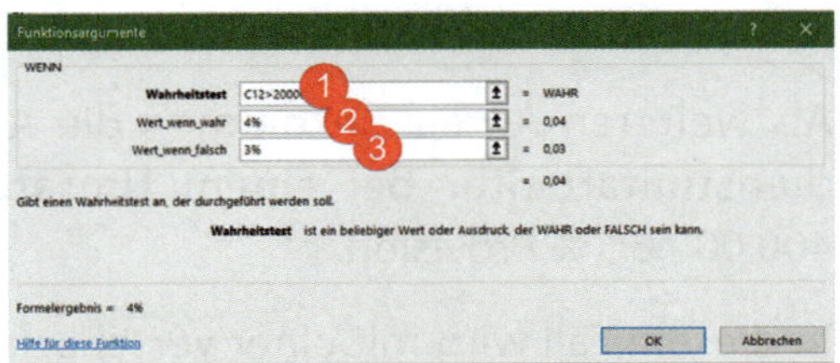

1. Prüfende Aussage
2. DANN-Anweisung
3. SONST-Anweisung

WENN-UND-Funktion

Die WENN-UND-Funktion wird benötigt, wenn z. B. mit Provisionen gearbeitet wird, die aber zwischen zwei Beträgen liegen. Ein Außendienstmitarbeiter erhält 4 % Provision – wenn der Umsatz zwischen 200.000 € und 300.000 € liegt, andernfalls erhält er 3 %.

8				
9	Provision für Außendienstmitarbeiter			
10				
11	Mitarbeiter	Umsatz	Provisionssatz	Provision
12	Meier	180.000,00 €	3%	5.400,00 €
13	Schulze	280.000,00 €	4%	11.200,00 €
14	Müller	240.000,00 €	4%	9.600,00 €
15	Schuhmacher	420.000,00 €	4%	16.800,00 €
16	Schnitzius	295.000,00 €	4%	11.800,00 €
17	Holzaprfel	165.000,00 €	3%	4.950,00 €

WENN-UND-Funktion(Aussage1;Aussage2;...) Die Funktion liefert das Ergebnis „wahr".	=WENN(UND(C12>=200000;C12<=300000);4%;3%)

WENN-ODER-Funktion

Hier muss mindestens eine Aussage „wahr" sein. In diesem Beispiel bleibt die Spalte leer, ansonsten soll mit den Mitarbeitern ein Gespräch geführt werden.

8				
9	Provision für Außendienstmitarbeiter			
10				
11	Mitarbeiter	Umsatz	Provisionssatz	Provision
12	Meier	180.000,00 €	4%	7.200,00 €
13	Schulze	280.000,00 €	Gespräch	
14	Müller	240.000,00 €	Gespräch	
15	Schuhmacher	420.000,00 €	3%	12.600,00 €
16	Schnitzius	295.000,00 €	Gespräch	
17	Holzaprfel	165.000,00 €	3%	4.950,00 €
18				

WENN-ODER-Funktion(Aussage1;Aussage2;...)	=WENN(ODER(C12<=200000;C12>=300000);3%;"Gespräch")

WENN-NICHT-Funktion

Hier wird der Wahrheitswert umgedreht. Wenn die Provision nicht kleiner ist als 300.000 €, werden 4 %, ansonsten 3 % gezahlt.

7				
8				
9	Provision für Außendienstmitarbeiter			
10				
11	Mitarbeiter	Umsatz	Provisionssatz	Provision
12	Meier	180.000,00 €	3%	5.400,00 €
13	Schulze	280.000,00 €	3%	8.400,00 €
14	Müller	240.000,00 €	3%	7.200,00 €
15	Schuhmacher	420.000,00 €	4%	16.800,00 €
16	Schnitzius	295.000,00 €	3%	8.850,00 €
17	Holzaprfel	165.000,00 €	3%	4.950,00 €
18		1.580.000,00 €		

WENN-NICHT-Funktion(Aussage)	=WENN(NICHT(C12<=300000);4%;3%)

ZÄHLENWENN-Funktion

Die Funktion ZÄHLENWENN beantwortet zum Beispiel die Frage: „Wie häufig wurde der Umsatz überschritten?"

Dazu zählt die Funktion „Jede Position, bei der die Mitarbeiter die Provision von 250.000 EUR überschritten haben". Zu beachten ist hierbei, dass das Suchkriterium in Anführungszeichen gesetzt werden muss.

7				
8				
9	Provision für Außendienstmitarbeiter			
10				
11	Mitarbeiter	Umsatz	Provisionssatz	Provision
12	Meier	180.000,00 €	3%	5.400,00 €
13	Schulze	280.000,00 €	3%	8.400,00 €
14	Müller	240.000,00 €	3%	7.200,00 €
15	Schuhmacher	420.000,00 €	4%	16.800,00 €
16	Schnitzius	295.000,00 €	3%	8.850,00 €
17	Holzaprfel	165.000,00 €	3%	4.950,00 €
18		1.580.000,00 €		
19				
20				
21	Die Anzahl der Mitarbeiter über 250.000 € beträgt			3

=ZÄHLENWENN(Suchbereich;Suchkriterium)	=ZÄHLENWENN(C12:C17;"<250000")

SUMMEWENN-Funktion

Im Gegensatz zur ZÄHLENWENN-Funktion addiert die Funktion =SUMMEWENN noch die Werte, welche dem Suchkriterium entsprechen.

Die erreichten Provisionen werden addiert.

8				
9	Provision für Außendienstmitarbeiter			
10				
11	Mitarbeiter	Umsatz	Provisionssatz	Provision
12	Meier	180.000,00 €	3%	5.400,00 €
13	Schulze	280.000,00 €	3%	8.400,00 €
14	Müller	240.000,00 €	3%	7.200,00 €
15	Schuhmacher	420.000,00 €	4%	16.800,00 €
16	Schnitzius	295.000,00 €	3%	8.850,00 €
17	Holzaprfel	165.000,00 €	3%	4.950,00 €
18		1.580.000,00 €		
19				
20				
21	Die Anzahl der Mitarbeiter über 250.000 € beträgt			3
22	Der Gesamtumsatz der erfolgreichsten Mitarbeiter beträgt			585.000,00 €
23				

=SUMMEWENN(Suchbereich;Suchkriterium)	=SUMMEWENN(C12:C17;"<250000")

RANG-Funktion

Diese Funktion wird genutzt, um z. B. die Reihenfolge festzulegen.

Wer hat den höchsten, wer den niedrigsten Umsatz?

7					
8					
9	Provision für Außendienstmitarbeiter				
10					
11	Mitarbeiter	Umsatz	Rang	Provisionssatz	Provision
12	Meier	180.000,00 €	2	3%	5.400,00 €
13	Schulze	280.000,00 €	4	4%	11.200,00 €
14	Müller	240.000,00 €	3	4%	9.600,00 €
15	Schuhmacher	420.000,00 €	6	4%	16.800,00 €
16	Schnitzius	295.000,00 €	5	4%	11.800,00 €
17	Holzaprfel	165.000,00 €	1	3%	4.950,00 €

=RANG(Zahl;Bezugbereich;Reihenfolge)	=RANG(C12;$C$12:$C$17;1)

Ist Reihenfolge mit 0 (Null) belegt oder nicht angegeben, bestimmt Excel den Rang von Zahl so, als wäre Verweis eine in absteigender Reihenfolge sortierte Liste (vom höchsten Wert zum kleinsten Wert. Beispiel: =Rang(B1;$B$1:$B$8).

Ist Reihenfolge mit einem Wert ungleich 0 belegt, bestimmt Excel den Rang von Zahl so, als wäre Verweis eine in aufsteigender Reihenfolge sortierte Liste (vom kleinsten Wert zum höchsten Wert. Beispiel: =Rang(B1;$B$1:$B$7;1).

SVERWEIS

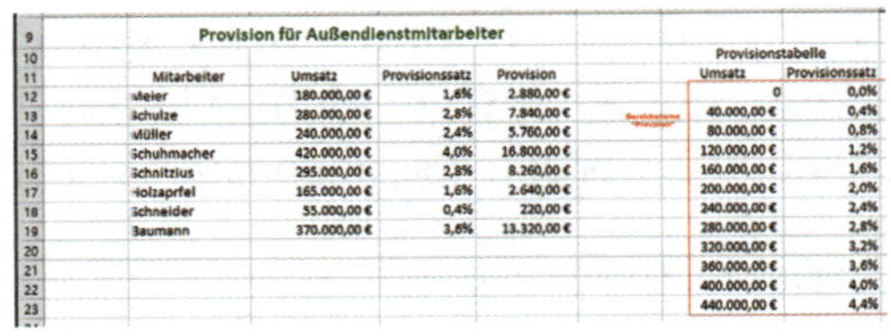

Neben der verschachtelten WENN-Funktion kann auch die Suchfunktion SVERWEIS gewählt werden. Bei umfangreichen Werten ist dies viel bequemer.

Für die Außendienstmitarbeiter wurden detailliertere Provisionssätze ausgearbeitet. Für jede Steigerung um 40.000 € gibt es 0,4 % mehr Provision.

=SVERWEIS(Suchwert;Suchbereich;Ergebnisspalte	
Beispiel für Herrn Meier: Suchwert ❶ (180.000 €)	= SVERWEIS(C12;
Suchbereich ❷ (Provisionstabelle und Provisionssatz, die erste Zelle links und die letzte Zelle rechts)	= SVERWEIS(C12; $G$12:$H$23
Ergebnisspalte ❸ (in der 2. Spalte des Suchbereichs stehen die zu ermittelnden Ergebnisse)	= SVERWEIS(C12; $G$12:$H$23;2)
Der Suchbereich kann statt den Zellbezügen ($G$9:$H$2) auch mit Bereichsname festgelegt werden. Dadurch werden die Formeln übersichtlicher.	= SVERWEIS(C12; Provision;2)

Der SVERWEIS sucht **senkrecht** nach dem Suchwert in der ersten Spalte des Suchbereichs.

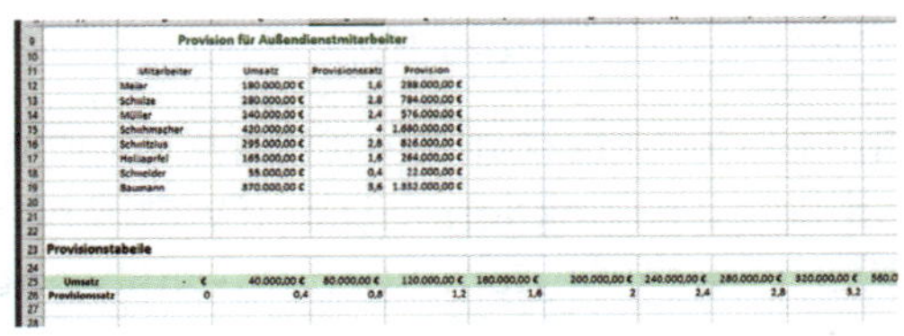

WVERWEIS

Der WVERWEIS sucht **waagerecht** nach dem Suchwert in der ersten Spalte des Suchbereichs.

=WVERWEIS(Suchwert;Suchbereich;Ergebnisspalte)	
Beispiel für Herrn Meier: Suchwert ❶ (180.000 €)	= WVERWEIS(C12;
Suchbereich ❷ (Provisionstabelle und Provisionssatz, die erste Zelle links und die letzte Zelle rechts)	= WVERWEIS(C12; $B$25:$M$26;
Ergebnisspalte ❸ (in der 2. Spalte des Suchbereichs stehen die zu ermittelnden Ergebnisse)	= WVERWEIS(C12; $B$25:$M$26;2)
Der Suchbereich kann statt den Zellbezügen ($G$9:$H$2) auch mit Bereichsname festgelegt werden. Dadurch werden die Formeln übersichtlicher.	= WVERWEIS(C12; Provision;2)

Diagramm

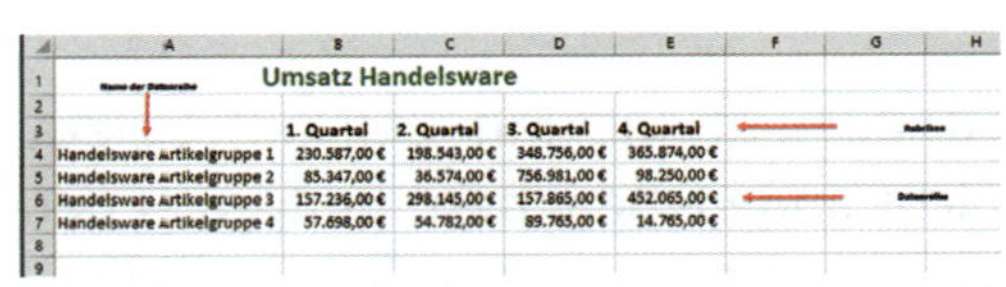

Um ein Diagramm zu erstellen, müssen die Daten zuerst in einem Tabellenblatt erstellt sein. Excel stellt zur Erzeugung von Diagrammen einen Assistenten zur Verfügung. Sie werden in Dialogfenstern schrittweise zum fertigen Diagramm geführt. Zunächst müssen Sie den in Form eines Diagramms darzustellenden Bereich markieren. Dann klicken Sie auf die Registerkarte Einfügen – Gruppe Diagramme. Sie können nun einen passenden Diagrammtyp (z. B. Balkendiagramm, Liniendiagramm) auswählen. Es besteht die Möglichkeit, den gewählten Diagrammtyp im Nachhinein noch zu verändern. Excel fügt das neue Diagramm dann direkt auf dem aktuellen Arbeitsblatt ein.

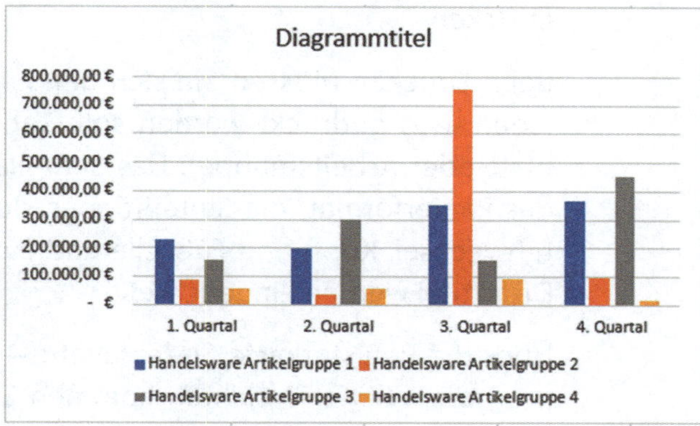

Beachten Sie, dass in der Multifunktionsleiste drei neue Registerkarten aufgetaucht sind. Schieben Sie das Diagramm an eine geeignete Position auf dem Blatt. Mit dem Anfasser lassen sich die Diagramme vergrößern und verkleinern.

Diagrammlayout. Jedes Excel-Diagramm besteht aus verschiedenen Elementen wie zum Beispiel einem Titel, einer Legende, Beschriftungen usw. Jedes Element kann separat bearbeitet werden. Oft ist es jedoch gar nicht nötig, da das Programm mit den Diagrammlayouts eine ganze Palette fertiger Alternativdarstellungen anbietet. Markieren Sie das Diagramm und gehen Sie über die Registerkarte Entwurf auf die Gruppe Diagrammlayout. Wählen Sie Ihr gewünschtes Layout aus. Die farbliche Gestaltung lässt sich am einfachsten über die Gruppe Diagrammformatvorlage erledigen.

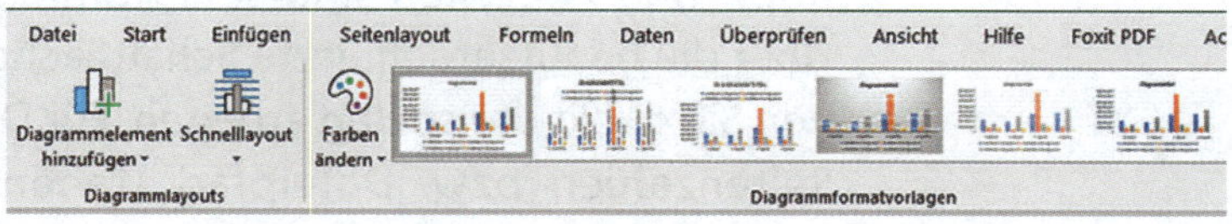

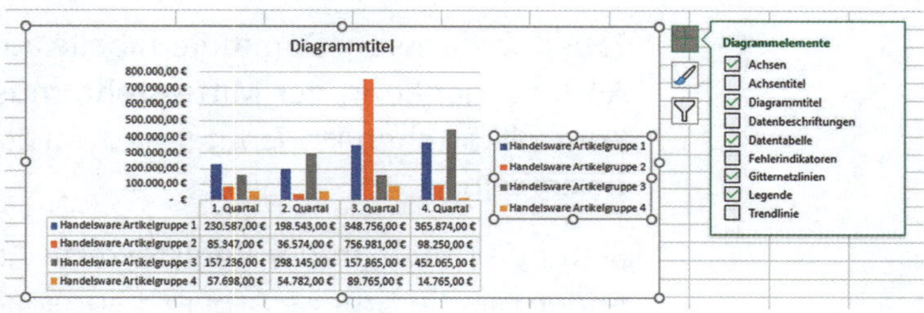

Beschriftung ändern. Die Beschriftungen in einem Diagramm können Sie individuell positionieren und formatieren. Auf der Registerkarte Layout – Gruppe Beschriftung finden Sie Funktionen für den Diagrammtitel, den Achsentitel, die Datenbeschriftung und um die Legende zu verändern oder zu ergänzen. Die einzelnen Werte einer Datenreihe werden als Datenbeschriftung bezeichnet.

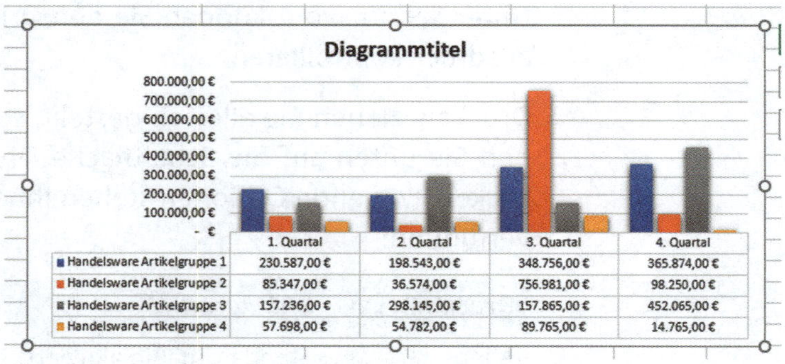

Falls Excel nicht alle Elemente optimal positionieren konnte, klicken Sie die Elemente an und ziehen Sie sie dann mit der Maus an die gewünschte Stelle.

Drucken

Beim Drucken müssen Sie sich genau überlegen, was gedruckt werden soll (Tabellenblatt oder Arbeitsmappe). Das Seitenlayout, das Papierformat, die Seitenränder, der Seitenwechsel, Kopf- und Fußzeile und evtl. der Drucktitel werden eingerichtet.

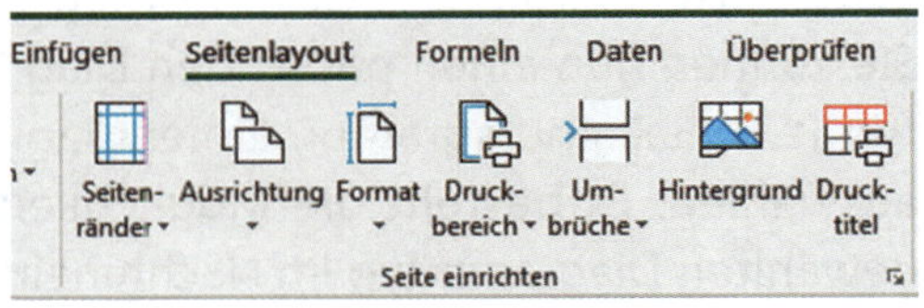

Über die Registerkarte Seitenlayout – Startprogramm Seite einrichten kommen Sie auf die Registerkarten: Papierformat, Kopf- und Fußzeile, Seitenränder und Tabelle.

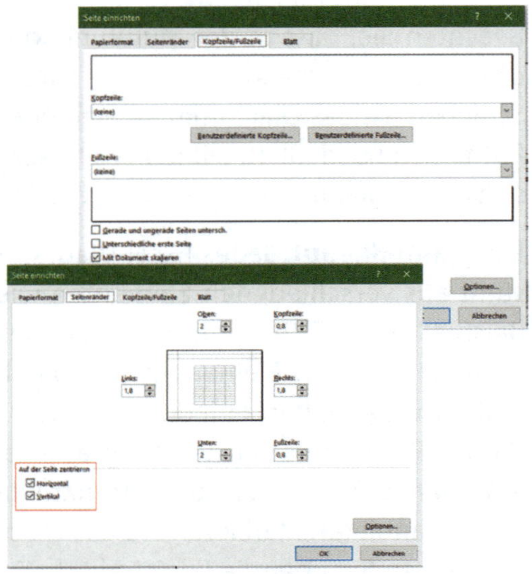

Kopf- und Fußzeile. Die Einstellungen für die Kopf- und Fußzeilen sind sehr komfortabel. Über die benutzerdefinierte Schaltfläche können Sie direkt dreispaltig arbeiten. Für Datum, Seitenzahlen bzw. Dateipfad stehen dort Icons zur Verfügung.

Tabelle zentrieren. Damit die Tabelle auf dem A4-Blatt genau in der Mitte steht, muss das Kontrollkästchen Horizontal und Vertikal aktiviert sein.

Seitenumbruch. In der Registerkarte Ansicht finden Sie die Gruppe Arbeitsmappenansichten. Unter Umbruchvorschau können Sie mit der Maus Ihre Tabelle auf eine Seite schieben. Unter Seitenlayout können Sie den Originalausdruck kontrollieren.

Drucken. Haben Sie alles eingestellt, so können Sie unten auf die Schaltfläche Drucken klicken. Folgende Optionen stehen Ihnen zur Verfügung:

Druckbereich	Erläuterung
Alles	Standardmäßig aktiviert, Tabellenblatt wird komplett gedruckt
Seiten	Bestimmte Seiten drucken
Ausgewählte Blätter	Druckt ausgewählte Tabellenblätter innerhalb einer Arbeitsmappe
Gesamte Arbeitsmappe	Gesamte Arbeitsmappe mit allen Tabellenblättern wird gedruckt

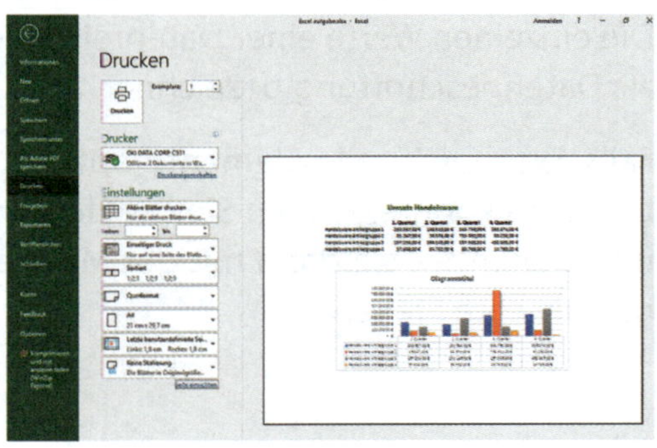

Berekoven, L. (1995). *Erfolgreiches Handelsmarketing: Grundlagen und Entscheidungshilfen*. München: C. H. Beck Verlag.

Betriebsverfassungsgesetz (BetrVG) in der Fassung vom 25.09.2001 (BGBl. I S. 2518), zuletzt geändert durch Artikel 3 Absatz 4 des Gesetzes vom 20.04.2013 (BGBl. I S. 868).

Bierle, K. (2002). *Grundlagen der Betriebswirtschaftslehre*. Saarbrücken: Alpha-Verlag GmbH.

Brämer, U. & Blesius, K. (2010). *Fit für die Präsentation – Arbeitsbuch mit Lernarrangements für Berufsorientierungs- und Bewerbungskompetenz*. München: SOL-Verlag GmbH.

Brämer U. & Blesius K. (2012). *Fit fürs Büro – Arbeitsbuch mit Lernarrangements für die professionelle Textverarbeitungskompetenz*. Düsseldorf: SOL-Verlag GmbH.

Brämer, U. et al. (2013). *Fit für die kaufmännische Praxis – Arbeitsbuch mit Lernarrangements für fachtheoretische und fachpraktische Kompetenz*. Düsseldorf: SOL-Verlag GmbH.

Bürgerliches Gesetzbuch (BGB) (2002) – (BGBl. I S. 42, 2909; 2003 I S. 738), zuletzt geändert durch Art. 6 G v. 28.8.2013 I 3458.

Dedecek, R. (2008). *Vorüberlegungen zur Präsentation*. Gefunden am 5. Februar 2008 unter www.magic-point.net/fingerzeig/praesentation/praesentation-ausfuehrlich/vorueberlegungen/vorueberlegungen.html und: Formen des Manuskripts. Gefunden am 8. Februar 2008 unter www.magic-point.net/fingerzeig/praesentation/praesentation-ausfuehrlich/manuskript/manuskript.html.

Domschke, W. & Scholl, A. (2008). *Grundlagen der Betriebswirtschaftslehre: Eine Einführung aus entscheidungsorientierter Sicht*. Berlin: Axel Springer Verlag AG.

Frey, K. (1996). *Der Weg zum bildenden Tun*. Weinheim/Basel: Beltz.

Gerichtsverfassungsgesetz in der Fassung der Bekanntmachung vom 09.05.1975 (BGBl. I S. 1077), zuletzt geändert durch Artikel 5 Absatz 1 des Gesetzes vom 10.10.2013 (BGBl. I S. 3799).

Hammer M. (1996). *Das prozesszentrierte Unternehmen*. Frankfurt/New York.

Mattes, W. (2002). *Methoden für den Unterricht*. Paderborn: Schöningh.

May, H. & May, U. (2009). *Wirtschaftsbürgertaschenbuch – wirtschaftliches und rechtliches Grundwissen*. München: Oldenbourg Verlag.

Michelsen, J. (2013). *Kaufvertrag*. Gefunden am 04.02.2013 unter www.buerokauffrau-online.de/Downloads/Lernskripte/Wiso/Kaufvertrag.pdf.

Nüttgens, Markus; Rump, Frank J. (2002). Syntax und Semantik Ereignisgesteuerter Prozessketten (EPK). In: Desel, Jörg Weske, Matthias (Hrsg.). Promise 2002: Prozessorientierte Methoden und Werkzeuge für die Entwicklung von Informationssystemen, Proceedings des GI-Workshops und Fachgruppentreffens (Potsdam, Oktober 2002), LNI Vol. P-21, Bonn 2002, S. 64-77.

O. A. (2012). *Geld und Geldpolitik*, Frankfurt am Main: TH. Mann Verlag & Co. KG.

Palandt, Heinrichs. *Bürgerliches Gesetzbuch:* BHB mit Nebengesetzen, insbesondere mit Einführungsgesetz (Auszug) einschließlich Rom I-, Rom II- und Rom III-Verordnungen sowie Haager Unterhaltsprotokoll und EU-Erbrechtsverordnung, Allgemeines Gleichbehandlungsgesetz (Auszug), ..., Gewaltschutzgesetz (2014): München: Verlag C. H. Beck OHG.

Schierenbeck, H. & Wöhle, C. (2008). *Grundzüge der Betriebswirtschaftslehre*. München: Oldenbourg Wissenschaftsverlag GmbH.

Schmidt, N. (2010). *Auswirkungen des Strukturwandels der Wirtschaft auf den Bildungsstand der Bevölkerung in Wirtschaft und Statistik*. Ausgabe 06/2010. Wiesbaden: Statistisches Bundesamt.

Schmid, W. (2010). *QM-praxisnah – So gestalten Sie Verfahrens- und Arbeitsanweisungen*. Gefunden am 31.01.2016 unter www.iww.de/dent-on/archiv/qualitaetsmanagement-qm-praxisnah-modul-6-so-gestalten-sie-verfahrens-und-arbeitsanweisungen-f8158.

Springer Gabler Verlag (Hrsg.). Gabler Wirtschaftslexikon, Stichwort: *Enterprise-Resource-Planning-System*. Gefunden am 25.05.2014 unter www-wirtschaftslexikon.gabler.de/Archiv/17984/enterprise-resource-planning-system-v10.html.

Springer Gabler Verlag (Herausgeber), Gabler Wirtschaftslexikon, Stichwort: Prozessmanagment online im Internet. Gefunden am 21.10.2015 unter: http://wirtschaftslexikon.gabler.de/Archiv/1057697/geschaeftsprozessmanagement-v4.html. Tille, B. (2008). *Schlüsselqualifikationen werden im Beruf immer wichtiger.* Gefunden am 07.05.2008 unter www.nlp-trainings-tille.de/nlp/blog/schluesselqualifikationen-werden-im-beruf-immer-wichtiger-397.html.

Tietz, B. (1993). *Der Handelsbetrieb: Grundlagen der Unternehmenspolitik.* München: Verlag Franz Vahlen GmbH.

Vahs, D. & Schäfer-Kunz, J. (2012). *Einführung in die Betriebswirtschaftslehre.* Stuttgart: Schäffer-Poeschel.

Wagner, E. (1994). *Vertragliche Abtretungsverbote im System zivilrechtlicher Verfügungshindernisse.* (Tübinger Rechtswissenschaftliche Abhandlungen). Tübingen: Verlag Mohr Siebeck Gmbh & Co. KG.

Winter, F. (2004). *Leistungsbewertung. Eine neue Lernkultur braucht einen anderen Umgang mit den Schülerleistungen.* Hohengehren: Schneider Verlag.

Wöhe, G. & Döring, U. (2010). *Einführung in die Betriebswirtschaftslehre.* München: Verlag Franz Vahlen GmbH.

Zivilprozessordnung in der Fassung der Bekanntmachung vom 05.12.2005 (BGBl. I S. 3202; 2006 I S. 431; 2007 I S. 1781), zuletzt geändert durch Artikel 1 des Gesetzes vom 10.10.2013 (BGBl. I S. 3786).

Züger, R. (2007). *Organisation – Management-Basiskompetenz: theoretische Grundlagen und Methoden mit Beispielen, Repetitionsfragen und Antworten.* Compendio Bildungsmedien AG.